"十三五"职业教育电子商务项目课程规划教材
总主编 张建军

网络营销

主编 陆兰华
参编 （按姓氏笔画排序）
陈 诚 吴清烈 张建军 钟伟伟

东南大学出版社
SOUTHEAST UNIVERSITY PRESS
·南京·

内容提要

本书按照职业教育的理念,全面系统地分析了网络营销的相关岗位职责及工作内容,提炼出从事网络营销工作所需的技能,包括网络市场分析、网络营销策划、电子商务平台、网络营销工具使用(搜索引擎营销、QQ营销、微信营销、微博营销、博客营销、邮件营销)等。

本书参照了中国电子商务协会职业经理认证管理办公室(CCCEM)提供的"网络营销经理"的认证标准,内容实用、新颖,广泛吸收了电子商务领域的最新发展成果,如跨境电子商务、新媒体营销等新内容。其编写特色是先以案例导入,强化技能操作,再进行理论提升,由浅入深,循序渐进,提高学生的分析能力和上机操作能力。

本书可作为高等职业院校和中等职业院校电子商务专业、市场营销专业的教材。

图书在版编目(CIP)数据

网络营销/陆兰华主编. —南京:东南大学出版社,2017.7

ISBN 978-7-5641-7029-1

Ⅰ.①网… Ⅱ.①陆… Ⅲ.①网络营销-教材 Ⅳ.①F713.365.2

中国版本图书馆 CIP 数据核字(2017)第 131403 号

网络营销

出版发行	东南大学出版社
社　　址	南京市四牌楼 2 号　邮编　210096
出 版 人	江建中
网　　址	http://www.seupress.com
电子邮箱	press@seupress.com
经　　销	全国各地新华书店
印　　刷	丹阳兴华印刷厂
开　　本	787mm×1092mm　1/16
印　　张	16.25
字　　数	410 千
版　　次	2017 年 7 月第 1 版
印　　次	2017 年 7 月第 1 次印刷
书　　号	ISBN 978-7-5641-7209-1
定　　价	39.00 元

本社图书若有印装质量问题,请直接与营销部联系。电话(传真):025-83791830

前　言

　　网络营销随着网络的发展而发展，随着 Web 2.0 的发展，达到一个高潮。而随着互联网一代（80后、90后）的成长，企业营销的主战场越来越多地转移到互联网上。可以这么说，谁掌握了互联网，谁就掌握了未来。网络营销作为一种全新的营销方式，具有传播快、范围广、信息量大、交流方便、反馈迅速、边缘成本低、变化多等特点。正是因为网络营销既新鲜又迅猛，很多情况没有先例可循，因此，有赖于企业在熟悉各种营销手段的基础上，结合自己企业的特点和产品特色，灵活应用各种网络手段，达到事半功倍的效果。

　　从人才市场的反馈来看，网络营销人才的需求量一直持续上升。目前众多电子商务企业、大中型网站、细分的行业网站，都需要专业的各类网络营销专业人才，如网站策划、网站设计、网络编辑、媒介公关、广告管理、网络咨询、商业情报、SEO（Search Engine Optimization，搜索引擎优化）等。同时，大量传统企业开展信息化工作也需要具有专业能力的网络营销人才，其中商务运营经理、网络营销顾问、网络销售经理、客户维护经理、渠道销售经理、企业广告经理、商务研究研发工程师、服务营销代表等职位最为热门。

　　当前，网络营销人才非常紧缺，已成为各公司竞相争夺的对象，就业前景非常广阔。网络营销人才应该是身兼网络技术与市场营销技巧于一身的复合型人才。优秀的网络营销人员应熟悉网络消费行为和心理、搜索引擎排名和网络广告，了解关键词细分市场，清楚点击率和转换率以及新闻组和邮件列表，甚至链接广泛度和 PR（Page Rank，网页级别）值，要懂英语、市场、营销等知识，还要有工作经验。未来10年，仅仅企业网站的维护管理、营销推广就需要数以百万计的网络营销人才。

　　网络营销这门课是一门营销工具课，重点介绍各种网络营销工具的用法，包括站点、网络广告、电子邮件、搜索引擎、论坛、即时通信工具、博客。让学生知道利用这些工具可以做哪些事，了解这些网络营销工具在获取竞争优势、销售、沟通、服务等方面的作用。学网络营销，要注意如下三个方面：

　　第一，以实战为主。如果说传统的市场营销学是"理论课"的话，那么网络营销课就是实战。前者宜深刻理解，搞懂、搞透基本"营销原理"；后者宜多操作，在操作中体会各种工具的使用特点。比如自己开一个博客，用电子邮件、QQ、论坛、博客等途径推广一下，看是否能带来点击量的变化。

　　第二，学习以案例为主。从营销学的角度讲，企业的成功首先是营销的成功，不管是网络企业还是传统企业，在网上发财和发网络财的大有人在，为何成功的是他而不是她，多分析有好处。比如阿里巴巴，那么多中小企业愿意使用它的平台，它究竟满足了企业什么需求？当当书店与新华书店比，满足了什么不一样的需求，使人们愿意从它那儿买书？对传统企业，为什么有的业务开展得很好，有的就不行呢？

　　第三，不要孤立看待网络营销。网络营销是企业整体营销策略的有机组成部分，与其他传统方法结合，功力会更深厚。搞网络营销，不能忽视对营销环境、行业市场状况及消费心理等要素的把握。

本书按照职业教育的理念,全面系统地分析了网络营销的相关岗位职责及工作内容,提炼出从事网络营销工作所需的技能,包括网络市场分析、网络营销策划、电子商务平台、网络营销工具的使用(搜索引擎营销、QQ营销、微信营销、微博营销、博客营销、邮件营销)等。本书参照了中国电子商务协会职业经理认证管理办公室(CCCEM)提供的"网络营销经理"的认证标准,内容实用、新颖,广泛吸收了电子商务领域的最新发展成果,如跨境电子商务、新媒体营销等新内容。

本书的编写特色是既方便教师教、又让学生实实在在地学到知识和技能,先以案例导入,强化技能操作,再进行理论提升,由浅入深,循序渐进,提高学生的分析能力和上机操作能力。书中有大量插图,符合职业院校学生的阅读习惯,简单直观上手快,减轻了老师的压力。

为适应不同学校的课时要求,下表提出了网络营销课程在不同学分(总课时)下的授课课时分配,以供参考。建议在机房进行授课,学做一体。

课程内容	电子商务专业或市场营销专业		
项目1 网络营销岗位	2	2	4
项目2 网络市场分析	4	6	12
项目3 网络营销策划	4	4	4
项目4 电子商务平台	2	4	4
项目5 搜索引擎营销	2	4	4
项目6 QQ营销	4	8	8
项目7 微信营销	4	8	8
项目8 微博营销	4	4	8
项目9 博客营销	2	2	4
项目10 邮件营销	2	2	4
总课时	30	44	60

本书是"网络营销"项目课程教材,由10个项目组成,每个项目有若干个模块,共有29个模块。每个模块设计有教学目标、工作任务、能力训练、相关知识和思考与练习5个部分。教学目标包括终极目标和促成目标;工作任务包括总体任务和具体任务;能力训练包括若干实践活动,通过设计多样化的实践活动,训练学生的"网络营销"岗位相关操作技能和职业能力。

本书具体编写分工如下:南京信息职业技术学院陆兰华任主编,负责最后教材修改和统稿,编写项目1、项目2、项目4、项目5、项目6、项目7、项目8、项目9、项目10;东南大学经管学院张建军拟定教材框架和编写前言;东南大学经管学院吴清烈编写项目3。中国电子商务协会职业经理认证管理办公室钟伟伟提供了"网络营销经理"认证培训PPT,南京信息职业技术学院陈诚负责网络课程资源的维护。

本课程已建好基于"云课堂"APP的网络课程资源,方便教师和学生在PC端和手机端使用课件PPT、微课视频、案例、单元习题和综合考卷。授课教师可联系编者了解使用流程,E-mail:lulanhua@sina.com。

本书在编写过程中参阅了大量国内已出版的相关著作或教材以及相关网站上的资料,并引用了其中的观点或案例,在此对这些文献和资料的作者一并表示感谢。由于作者水平有限,编写时间仓促,书中的缺点和错误在所难免,恳请广大读者和专家批评指正,请将意见反馈给 E-mail:lulanhua@sina.com。

编 者

2017 年 4 月于南京

职业教育电子商务项目课程
规划教材编委会名单

主　任　张建军
副主任　徐林海　王传松　胡　革　陈　飞　张志伟　张绍来
委　员　（按姓氏笔画排序）
　　　　于　淼　马　蔚　毛岭霞　刘志铭　吴炎辉　吴贵山
　　　　吴婉玲　李红翠　张晓丽　李　娜　陆兰华　杨　俊
　　　　高　兴　董其清　董　敏

总　序

　　你在哪里,你都在网上,你孤独一人,你都在世界中——世界已进入互联网时代。在信息量以几何级数的速度增长,知识更新周期越来越短的时代背景下,死记硬背知识内容已经不再具有特别重要的意义(必要的知识储备是不可或缺的),相反,培养学生获取知识、应用知识和创造知识的能力,则显得尤其重要。随着电子商务的发展,企业需要大量的电子商务技能型人才,职业教育无疑承担着培养这类人才的重要任务。然而,传统的以学科知识内容传授为主的教学方式是无法胜任的。项目课程教学模式在培养技能型人才中的重要性和有效性,在职业教育先进国家,已经在实践中得到证明。近些年来,项目课程在国内职业教育界也得到越来越深入的研究、认同和采用。作为项目课程教学活动的载体,项目课程教材是十分必要的。为此,国内很多教材编写人员进行了积极探索,也获得了不少成果。但毋庸讳言,迄今为止,国内现有的电子商务项目课程教材还不能完全适应现实需要。主要原因有四点:一是,不少教材虽名为项目课程,但实际上只是将原来的学科知识内容划分为几个部分,把原来的"章"冠以"项目"的名义,而不是真正以工作任务(项目)为中心来选择、组织课程内容,因而没有达到项目课程的本质要求。二是,已出版的教材之间,由于对内容安排缺乏统一规划,教材中内容重复或遗漏的现象比较严重,给广大师生选择教材带来了困扰;三是,教材层次性不够清晰,一味求全、求深、求难的现象比较普遍。中、高等职业教育与普通本科的电子商务教材在内容、难度上没有明显区别,这势必造成学生学习上的困难,甚至影响学生继续学习的兴趣。四是,教材内容的选取和编排顺序不尽合理,产生了许多知识断点、浮点、空白点甚至倒置现象。

　　东南大学是全国重点建设职教师资培养培训基地和教育部、财政部中等职业学校教师素质提升计划之电子商务专业师资培训方案、课程和教材(简称培训包项目)开发的承担单位,"十一五"以来,已进行十多轮次来自全国的中职电子商务教师培训,培训教师人数已达300余人。我们在培训项目开发和对教师的培训过程中,了解到参加培训的教师尽管在培训过程中系统学习了包括项目课程在内的各种教学模式、理论,但苦于没有合适的教材,无法将先进的教学理论真正应用到教学实践中去。在此情况下,东南大学电子商务系和东南大学出版社作为发起单位,组织包括参加培训的学员在内的来自全国的数十所普通高校、高职、中职学校的教师和电子商务企业高级管理人员、电子商务营销高级策划人员、技术开发骨干等,在培训项目开发研究的基础上,编写了一套涵盖职业教育电子商务专业主要内容的项目课程系列教材。

　　该系列教材具有以下特点:

　　1. 定位职业教育。该系列教材的使用范围明确为中、高等职业学校的师生,以中、高等职业学校电子商务专业学生毕业后在电子商务领域就业岗位对职业能力要求为标准,选取教材内容,不求深,不求全,但求新,适应中、高等职业学校学生的知识背景。

　　2. 真正体现项目课程特色。根据工作任务(项目)需要,以项目所涉知识、能力为单元重新规划、布局课程内容(而不是以学科知识单元为标准),同时按照知识学习和能力培养的循序渐进原则,编排课程内容。

3. 内容新颖。紧跟电子商务行业发展现状,教材内容力求反映新知识、新技能、新观念、新方法、新岗位的要求,体现电子商务发展和教育教学改革的最新成果。

4. 产教结合。该系列教材编写人员既有来自学校的教学经验丰富的教师,也有来自企业的实践经验丰富的电子商务管理人员和工程技术人员,产业人员和教师相互合作,互为补充,互相提高,使本系列教材能够紧密联系教学与企业实践,更加符合培养技能型人才的需要。

5. 强化衔接。该系列教材注意将其教学重点、课程内容、能力结构以及评价标准与著名企业相关人力资源要求及国家助理电子商务师的考试内容进行对应与衔接。

6. 创新形式。与国内著名电子商务教学软件研究与开发企业合作,共同开发包括职业教育电子商务专业教学资源库、网络课程、虚拟仿真实训平台、工作过程模拟软件、通用主题素材库以及名师名课音像制品等多种形式的数字化配套教材。

7. 突出"职业能力培养"。该系列教材以培养学生实际工作能力为宗旨,教材内容和形式体现强调知识能力培养而非单纯知识内容学习的要求,变以往的只适合"教师讲、学生听"的以教师主导的教学方式的教材为适合"学生做、教师导"的以学生为教学活动主体的教材,突出"做中学"的重要特征。

8. 统一规划。该系列教材各门课程均以"项目课程"为编写形式,统一规划内容,统一体例、格式,涵盖了中高职电子商务教学的所有主要内容,有助于在电子商务专业全面实施项目课程教学,从而避免不同教学方式之间容易发生的不协调、不兼容的现象。

"不闻不若闻之,闻之不若见之,见之不若知之,知之不若行之,学至于行之而止矣。"荀子的这段话,道出了职业教育的最重要的特点,也道出了本系列教材编写的初衷,谨以此与广大读者共勉。

是为序。

张建军
于南京·东南大学九龙湖校区
(总主编邮箱:zhjj@seu.edu.cn)

目 录

项目 1 网络营销岗位 ·· 1
　模块 1.1　了解企业对人才的需求情况 ·· 2
　模块 1.2　分析典型岗位的工作内容 ·· 7

项目 2 网络市场分析 ·· 16
　模块 2.1　网民互联网应用分析 ·· 16
　模块 2.2　网络购物市场分析 ·· 22
　模块 2.3　企业网络营销发展分析 ·· 28

项目 3 网络营销策划 ·· 38
　模块 3.1　网络营销策略分析 ·· 40
　模块 3.2　网络营销工具选择 ·· 53
　模块 3.3　网络营销方案制定 ·· 58

项目 4 电子商务平台 ·· 61
　模块 4.1　了解 C2C 平台的功能 ··· 62
　模块 4.2　了解 B2C 平台的功能 ··· 69
　模块 4.3　了解 B2B 平台的功能 ··· 73
　模块 4.4　了解跨境电商平台的功能 ·· 80

项目 5 搜索引擎营销 ·· 103
　模块 5.1　了解中国搜索引擎市场现状 ··· 104
　模块 5.2　关键词的管理 ·· 111
　模块 5.3　了解搜索引擎优化的方法 ·· 116

项目 6 QQ 营销 ··· 122
　模块 6.1　设置账号资料 ·· 123
　模块 6.2　添加好友 ·· 129
　模块 6.3　发布信息 ·· 135

项目 7 微信营销 ··· 142
　模块 7.1　运营微信个人账号 ·· 144

模块 7.2　运营微信公众号 ·· 150

项目 8　微博营销 ··· 167
　　模块 8.1　设置微博账号 ·· 169
　　模块 8.2　寻找潜在客户 ·· 175
　　模块 8.3　发布微博 ·· 185

项目 9　博客营销 ··· 190
　　模块 9.1　设置博客账号 ·· 191
　　模块 9.2　装修博客首页 ·· 204
　　模块 9.3　撰写博文内容 ·· 213

项目 10　邮件营销 ··· 225
　　模块 10.1　进行邮箱设置 ·· 227
　　模块 10.2　建立通讯录 ··· 233
　　模块 10.3　写信与发信 ··· 241

参考文献 ·· 249

项目 1　网络营销岗位

【项目简介】

本项目的工作任务是了解企业对网络营销人员的需求情况。项目要求学生学会在专业的招聘网站上寻找岗位信息,在线制作简历并发送求职信。通过项目实践,让学生掌握网络营销典型工作岗位的技能。

【项目案例】

"互联网+"时代的人才需求

如今互联网与传统行业的融合正在加快,互联网+已经成为不可逆转的潮流。互联网已经渗透企业的主要商业活动。

随着商业模式的改变,各企业对人才的要求也出现了明显的互联网要素:产品开发者需要由"工程师思维"转向"消费者思维",具有敏锐的消费者需求洞察力,识别消费者的真正需求或痛点,以"用户体验"为出发点进行产品设计。

市场推广人才需要熟悉各种社交媒体,擅长制造热点话题,利用合适的社交媒体与目标消费者互动并进行产品推广。此外,该类人才还需要具备快速反应能力,能及时应对用户反馈,调整市场营销方案。电商运营人才需求渐增,需要熟悉电商渠道运营模式,包括网店管理、电商渠道维护、客服管理等。

从一线城市到三四线小城市,从传统行业到新生行业,互联网已经无所不在、无所不能。网络已是我们的必需品。而互联网带来的就业需求,也依旧在逐年递增。

根据某知名招聘网站的数据显示,2016 年 5 月,最热门的 IT 行业依旧是互联网/电子商务,增长幅度也是所有行业中最迅猛的,其中热门 IT 职位排行榜上,网络推广专员、网站营运专员、网页设计、电子商务专员,都在 TOP 10 之列,如图 1-1 所示。

职位名	排名变化	需求量
软件工程师	→	111 306
高级软件工程师	→	48 342
互联网软件开发工程师	→	27 098
技术支持/维护工程师	→	26 789
网络推广专员	→	23 188
网站营运专员	→	20 905
网页设计/制作/美工	↓	19 637
电子商务专员	↑	17 303
Web 前端开发	↑	16 824
产品经理/主管	↓	16 550

图 1-1　2016 年 5 月 IT 职位 TOP 10

学会网络营销可以做什么？网络营销的职位导图如图1-2所示。

图1-2 网络营销职位导图

模块1.1 了解企业对人才的需求情况

1.1.1 教学目标

【终极目标】能根据企业的用人要求提升自己的技能。
【促成目标】能解读企业的岗位要求。

1.1.2 工作任务

【总体任务】能利用互联网寻找合适的职位。
【具体任务】
(1) 到专业招聘网站搜索网络营销相关职位信息。
(2) 到分类信息网站搜索网络营销相关职位信息。
(3) 到本地人才市场了解网络营销相关职位信息。

1.1.3 能力训练

【活动一】到专业招聘网站搜索网络营销相关职位信息。

登录专业招聘网站(如前程无忧 http://www.51job.com),在首页的职位搜索中输入关键词"网络营销",如图1-3所示。

图 1-3　前程无忧网站

在搜索结果中,还可以根据地区、行业、工作年限、学历要求等条件进一步筛选适合的职位信息,例如选择工作地点在南京的、对工作年限没有要求的、学历要求是大专的职位,如图 1-4、图 1-5 所示。

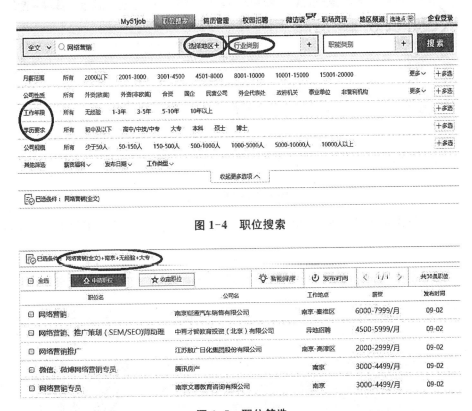

图 1-4　职位搜索

图 1-5　职位筛选

点开其中一条职位信息,查看详细的职位描述,如图 1-6 所示。职位描述就是工作内容,要详细了解企业的用人要求,如果觉得适合自己,就可以收藏职位或申请职位。

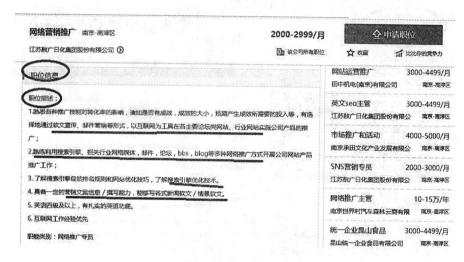

图 1-6　职位描述

【活动二】到分类信息网站搜索网络营销相关职位信息。

登录分类信息网站(如 58 同城、赶集网等),选择"招聘"版块,如图 1-7 所示。

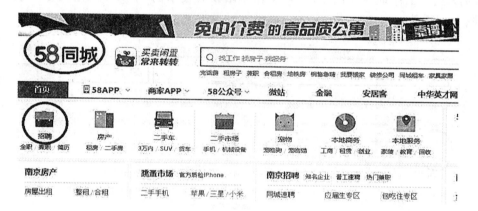

图 1-7　58 同城网站

进入 58 同城南京招聘页面,在搜索框中输入关键词"网络营销",查找职位信息,如图 1-8 所示。

图 1-8　搜索职位

在搜索结果中,选择"搜本类",进行信息过滤,还可以根据行业、薪资、学历等条件进行进一步职位筛选,如图1-9所示。

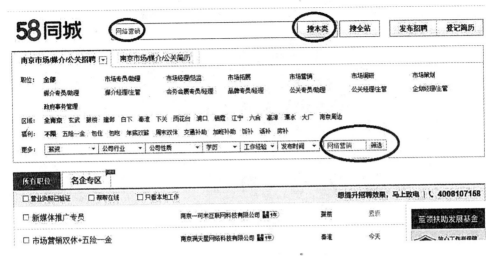

图1-9 职位筛选

点开其中一条职位信息,查看详细的职位描述,如图1-10所示。职位描述就是工作内容,要详细了解企业的用人要求,如果还有不清楚的地方,可以选择职位问答。

图1-10 职位描述

【活动三】到本地人才市场了解网络营销相关职位信息(以南京地区为例)。

南京市人才服务中心(南京人才市场)位于南京市玄武区北京东路63号,为各类企业提供人才服务,为多层次的人才需求提供服务。

南京人事人才服务网是南京市人力资源和社会保障局所属人事人才公共服务门户类网站,如图1-11所示。网站建有70万人才资源库,每年累计40万个优质招聘岗位,与南京人才市场现场招聘会紧密联动,为各类人才及企事业用人单位提供岗位搜索、网上对接、定制匹配等人才交流服务。

图 1-11 南京人事人才服务网

1.1.4 相关知识

1)"互联网＋"时代下企业的人才需求

专业人才是企业发展"互联网＋"必不可少的支撑，截至 2015 年 12 月，有 34.0%的企业在基层设置了互联网专职岗位；有 24.4%的企业设置了互联网相关专职团队，负责运维、开发或电子商务、网络营销等工作，互联网已经成为企业日常运营过程中不可或缺的一部分。目前中小微企业很难具备设置专人专岗的条件，但随着企业互联网软硬件配置的逐渐完善、互联网活动的开展日益广泛和深入，对具备专业运维、研发、商业运营技能人才的需求量将会激增。同时，我国企业中决策层主导互联网规划工作的比例达 13.0%，"互联网＋"正在成为企业战略规划的重要部分。

2)网络营销岗位群

越来越多的中国企业和个人开始借助互联网络搜集、传播信息，获取贸易机会，并逐步展开各种在线商业交易活动。作为企业及商人开展网上商业行为的系统化有效手段，网络营销已经被大多数企业认识和接受，网络营销的经济价值已经被社会广泛认可并产生极大的市场需求。

企业在岗位设置时大多有网络营销经理、网络营销主管、网络营销专员、网络推广专员、网络营销策划、网络营销顾问等。我们对这些岗位要求也作了进一步的分析，从而对网络营销课程的培养目标进行了明确的定位，主要为以下四个岗位群：

（1）传统中小企业网络营销规划、实施，网站运营与维护　企业要做网络营销，首先就要有营销平台，而企业网站担负着重任。没有网站的企业要建设网站；早几年建立了企业网站的但已不适应现在需求的要对企业网站进行改造。而一个高效的能够为企业带来营销价值的企业网站，无论是企业网站营销的市场分析还是网站规划与开发都不是那么简单。即使网站建好了，目前网络营销产品与工具很多，面对众多网络营销服务企业的业务员的狂轰滥炸，在哪里推广？怎么样推广？如何甄别和遴选符合本企业的网站推广方式和服务？这些都是摆在广大企业用户面前的问题。经济高效的网站推广需要有网络营销专业人才来掌舵，才能使网络营销工作不盲目。除此之外，企业网络品牌的树立与网络拓展、网络客户服务质量的提升、网络商业信息的发布与管理等都是企业网络营销的重要组成。

这个岗位群里分两个层次进行网络营销人才培养,一个层次培养的是某个方面的专业人才,比如有的擅长企业的网站规划与设计,有的擅长网站开发,有的擅长网络推广等;另一个层次,培养的是能够担任企业整体网络营销规划和管理的顾问人才或网络营销项目管理式的人才。

(2) 网络营销服务型企业业务推广与客户开发　在网络市场上有很多网络营销服务型企业,如百度、万网、阿里巴巴、慧聪等为企业提供网络营销工具或者网络营销服务的企业。学生一般在这些企业做业务推广与客户开发。做好这个工作,一方面需要对网络市场有深入的了解,同时对企业的网络营销应用也应非常熟悉,包括对企业传统的营销渠道等的了解。

(3) 中小企业电子商务网络贸易　目前,国内中小企业的电子商务应用主要模式是通过电子商务网络平台进行贸易活动,既经济又高效。对于网络贸易人才应具备的能力除了会使用某一贸易平台外,还要能够对众多的贸易平台进行价值分析,掌握网络沟通的技巧及贸易知识;同时要求网络贸易人员对本企业产品有比较专业的认识和了解,能够为客户提供更多专业的咨询,将有助于网络贸易人员的业务开展;对于外贸企业还要求有一定的外语水平。

(4) 网上创业实践与网上商店运营管理　在就业压力巨大的今天,创业成了就业的一条途径。这里的创业有两方面的含义:一方面,通过现有的一些网络平台创业,比如在淘宝平台上开店铺。另一方面,没有实力建立实体企业,先在网站上搭建对外门面,这个门面可以有不同的商业模式,比如说可以是传统产品的企业网站,也可以是一些信息平台等。

1.1.5　思考与练习

(1) 在专业招聘网站上制作一份简历,写一封求职信,思考面试时需要哪些面试技巧。

(2) 在招聘网站上搜索与专业相关的职位信息,尝试发送简历和求职信,积极与企业人员交流。

模块1.2　分析典型岗位的工作内容

1.2.1　教学目标

【终极目标】掌握网络营销工作的基本技能。
【促成目标】能根据岗位要求来加强专业学习。

1.2.2　工作任务

【总体任务】掌握网络营销典型岗位的工作技能。
【具体任务】
(1) 了解网商业务员的公共技能。
(2) 了解网络贸易专员的工作内容。
(3) 了解网店零售专员的工作内容。

1.2.3 能力训练

【活动一】 了解网商业务员的公共技能,如表1-1所示。

表1-1 网商业务员的公共技能

任务领域	工作任务	职业技能	知识要点
一、市场信息采集与分析	市场调查	1. 能根据企业需求确定调查目的 2. 能撰写市场调查计划书 3. 能设计网络调查问卷 4. 能分析问卷统计结果并撰写调查报告	1. 网络调查的主要方法 2. 消费者群体与购买行为心理特征 3. 调查问卷的内容设计与制作 4. 调查问卷数据的处理 5. 统计分析方法 6. 统计工具的使用 7. 调查报告的撰写
	信息分析	1. 能分析企业对商业信息的需求 2. 能制定网络商业信息采集流程 3. 能进行文件的下载、传输	1. 文件下载方法及下载工具的使用 2. 商业信息的搜集渠道 3. 商业信息有效性判断 4. 商业信息的归类及使用
二、第三方电子商务平台应用	资料上传	1. 能编辑产品相关资料 2. 能完成产品资料上传 3. 能更新和维护已上传资料	1. 平台信息写作技巧 2. 文件上传注意事项 3. 压缩工具的使用 4. 文件上传方法 5. 办公软件的使用 6. 网站后台管理知识
	平台功能应用	1. 能利用第三方电子商务平台展示企业信息 2. 能利用第三方电子商务平台传播企业信息 3. 能利用第三方电子商务平台获取商业信息	1. 第三方电子商务平台的介绍 2. 第三方电子商务平台的使用 3. 第三方电子商务平台营销
三、企业网站维护与管理	网站内容维护与管理	1. 能根据企业需要选择数据库软件 2. 能使用数据库对企业信息进行录入、存储和管理 3. 能进行企业网站信息更新维护	1. 数据库原理 2. 数据库应用 3. 网页制作技术
	网站安全维护与管理	1. 能对文件进行加密和解密 2. 能对邮件进行加密和解密 3. 能申请和安装数字证书 4. 能使用和管理数字证书 5. 能对交易者身份进行确认 6. 能制定交易安全管理流程	1. 文件加密和解密知识 2. 邮件加密和解密知识 3. 网络安全技术 4. 网络安全工具的使用 5. 数字证书的申请、安装与使用 6. 防火墙与杀毒软件的使用
	网站运营	1. 能处理企业网站上的图片和文字信息 2. 能通过数据分析与市场调研确认运营情况 3. 能有效评价运营效果 4. 能针对运营方案提供反馈意见 5. 能进行网站优化,提高搜索引擎的友好程度	1. 图片处理工具的使用 2. 色彩搭配基础知识 3. 网站内容的设计 4. 网站访问量的提升方法 5. 网站用户分析 6. 客户网络行为分析 7. 网页制作技术 8. 搜索引擎使用技巧 9. 关键字及源代码的优化

【活动二】了解网络贸易专员的工作内容，如表1-2所示。

表1-2 网络贸易专员的工作内容

任务领域	工作任务	职业技能	知识要点
一、询盘	询盘获取	1. 能利用电子邮件获取询盘 2. 能利用电子商务第三方平台获取询盘 3. 能利用企业网站获取询盘 4. 能利用即时聊天工具获取询盘	1. 电子邮件知识 2. 第三方平台应用知识 3. 即时通讯软件的使用 4. 商务沟通技巧
	询盘处理	1. 能及时处理询盘 2. 能及时回复商务咨询 3. 能对询盘进行判断、处理	1. 客户需求分析 2. 商务沟通技巧 3. 商务沟通工具的使用 4. 行业、产品、业务知识
	询盘管理	1. 能对询盘进行分类 2. 能对询盘进行存储 3. 能在后期对询盘进行再挖掘	1. 询盘管理知识 2. 客户需求分析
二、企业网络推广	博客营销	1. 能有针对性地选择符合企业营销需要的博客平台 2. 能对企业博客进行精确的定位 3. 能建立企业博客资料数据库 4. 能撰写博客营销文章	1. 博客营销理论 2. 主要博客平台的介绍 3. 博客主题的确定 4. 博客关键词设置 5. 博客栏目分类 6. 博客写作技巧 7. 博客点击量提升方法 8. 行业、产品、业务知识
	论坛营销	1. 能有针对性地选择符合企业营销需要的论坛 2. 能正确地监测、引导回帖 3. 能及时和论坛管理员沟通交流，配合企业营销的开展 4. 能进行论坛内容的策划 5. 能对相关人员进行论坛工作的分工 6. 能使用论坛的高级功能	1. 论坛规则 2. 论坛功能 3. 论坛分类 4. 发帖回帖技巧 5. 论坛术语与礼仪 6. 论坛签名档制作 7. 简单HTML源代码的编写 8. 行业、产品、业务知识
	电子邮件营销	1. 能撰写电子邮件 2. 能进行电子邮件客户分类 3. 能对电子邮件内容和格式进行优化设置 4. 能制定电子邮件营销计划	1. 商务邮件沟通技巧 2. 商务写作知识 3. 客户分类知识 4. 电子邮件营销策划
	搜索引擎优化	1. 能挖掘用户搜索关键词 2. 能设置合适的关键词 3. 能对企业网站的网页内容进行搜索引擎优化设置 4. 能进行网站访问分析 5. 能分析各种搜索引擎的特点 6. 能制定搜索引擎优化方案	1. 搜索引擎的种类 2. 关键词选取技巧 3. 搜索引擎的注册 4. 搜索引擎的优化基础 5. 竞价排名 6. SPIDER程序的了解与应用

续 表

任务领域	工作任务	职业技能	知识要点
	网络广告发布	1. 能在本企业网站上发布广告 2. 能在其他网络媒体上发布广告 3. 能增加有价值的外部链接 4. 能管理好企业网站的友情链接 5. 能加入网络广告联盟	1. 网络广告的类型 2. 网络广告的计费方式 3. 网络广告的效果评估 4. 网络广告发布平台的选择 5. 交换链接的选择、引用 6. 网络广告联盟介绍
	即时通讯软件营销	1. 能选取适合的即时通讯软件 2. 能通过即时通讯软件获取客户信息 3. 能了解即时通讯软件客户的需求和意向 4. 能及时回复客户的咨询 5. 能使用即时通讯软件的高级功能 6. 能使用即时通讯软件进行有针对性的营销	1. 即时通讯软件的种类与特点 2. 各种即时通讯软件的市场定位 3. 即时通讯软件的常见功能及使用技巧 4. 即时通讯软件营销方法
三、网络交易管理	风险防范	1. 能与客户进行充分沟通 2. 能判断交易信息的真伪 3. 能判断合作企业的信用状况	1. 企业信息的搜索与采集 2. 企业信用等级判断技巧 3. 常见交易风险防范知识与技巧
三、网络交易管理	电子合同管理	1. 能有效分析订单 2. 能起草商务合同 3. 能签订合同 4. 能对合同分类归档 5. 能根据合同并结合企业情况对合同相关工作进行任务分解 6. 能与有关部门进行充分沟通和进行任务安排 7. 能对合同执行情况进行跟踪	1. 电子商务相关法律法规 2. 合同法相关知识 3. 商务合同写作要点 4. 合同归类与管理 5. 商务谈判技巧 6. 行业、产品、业务知识
三、网络交易管理	网络支付	1. 能选择与使用第三方支付工具 2. 能使用网络银行高级功能	1. 网络支付的概念 2. 电子货币的概念与分类 3. 网络支付流程 4. 网络银行基础知识 5. 数字证书的申请、安装与使用 6. 第三方支付平台介绍 7. 网络支付的安全知识
四、客户服务与管理	客户维系和开发	1. 能对客户进行定期回访 2. 能对客户进行感情维系 3. 能深度挖掘客户的需求并提供个性化服务 4. 能对客户进行二次开发	1. 服务的有形展示与无形展示 2. 客户服务流程 3. 客户识别 4. 客户开发与维护 5. 商务沟通技巧
四、客户服务与管理	售后服务	1. 能及时处理客户投诉 2. 能将无法处理的投诉及时转交给其他人员 3. 能有针对性地提供增值服务 4. 能为客户提供售后保障服务 5. 能及时反馈客户信息	1. 提升客户满意度的技巧 2. 常见纠纷处理的方法 3. 客户服务流程 4. 客户回访技巧

续 表

任务领域	工作任务	职业技能	知识要点
五、物流信息管理	客户管理	1. 会使用客户管理软件 2. 能及时录入、修改客户资料 3. 能根据一定标准对客户进行分类和统计	1. 客户关系管理 2. 客户分类知识 3. 客户信息管理 4. 客户跟进
五、物流信息管理	物流方式选择	1. 能分析各种物流方式的优缺点 2. 能判断企业适用的物流方式 3. 能对物流企业进行评估 4. 能拟定物流选择方案	1. 物流基础知识 2. 国内贸易中的物流实务 3. 国内贸易物流公司的选择
五、物流信息管理	物流业务洽谈	1. 能与物流企业进行商务洽谈 2. 能签订商务合同	1. 商务谈判知识 2. 物流方式的选择 3. 客户所在地区贸易特点 4. 合同法的相关知识

【活动三】了解网店零售专员的工作内容,如表1-3所示。

表1-3 网店零售专员的工作内容

任务领域	工作任务	职业技能	知识要点
一、采购管理	市场行情分析	1. 能进行市场行情信息采集 2. 能对供求信息进行分析 3. 能对主要竞争者进行分析	1. 信息搜索渠道及方法 2. 行业、产品、业务知识 3. 竞争对手分析
一、采购管理	选择采购渠道	1. 能分析各种采购渠道的优缺点 2. 能根据自身特点选择采购渠道	1. 信息搜索渠道及方法 2. 网络采购方法 3. 采购需求的预测 4. 采购标准的制定 5. 采购渠道的建立与维护 6. 行业、产品、业务知识
一、采购管理	选择供应商	1. 能对供应商的相关信息进行收集 2. 能对供应商进行评估 3. 能选择合适的供应商	1. 信息搜索渠道及方法 2. 供应链管理基础知识 3. 供应商选择的标准 4. 供应商信息的鉴定 5. 供应商选择与沟通
一、采购管理	采购评估和调整	1. 能记录采购信息 2. 能与供应商建立紧密合作关系 3. 能根据采购情况调整供应商和采购方案	1. 采购方案的制定 2. 采购方案的执行 3. 采购评估 4. 采购风险控制
二、网店推广与管理	论坛营销	1. 能有针对性地选择符合企业营销需要的论坛 2. 能正确地监测、引导回帖 3. 能及时和论坛管理员沟通交流,配合企业营销的开展 4. 能根据受众情况进行内容的策划 5. 能对相关人员进行论坛工作的分工 6. 能熟练使用论坛的高级功能	1. 论坛规则 2. 论坛功能 3. 论坛分类 4. 发帖回帖技巧 5. 论坛术语与礼仪 6. 论坛签名档制作 7. 简单HTML源代码的编写 8. 行业、产品、业务知识

续 表

任务领域	工作任务	职业技能	知识要点
	即时通讯软件营销	1. 能选取适合的即时通讯软件 2. 能通过即时通讯软件获取客户信息 3. 能了解即时通讯软件客户的需求和意向 4. 能及时回复客户的咨询 5. 能使用即时通讯软件的高级功能 6. 能使用即时通讯软件进行有针对性的营销	1. 即时通讯软件的种类与特点 2. 各种即时通讯软件的市场定位 3. 即时通讯软件的常见功能及使用技巧 4. 即时通讯软件营销方法
	网络促销	1. 能制定促销方案 2. 能选定促销产品 3. 能对促销产品进行定价 4. 能选择促销渠道 5. 能对促销效果进行评估	1. 网络特性对促销策略的影响 2. 适合网络促销的产品特点 3. 网络促销定价策略 4. 网络促销渠道类型及功能 5. 网络促销方式及特点 6. 网络促销实施相关知识
	网络广告发布	1. 能在本企业网站上发布广告 2. 能在其他网络媒体上发布广告 3. 能增加有价值的外部链接 4. 能管理好企业网站的友情链接 5. 能加入网络广告联盟	1. 网络广告的类型 2. 网络广告的计费方式 3. 网络广告的效果评估 4. 网络广告发布平台的选择 5. 交换链接的选择、引用 6. 网络广告联盟介绍
三、网络交易管理	风险防范	1. 能与客户进行充分沟通 2. 能判断客户的信用状况 3. 能判断交易信息的真伪 4. 能规避与处理交易纠纷	1. 客户交易记录的查阅 2. 客户信用判断技巧 3. 常见交易风险防范知识与技巧
	电子订单管理	1. 能进行在线订单管理 2. 能开立相关票据	1. 电子商务相关法律法规 2. 网店后台管理知识
	网络支付	1. 能选择与使用第三方支付工具 2. 能使用网络银行高级功能	1. 网络支付的概念 2. 电子货币的概念与分类 3. 网络支付流程 4. 网络银行基础知识 5. 数字证书的申请、安装与使用 6. 第三方支付平台介绍 7. 网络支付的安全知识
四、客户服务与管理	售后服务	1. 能使用各种网络工具进行商务沟通 2. 能及时反馈客户信息 3. 能及时处理客户投诉 4. 能将无法处理的投诉及时转交给其他人员 5. 能有针对性地提供增值服务 6. 能为客户提供售后保障服务 7. 能根据客户反馈对网店经营进行调整	1. 客户满意度的概念、作用 2. 客户满意度提升技巧 3. 客户满意度调查 4. 客户投诉处理技巧 5. 商务沟通技巧 6. 客户回访技巧 7. 常见纠纷处理的方法 8. 客户服务流程

续 表

任务领域	工作任务	职业技能	知识要点
五、物流信息管理	客户管理	1. 能使用客户管理软件 2. 能及时建立、修改客户档案 3. 能根据一定标准对客户进行分类和统计 4. 能撰写客户需求分析报告 5. 能制定和优化客户服务方案	1. 客户档案的建立与分析 2. 客户分类知识 3. CRM 软件的使用 4. 客户关系管理 5. 客户信息管理 6. 商务写作知识
	客户维系和开发	1. 能对客户进行定期回访 2. 能对客户进行感情维系 3. 能深度挖掘客户的需求并提供个性化服务 4. 能对客户进行二次开发	1. 服务的有形展示与无形展示 2. 客户服务流程 3. 客户识别 4. 客户开发与维护 5. 商务沟通技巧
	商品库存管理	1. 能进行商品入库管理 2. 能清楚掌握商品在库情况 3. 能进行商品出库管理 4. 能进行商品的包装和发货	1. ABC 库存管理法 2. 商品进库管理 3. 商品盘点与储存 4. 商品出库管理 5. 商品包装知识 6. 库存管理软件的使用
	物流业务交接	1. 能按照合同及时把物流业务交接给物流企业 2. 能准确传达业务信息 3. 能委托物流企业收款	1. 物流合同知识 2. 物流交接管理 3. 商务沟通技巧
	物流信息跟踪、确认	1. 能对物流回单进行跟踪反馈 2. 能及时联系买家对已收货物进行确认 3. 能及时处理异常物流信息 4. 能收集客户意见反馈	1. 物流信息要素 2. 物流责、权、利的划分 3. 物流服务评价 4. 商务沟通技巧 5. 物流信息技术

1.2.4 相关知识

互联网时代,网络营销部门成为企业发展不可或缺的力量。按照不同的需求,可以把网络营销的工作岗位分为以下几类:

1) 技术类

(1) 网站架构师　网站系统、功能、模块、流程的设计师。

(2) 网站模板设计师　主要是把设计好的网页制作成一个网站的模板。

(3) 网站维护工程师　管理和维护网站以及根据需求完成网站信息的更新和信息资源的整合成为他们的分内之事。除此之外,还应精通 CSS、HTML 等语言,熟悉数据库应用,有一定美工基础,能独立进行网站设计和制作。

(4) 网页设计师　设计制作网站的各个网页。

(5) 网页前端工程师　负责网站实施工作,就是把网页设计图切成静态页面,然后再添加上网站程序。

(6) 网站测试工程师　负责网站功能的使用情况,并与相关部门合作优化网站功能。

(7) 网站管理员　负责内部各类信息处理,协调网站各部门间的合作。

(8) 搜索优化工程师　负责企业网站针对搜索引擎优化工作的计划和履行。

2) 市场类

(1) 网站编辑　负责网站频道信息内容的搜集、把关、规范、整合和编辑，并更新上线；管理和维护社区，完善网站功能，提升用户体验；收集、研究和处理用户的意见和反馈信息；组织策划社区的推广活动及相关业内文章撰写；协助完成频道管理与栏目的发展规划，促进网站知名度的提高；配合技术、市场等其他部门的工作；信息的加工，信息的采集；专业的编辑，以及网页的推广。

(2) 网站推广主管　指导并管理推广专员通过电话、网络等方式与其他网站沟通并确立合作伙伴意向；指导并管理推广专员归纳、筛选、整理客户资料，及时跟踪及处理客户反馈，帮助处理内部事物性工作，维护客户关系，促进满意度的提升；直接向总经理汇报。

(3) 网站策划师　主要负责网站架构策划和设计；并进行网站建设协调与监督，还需要按计划对网站内容进行搜集和整理。同时负责网站活动的策划、推广等工作。

(4) 市场调研分析师　指导和培训调查员，进行预调查，组织实施实地调查，对客户市场调研方案进行设计、策划、实施跟踪与后期评估，撰写调研报告和行业分析文章，参与管理数据的整理和分析过程，为企业提供服务对象及竞争对手的第一手信息，为企业做出正确决策提供强有力的数据支持。

(5) 产品策略分析师　与互联网产品团队密切配合，负责网络营销产品的规划、设计、实施以及运营；建立完善的门户产品和电子商务系统，并持续对其进行跟踪评估分析，提升用户体验；完成相应产品策略研究或评估报告，协助行业运营专员做好类目调整；负责用户需求调研，收集反馈意见并分析、筛选，对用户使用行为进行分析；市场竞争分析，分析竞争对手产品及行业内外所有相关产品等。

(6) 网站推广员　资料收集与统计；网络推广分析诊断；针对性提出有效的解决方案及实施计划；网站推广效果的跟踪和评估方法；如果必要，可以进一步提供网站推广策略与推广效果的分析建议。

(7) 公关宣传策划　通过公共关系策划和实施使企业达到理想的宣传状态和标准，其职责是根据组织形象的现状和目标要求，分析现有条件，谋划并设计公关战略、专题活动和具体公关活动最佳宣传方案。

(8) 广告媒介经理　同时接触公司的最高层和最低层。一方面企业通过媒体发出的声音必须代表着企业的核心战略、核心品牌定位，任何细小的工作都是为了最终的目标不偏离。另一方面，媒介公关经理又必须操心最细枝末节的东西，包括新闻通稿中透露的销售数字，以及新闻发布会发言席的位置摆放等。

3) 运营类

(1) 网站运营总监　负责企业网站运营管理、网站战略决策及网站运营计划监控的网站运营管理岗位，其主要职责在于网站战略目标决策及监控，协调运营团队整体工作。网站运营总监在互联网行业内企业中担任着非常重要的角色，这个职务决定着以互联网为依托的一个企业整体运营的决策权，也可以说相当于公司的常务总经理。

(2) 网站运营经理　负责网站的整体规划、构建，管理网站频道及合作资源的整合，参与市场行为的策划；负责网站的建设以及定期的维护与更新；负责客户的开发；设计网站运营维护的标准化运作流程，提高页面浏览率，提高网站知名度；制定工作计划，监督、指导团队进行工作，实现高效率运作；参与宣传活动主题策划、文档的撰写。

（3）网络渠道经理　负责国内各地网络市场的销售管理；负责建立和完善各地的网络代理商销售网络，按时完成公司下达的销售任务；负责代理商销售团队的建设、人才培训；负责协助代理商发展更多的经销商，并维护他们之间良好的合作关系；负责及时处理所辖区域各种突发事件等。

（4）网络商务拓展　即电子商务拓展，通过公司的发展来制定跨行业的发展计划并予以执行，和上游及平行的合作伙伴建立畅通的合作渠道，和相关政府、协会等机构沟通以寻求支持并争取资源。

（5）外销工程师　建立与维护国际销售渠道；制定公司年度销售计划，确保业绩实现；负责对销售合同、应收货款的跟踪与跟进；定期分析市场与客户情况，建立稳定的客户关系。

（6）外贸市场策划　要求有较强的市场感知能力及敏锐地把握市场动态、市场方向的能力；具备大型活动的现场管理能力，有较强的表达、理解与公关能力以及团队合作精神。

4）其他

（1）电子商务师　是指利用计算机技术、网络技术，通过专业的网络商务平台等现代信息技术，帮助商家与顾客或商家与商家之间从事各类商务活动或相关工作的人员。

（2）网络营销顾问　一般认为网络营销顾问是为企业提供适合企业资源的网络营销解决方案，代为执行或者辅助指导企业进行网络营销策划、实施、监督和管理，利用信息化手段开展网络营销以提升企业在网络时代竞争力的专业网络营销人才或机构。

（3）资深外贸专家　主要负责外贸销售、策划的顾问。

（4）网店店长　负责网店的开设宣传、网店装修设计宣传、在线客服、提高信用等级、关键词优化等。

1.2.5　思考与练习

（1）到专业招聘网站（前程无忧、智联招聘等）搜索网络营销相关职位信息，记录并整理其职位描述的内容，总结并提炼出网络营销的工作技能。

（2）关于网络营销，你目前比较欠缺哪方面的技能？你打算如何提升你的技能？

项目 2　网络市场分析

【项目简介】

本项目的工作任务是通过间接调查,了解中国网络市场的现状。项目要求学生阅读中国互联网发展的研究报告,了解网民的行为习惯。通过项目实践,让学生对网民的上网行为、网络购物行为有一定的认识,对企业的网络营销活动有一定的了解。

【项目案例】

中国互联网大事记

1994年4月20日,NCFC工程通过美国Sprint公司连入Internet的64K国际专线开通,实现了与Internet的全功能连接。从此中国被国际上正式承认为真正拥有全功能Internet的国家,中国互联网时代从此开启。

1994年5月15日,中国科学院高能物理研究所设立了国内第一个Web服务器,推出中国第一套网页。

1996年1月,中国公用计算机互联网(CHINANET)全国骨干网建成并正式开通,全国范围的公用计算机互联网络开始提供服务。

1996年2月27日,外经贸部中国国际电子商务中心正式成立。

1997年11月,中国互联网络信息中心(CNNIC)发布了第一次《中国互联网络发展状况统计报告》:截止到1997年10月31日,中国共有上网计算机29.9万台,上网用户数62万,CN下注册的域名4 066个,WWW站点约1 500个,国际出口带宽25.408 Mb/s。

2000年6月21日,中国电子商务协会正式成立。该协会旨在加强中国与世界各国在电子商务领域的交流与合作,推进电子商务在中国的应用与发展,促进我国经济的全面发展。

2017年1月,中国互联网络信息中心(CNNIC)发布了第39次《中国互联网络发展状况统计报告》:截至2016年12月,中国网民规模达7.31亿,互联网普及率达到53.2%。中国互联网行业整体向规范化、价值化发展,同时,移动互联网推动消费模式共享化、设备智能化和场景多元化。我国手机网民规模达6.95亿,手机网民占比达95.1%,线下手机支付习惯已经形成。中国".CN"域名总数为2 061万,居全球国家域名第一。中国企业信息化基础全面普及,"互联网+"传统产业融合加速。在供应链升级改造过程中,企业日益重视并充分发挥互联网的作用。

从最初的技术领域应用发展到今天的娱乐休闲应用,互联网的功能也越来越广泛了。

模块2.1　网民互联网应用分析

2.1.1　教学目标

【终极目标】了解互联网如何影响网民生活。

【促成目标】了解网民的上网行为,帮助企业制定营销决策。

2.1.2 工作任务

【总体任务】了解网民的特征及上网行为。
【具体任务】
(1) 了解网民的特征。
(2) 了解网民的互联网应用状况。
(3) 了解网民的手机互联网应用状况。

2.1.3 能力训练

第一步:登录网站,查询最新报告。

登录中国互联网络信息中心网站(http://www.cnnic.cn),查阅最新的《中国互联网络发展统计报告》,点击"互联网发展研究"版块,如图2-1所示。

图 2-1 中国互联网络信息中心网站

第二步:下载报告。

进入"互联网发展研究"的页面,在页面中间找到"下载报告",将鼠标移至"统计报告",鼠标下方将出现历年来的统计报告,选择最新发布的统计报告,如"第38次中国互联网络发展状况统计报告",点击进入,如图2-2所示。

图 2-2 下载报告页面

进入报告页面,阅读报告摘要,并下载完整报告,如图2-3所示。

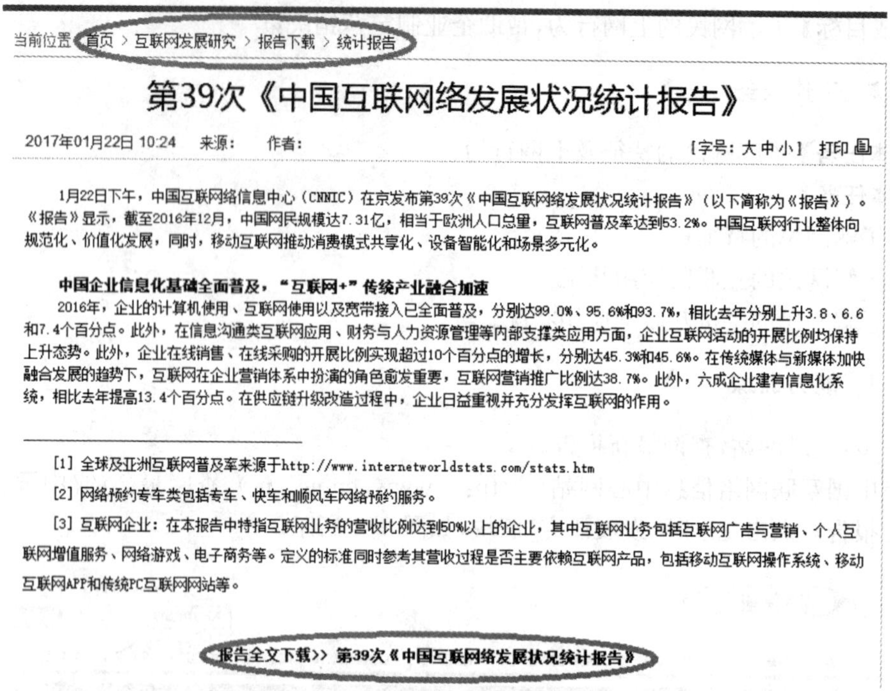

当前位置 ＞ 首页 ＞ 互联网发展研究 ＞ 报告下载 ＞ 统计报告

第39次《中国互联网络发展状况统计报告》

2017年01月22日 10:24　来源：　作者：　　　　　　　　　〖字号：大中小〗 打印

  1月22日下午，中国互联网络信息中心（CNNIC）在京发布第39次《中国互联网络发展状况统计报告》（以下简称为《报告》）。《报告》显示，截至2016年12月，中国网民规模达7.31亿，相当于欧洲人口总量，互联网普及率达到53.2%。中国互联网行业整体向规范化、价值化发展，同时，移动互联网推动消费模式共享化、设备智能化和场景多元化。

中国企业信息化基础全面普及，"互联网+"传统产业融合加速
  2016年，企业的计算机使用、互联网使用以及宽带接入已全面普及，分别达99.0%、95.6%和93.7%，相比去年分别上升3.8、6.6和7.4个百分点。此外，在信息沟通类互联网应用、财务与人力资源管理等内部支撑应用方面，企业互联网活动的开展比例均保持上升态势。此外，企业在线销售、在线采购的开展比例实现超过10个百分点的增长，分别达45.3%和45.6%。在传统媒体与新媒体加快融合发展的趋势下，互联网在企业营销体系中扮演的角色愈发重要，互联网营销推广比例达38.7%。此外，六成企业建有信息化系统，相比去年提高13.4个百分点。在供应链升级改造过程中，企业日益重视并充分发挥互联网的作用。

---

[1] 全球及亚洲互联网普及率来源于http://www.internetworldstats.com/stats.htm
[2] 网络预约专车类包括专车、快车和顺风车网络预约服务。
[3] 互联网企业：在本报告中特指互联网业务的营收比例达到50%以上的企业，其中互联网业务包括互联网广告与营销、个人互联网增值服务、网络游戏、电子商务等。定义的标准同时参考其营收过程是否主要依赖互联网产品，包括移动互联网操作系统、移动互联网APP和传统PC互联网站等。

报告全文下载>> 第39次《中国互联网络发展状况统计报告》

图 2-3 　报告全文下载

第三步：报告解读。
  统计报告一般是 PDF 文件，需要在电脑上提前安装 PDF 文件阅读器，统计报告内容较多，先查看目录页，了解报告的整体框架，然后选择重要的内容进行详细解读。

2.1.4　相关知识

1）报告中的相关定义
（1）网民　指过去半年内使用过互联网的 6 周岁及以上中国居民。
（2）手机网民　指过去半年通过手机接入并使用互联网，但不限于仅通过手机接入互联网的网民。
（3）电脑网民　指过去半年通过电脑接入并使用互联网，但不限于仅通过电脑接入互联网的网民。
（4）农村网民　指过去半年主要居住在我国农村地区的网民。
（5）城镇网民　指过去半年主要居住在我国城镇地区的网民。
（6）IP 地址　IP 地址的作用是标识上网计算机、服务器或者网络中的其他设备，是互联网中的基础资源，只有获得 IP 地址（无论以何种形式存在），才能和互联网相连。
（7）域名　本报告中仅指英文域名，是指由点（.）分割，仅由数字、英文字母和连字符（-）组成的字串，是与 IP 地址相对应的层次结构式互联网地址标识。常见的域名分为两类：一类是国家或地区顶级域名（ccTLD），如以.CN 结尾的域名代表中国；另一类是类别顶级域名（gTLD），如以.COM，.NET，.ORG 结尾的域名等。
（8）网站　是指以域名本身或者"WWW.＋域名"为网址的 web 站点，其中包括中国的国家顶级域名.CN 和类别顶级域名下的 web 站点，该域名的注册者位于中国境内。如：对域名 cnnic.cn 来说，它的网站只有一个，其对应的网址为 cnnic.cn 或 www.cnnic.cn，除此以外，

whois.cnnic.cn、mail.cnnic.cn……以该域名为后缀的网址只被视为该网站的不同频道。

2)中国网民的特征

截至2016年12月,我国网民规模达到7.31亿,互联网普及率为53.2%,其中手机网民规模达6.95亿,另外,我国网民中农村网民占比27.4%,城镇网民占比72.6%。

(1) 性别结构　截至2016年12月,中国网民男女比例为52∶48,网民性别结构趋向均衡。

(2) 年龄结构　截至2016年12月,我国网民仍以10～39岁群体为主,占整体的73.7%,其中20～29岁年龄段的网民占比最高,达30.4%;10～19岁、30～39岁群体占比分别为20.2%、23.2%。

(3) 学历结构　截至2016年12月,我国网民依然以中等学历群体为主,初中、高中(中专、技校)学历的网民占比分别为37.3%、26.2%。

(4) 职业结构　截至2016年12月,中国网民中学生群体占比仍然最高,为25.0%;其次为个体户/自由职业者,比例为22.7%;企业/公司的管理人员和一般职员占比合计达到14.7%。

(5) 收入结构　截至2016年12月,网民中月收入在2 001～3 000元及3 001～5 000元的群体占比较高,分别为17.7%和23.2%。

3)中国网民的互联网应用状况

2016年,我国个人互联网应用保持快速发展,除电子邮件外,其他用户规模均呈上升趋势,其中网上外卖和互联网医疗是增长最快的两个应用,年增长率分别为87.3%和28%。网络购物也保持较快增长,半年增长率为8.3%。手机端大部分应用均保持快速增长,其中手机网上外卖、在线教育用户规模增长最为明显,增长率为86.2%和84.8%。

中国网民各类互联网应用的使用率如表2-1所示。

表2-1　2015—2016年中国网民各类互联网应用的使用率

应用	2016年		2015年		全年增长率
	用户规模(万)	网民使用率	用户规模(万)	网民使用率	
即时通信	66 628	91.1%	62 408	90.7%	6.8%
搜索引擎	60 238	82.4%	56 623	82.3%	6.4%
网络新闻	61 390	84.0%	56 440	82.0%	8.8%
网络视频	54 455	74.5%	50 391	73.2%	8.1%
网络音乐	50 313	68.8%	50 137	72.8%	0.4%
网上支付	47 450	64.9%	41 618	60.5%	14.0%
网络购物	46 670	63.8%	41 325	60.0%	12.9%
网络游戏	41 704	57.0%	39 148	56.9%	6.5%
网上银行	36 552	50.0%	33 639	48.9%	8.7%
网络文学	33 319	45.6%	29 674	43.1%	12.3%
旅行预订	29 922	40.9%	25 955	37.7%	15.3%
电子邮件	24 815	33.9%	25 847	37.6%	−4.0%
论坛/BBS	12 079	16.5%	11 901	17.3%	1.5%
互联网理财	9 890	13.5%	9 026	13.1%	9.6%
网上炒股或炒基金	6 276	8.6%	5 892	8.6%	6.5%
微博	27 143	37.1%	23 045	33.5%	17.8%

续 表

应用	2016 年		2015 年		全年增长率
	用户规模(万)	网民使用率	用户规模(万)	网民使用率	
地图查询	46 166	63.1%	37 997	55.2%	21.5%
网上订外卖	20 856	28.5%	11 356	16.5%	83.7%
在线教育	13 764	18.8%	11 014	16.0%	25.0%
互联网医疗	19 476	26.6%	15 211	22.1%	28.0%
互联网政务	23 897	32.7%	—	—	—

（1）基础应用用户规模稳定增长，多元化服务满足用户精准需求。

即时通信、搜索引擎、网络新闻作为基础的互联网应用，用户规模保持稳健增长，使用率均在80%以上。即时通信企业深入挖掘用户需求，拓展更加多元化、差异化的服务类型，制定针对性产品满足用户线上线下各种生活服务需要；搜索引擎企业着重发展人工智能，提升差异化竞争力，同时国家出台相关监管政策，对搜索信息的内容进行严格规范；网络新闻应用着力发展基于用户兴趣的"算法分发"，满足移动互联网时代用户对个性化新闻的需求，传统媒体与新媒体的融合加速，全媒体趋势初步显现。

（2）商务交易类应用持续快速增长，政策监管持续完善。

2016年，商务交易类应用保持平稳增长，网上购物、在线旅行预订用户规模分别增长6.5%和15.3%。政府在推动消费升级的同时加大对跨境电商等相关行业规范，网上购物平台从购物消费模式向服务消费模式拓展；网上外卖行业处于市场培育前期，由餐饮服务切入构建起来的物流配送体系可以围绕"短距离"服务拓展至多种与生活紧密相关的外送业务，具有更广阔的发展前景；在旅游消费高速增长带动下，在线旅行预订行业迅速发展。

（3）网上支付线下场景不断丰富，大众线上理财习惯逐步养成。

互联网金融类应用在2016年保持增长态势，网上支付、互联网理财用户规模增长率分别为14%和9.6%。电子商务应用的快速发展，网上支付厂商不断拓展和丰富线下消费支付场景以及实施各类打通社交关系链的营销策略，带动非网络支付用户的转化；互联网理财用户规模不断扩大，理财产品的日益增多、产品用户体验的持续提升，带动大众线上理财的习惯逐步养成。平台化、场景化、智能化成为互联网理财发展新方向。

（4）网络娱乐类应用用户规模稳步增长，正版化进程加快。

2016年，网络娱乐类应用进一步向移动端转移，手机端网络音乐、视频、游戏、文学用户规模增长率均在12%以上。网络娱乐类应用的版权正版化进程加快，各应用厂商对涉嫌侵权的应用积极展开维权行动。网络视频内容朝着精品化、差异化方向发展，以优质内容培养用户付费习惯；网络音乐平台逐步扩大海外市场，以网络音乐为核心的包括明星演出、粉丝运营等在内的新兴产业链逐渐形成；作为新兴互联网娱乐类应用，网络直播发展势头强劲，随着各大互联网公司的介入，竞争将更加激烈。

（5）在线教育、在线政务服务发展迅速，互联网带动公共服务行业发展。

2016年，各类互联网公共服务类应用均实现用户规模增长，在线教育、网上预约出租车、在线政务服务用户规模均突破1亿，多元化、移动化特征明显。在线教育领域不断细化，用户边界不断扩大，服务朝着多样化方向发展，同时移动教育提供的个性化学习场景以及移动设备触感、语音输出等功能性优势，促使其成为在线教育主流；网络约租车领域，基于庞大的市场需求和日益完善的技术应用,行业规模不断扩大;在线政务领域,政府网站与政务微博、微信、客户端的结合,充分发挥互联网和信息化技术的载体作用,优化政务服务的用户体验。

4)中国网民各类手机互联网应用状况

截至2016年12月,我国手机网民规模达6.95亿,手机网民占比达95.1%。移动互联网推动消费模式共享化、设备智能化和场景多元化。移动互联网与线下经济联系日益紧密,2016年,我国网民手机网上支付的使用比例高达67.5%,手机支付向线下支付领域快速渗透,有50.3%的网民在线下实体店购物时使用手机支付结算,线下手机支付习惯已经形成。

中国网民各类手机互联网应用的使用率如表2-2所示。

表2-2 2015—2016年中国网民各类手机互联网应用的使用率

应用	2016年		2015年		全年增长率
	用户规模(万)	网民使用率	用户规模(万)	网民使用率	
手机即时通信	63 797	91.8%	55 719	89.9%	14.5%
手机网络新闻	57 126	82.2%	48 165	77.7%	18.6%
手机搜索	57 511	82.7%	47 784	77.1%	20.4%
手机网络音乐	46 791	67.3%	41 640	67.2%	12.4%
手机网络视频	49 987	71.9%	40 508	65.4%	23.4%
手机网上支付	46 920	67.5%	35 771	57.7%	31.2%
手机网络购物	44 093	63.4%	33 967	54.8%	29.8%
手机网络游戏	35 166	50.6%	27 928	45.1%	25.9%
手机网上银行	33 357	48.0%	27 675	44.6%	20.5%
手机网络文学	30 377	43.7%	25 908	41.8%	17.2%
手机旅行预订	26 179	37.7%	20 990	33.9%	24.7%
手机邮件	19 713	28.4%	16 671	26.9%	18.2%
手机论坛/BBS	9 739	14.0%	8 604	13.9%	13.2%
手机网上炒股或炒基金	4 871	7.0%	4 293	6.9%	13.5%
手机在线教育课程	9 798	14.1%	5 303	8.6%	84.8%
手机微博	24 086	34.6%	18 690	30.2%	28.9%
手机地图、手机导航	43 123	62.0%	33 804	54.5%	27.6%
手机网上订外卖	19 387	27.9%	10 413	16.8%	86.2%

网络基础设施建设逐渐完善,移动网络速率大幅提高,带动手机3G/4G网络使用率不断提升。智慧城市的建设推动了公共区域无线网络的使用,手机、平板电脑、智能电视则带动了家庭无线网络的使用。

随着网络环境的日益完善、移动互联网技术的发展,各类移动互联网应用的需求逐渐被激发。从基础的娱乐沟通、信息查询,到商务交易、网络金融,再到教育、医疗、交通等公共服务,移动互联网塑造了全新的社会生活形态,潜移默化地改变着移动网民的日常生活。未来,移动互联网应用将更加贴近生活,从而带动三四线城市、农村地区人口的使用,进一步提升我国互联网普及率。

2.1.5 思考与练习

(1) 利用在线调查平台(如问卷星网站)调查本校学生互联网应用情况。

(2) 利用在线调查平台调查本校学生手机上网的情况(包括手机品牌、移动网络运营商、APP应用等)。

(3) 上网查询2017年上半年中国网民手机互联网的使用率。

模块 2.2　网络购物市场分析

2.2.1　教学目标

【终极目标】针对网络消费者的行为特点制定营销策略。

【促成目标】了解网络消费者的购物决策过程。

2.2.2　工作任务

【总体任务】了解网络消费者的购物行为。

【具体任务】

(1) 了解购物网站的现状。

(2) 了解网络购物用户的特征及行为。

(3) 了解手机网络购物用户的特征及行为。

2.2.3　能力训练

第一步：登录网站，查询报告。

进入"互联网发展研究"的页面，在页面中间找到"下载报告"，将鼠标移至"电子商务报告"，鼠标下方将出现历年来的网络购物市场报告，选择最新发布的统计报告，如"2015年中国网络购物市场研究报告"，点击进入，如图2-4所示。

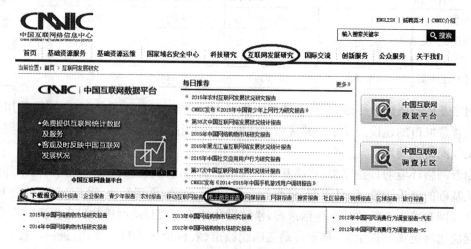

图 2-4　电商报告

第二步:下载报告。

进入报告页面,阅读报告摘要,并下载完整报告,如图2-5所示。

当前位置:首页 > 互联网发展研究 > 报告下载 > 电子商务报告

2015年中国网络购物市场研究报告

2016年06月22日 17:05 来源: 作者: [字号:大中小] 打印

近日,中国互联网络信息中心(CNNIC)发布《2015年中国网络购物市场研究报告》,报告显示,截至2015年12月,我国网络购物用户规模达4.13亿,同比增长5183万,增长率为14.3%,高于6.1%的网民数量增长率。与此同时,我国手机网络购物用户规模达3.40亿,同比增长率为43.9%,手机网络购物的使用比例由42.4%提升至54.8%。2015年中国网络购物市场继续保持快速发展。当年度全国网络零售交易额达3.88万亿元,同比增长33.3%。其中,B2C交易额2.02万亿元,同比增长53.7%。当年度中国网络购物市场交易总次数达256亿次,年度人均交易次数62次。

从细分市场来看,社交网购、海外网购发展迅速,年度人均消费金额大幅攀升

《报告》显示,微商的崛起促进了社交网购的发展,2015年网购用户人均年度社交化网购金额为2134元,同比增加75.5%;人均年度社交化网购次数为7.2次,同比增加1.2次。目前,虽然只有14.7%的网购用户能够接受平台利用自身的社交信息推送商品,但若能够实现精准推送提升购买效率,消费者将会逐渐接受。海外网购方面,2015年海外网购人群人均消费金额为5630元,同比增加12.1%;人均消费次数为8.6次,同比增加0.6次。随着跨境电商政策的密集出台,海外网购的发展将得到逐步规范。

报告全文下载>> 2015年中国网络购物市场研究报告

图2-5 下载报告

2.2.4 相关知识

1) 中国购物网站的现状

(1) 品牌格局 2015年,中国网络零售市场的集中度进一步提高。阿里系和京东占据了中国网络零售90%以上的市场份额。随着淘宝交易额增速进一步放缓和消费升级带来的需求变化,给B2C带来了新的发展空间。消费升级有力推动了B2C平台的发展,2015年市场份额前五位的B2C平台市场份额之和扩大,达到93.7%,B2C平台的市场集中度进一步提高。天猫占据了65.2%的市场份额,京东紧随其后,占23.2%,苏宁易购占5.3%,如图2-6所示。

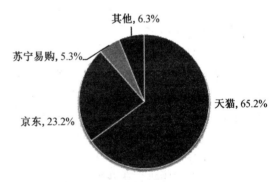

图2-6 2015年我国B2C市场份额

2015年,国内网络零售企业纷纷通过投资并购的方式提升竞争优势。综合平台纷纷加紧战略布局,一方面通过强强联合,结成战略同盟扩大领先优势;另一方面大型电商企业加紧对各类优势品牌的收购,寄希望于通过纵向深耕或横向拓展的方式建立更深的品牌护城河。例如,京东43亿元入股永辉超市,阿里巴巴45亿美元现金收购优酷土豆,与苏宁的283亿元相互投资以及以12.5亿美元参与投资饿了么。电商领域投资并购频繁,反映出在当前大格局已定但竞争仍激烈的网络零售市场,平台寻求地位稳定和新业务增长的迫切需要。

(2) 发展态势

① 阿里巴巴:拓展农村市场,开启全球化元年,战略投资协同电商主业。

2015年,阿里巴巴致力于拓展农村市场,深挖消费潜力。农村淘宝搭建县村两级服务网络,截至 2015 年 12 月,农村淘宝村级服务站点超过 1 万个,覆盖全国 20 多个省份。按照阿里巴巴的"千县万村计划"农村战略规划,未来 3~5 年内,阿里将投资 100 亿元,建立 1 000 个县级服务中心和 10 万个村级服务站。

与此同时,2015 年是阿里巴巴启动全球化的元年,跨境电商平台首次参加"双十一"。全球买:引入美国、欧洲、日本、韩国等 25 个国家和地区的 5 000 多个海外知名品牌的全进口品类;全球卖:国内近 5 000 个商家参与,售卖折扣商品 5 000 万种,覆盖包括"一带一路"沿线的 64 个国家和地区。支付宝、银行、专业跨境电商服务方、菜鸟网络、物流及快递合作方均为阿里的全球化生态系统提供支持。

此外,2015 年,阿里巴巴完成了包括对苏宁、优酷土豆的 47 项对外投资。阿里的投资多围绕着电商、支付、物流、社交这些基础业态稳固扎实的领域开展。阿里与苏宁的联姻将打通线上线下,全面提升效率。阿里与优酷土豆的结合,将从社交、娱乐与消费的多重角度把握用户的消费习惯,整合平台数据进行跨平台营销。

② 京东:创新 O2O 模式,拓展农村/国际市场,构建普惠金融体系。

2015 年,京东 O2O 创新项目——京东到家上线。京东到家主打生鲜产品 O2O 服务,而餐饮外卖、家政、洗衣、洗车、美甲、按摩等本地生活服务也是其重点发展方向。京东到家通过盘活线下资源,创新推动"互联网+实体零售""互联网+生活服务业"的发展,进而实现传统产业的转型升级。

与此同时,京东大力推进"工业品进农村""农村金融""生鲜电商"这三大农村电商战略。为此构建县级服务中心、"京东帮"服务店,并招募大量乡村推广员。而京东国际化进程中,在进口业务方面,推出了"全球购"平台,开设了法国馆、韩国馆、日本馆、澳洲馆等多个海外购物频道;在出口业务方面,上线了"全球售"业务,首站已进入俄罗斯,接着将深入印度、巴西、东南亚等国家和地区市场。

此外,2015 年,京东构建了普惠金融体系,包括网络支付(网银在线)、供应链金融(京保贝、京小贷)、消费金融(京东白条)、财富管理(小金库、理财)、众筹和保险等六大业务模块。未来,京东的普惠金融体系将致力于顺应经济转型升级的产业政策,助力消费经济,促进消费升级,持续为消费输出信用和金融服务能力。

③ 苏宁易购:设云店推进 O2O 战略,开放物流转化为利润中心,增开易购服务站布局农村。

为了充分发挥互联网零售优势,苏宁开设云店深化 O2O 运营模式,线上线下同时发力。一方面苏宁对门店进行优化调整和互联网改造升级,不断迭代苏宁易购云店,丰富门店品类,增强整体销售能力;另一方面加强商品供应链建设,通过自营、开放平台的方式拓展库存量单位(SKU)规模。2015 年前三季度,苏宁易购已新开云店 34 家。商品 SKU 数量达到 1 500 万。

与此同时,2015 年,初苏宁在全国 23 个城市的物流基地均投入运营,物流仓储及相关配套总面积达到了 403 万平方米。"苏宁快递"的上线标志着苏宁"物流云"已经全面对社会开放,并引入第三方。此举意味着苏宁物流已经从过去的投入、成本中心转变成为公司的利润中心。

苏宁易购计划在 5 年内建立 1 万家农村服务站,深入全国乡村,2015 年规划是在三四级乡镇市场开设 1 500 家。苏宁易购服务站承载着"走下去"和"引上来"的双重职能。其中,"走下去"是将苏宁实体及互联网商品、综合服务带到县域市场,解决购物难题;"引上来"是将县域的特色产品通过苏宁平台销售至全国,解决致富难题。

2) 网络购物用户的特征及行为

截至 2015 年 12 月,我国网络购物用户规模达到 4.13 亿,较 2014 年底增加 5 183 万,增长率为14.3%,高于6.1%的网民增速。我国网络购物市场依然保持着稳健的增长速度。

(1) 品类分布　网购品类向全覆盖消费需求发展,单个用户网购品类显著增多。2013—2015年,单个用户网购商品品类越来越多,从服装鞋帽、日用百货到珠宝配饰,各品类购买用户分布比例显著提升。单个用户网购品类从低价的日用百货、书籍音像制品向价格较高的电脑/通信数码产品及配件、家用电器扩散;从外用的服装鞋帽到入口食用的食品/保健品渗透。与此同时,网购品类不断丰富和细化,逐渐向全覆盖消费需求方向发展,如图2-7所示。

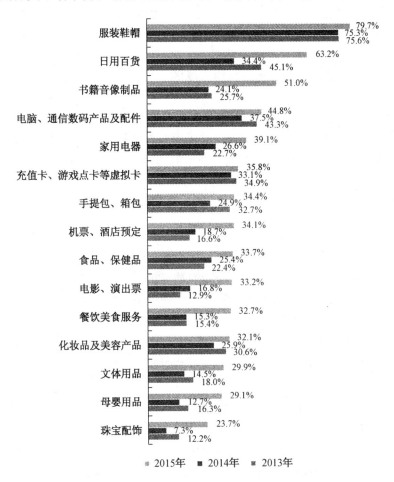

图2-7　2013—2015年网络购物用户购买商品品类分布

纵观2013—2015年排名前五的网购品类,服装鞋帽始终是最热门的网购品类,日用百货稳定在前三,家用电器于2015年跻身前五,书籍音像制品上升至第三位。网购家用电器用户比例的大幅增加得益于消费者购物观念的转变,网购客单价的显著提升。书籍音像制品销量的提升一方面由于网络渠道压缩利润空间,较高的折扣力度吸引用户购买;另一方面则是中国网民读书习惯的逐渐养成。中国新闻出版研究院发布"第十三次全国国民阅读调查"结果显示,2015年,我国成年国民图书阅读率为58.4%,同比上升0.4个百分点;数字化阅读方式的接触率为64.0%,同比上升了5.9个百分点。2015年,人均纸质图书阅读量为4.58本,电子书阅读量为3.26本。

(2) 网购金额

① 交易规模稳步增长,未来增速持续放缓。国家统计局数据显示,2015年全国网络零售

交易额达到 3.88 万亿元,同比增长 33.3%。根据商务部数据,B2C 交易额 2.02 万亿元,同比增长 53.7%。网络购物金额占日常消费采购支出的比例显著提升。

② 男性网购用户年度网购金额是女性用户的 1.2 倍。随着网络购物的普及和深入,男性用户成为网购市场不容忽视的力量。整体市场来看,男性用户人均年度购物金额约为 1 万元,比女性高出 1 466 元,男性用户人均年度网购金额是女性的 1.2 倍。一方面,这与男女用户热衷购买的品类不同密切相关。男性用户倾向于购买电脑、通讯数码产品及配件等单价较高的产品,以及充值卡、游戏点卡等消费频次较高的产品;女性用户倾向于购买化妆品及美容产品(这类单品价值中等)、食品、保健品等(单品价格偏低)以及适龄群体才会用到的母婴产品。另一方面,对于高价值消费品,为了获得女性用户的欢心,男性用户通常会主动买单。

(3) 网购次数　2015 年,中国网络购物市场的交易活跃度进一步提升,全年交易总次数 256 亿次,年度人均交易次数 62 次。数据显示,2015 年,男性用户年度网购频次为 64 次,与女性 60 次的购物频次不分上下。男性用户逐渐成为网购大军中亟待挖掘的潜力购物人群。

(4) 决策因素　网络口碑、价格、商家信誉成为网购决策关键因素。随着菜鸟物流的社会化运营以及其与京东物流快递服务水平的不断提升,较高的快递服务品质已经成为网络购物中的标准配置。网站用户体验的提升和促销活动已经成为常态化的基本保障。网络口碑、价格、网站/商家信誉成为网购用户决策时最为关注的因素,关注度分别为 77.5%、72.2% 和 68.7%,如图 2-8 所示。

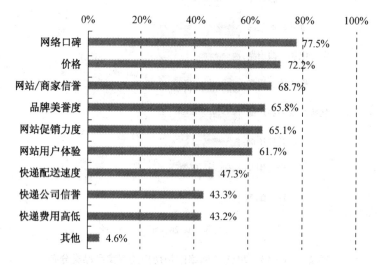

图 2-8　2015 年网络购物用户购买商品时主要考虑因素

网购已经成为多数网民的购物习惯。用户网购时不只是追求价格便宜,70.8% 的网购用户会将品质与价格折中考虑;24.6% 的网购用户甚至会因为高品质而忽略价格;只有 4.7% 的网购用户会因为商品的价格而略微牺牲品质。

3) 手机网络购物用户的特征及行为

截至 2015 年 12 月,我国手机网络购物用户规模增长迅速,达到 3.40 亿,增长率为 43.9%,手机购物市场用户规模增速是整体网络购物市场的 3.1 倍,手机网络购物的使用比例由 42.4% 提升至 54.8%。网购已成消费习惯,手机购物激发更多消费增量。究其原因:一方面,随着用户体验的逐渐提升,网络购物已然成为大多数网民的消费习惯;另一方面,手机购物用户增长迅速。手机购物缩短了决策时间,拓展了支付场景,激发了更多消费增量。

手机网购与整体网购排名前五的商品品类的区别在于日用百货上升至第一位,食品/保健品跻身前五,书籍音像制品则排在第九位。由此可见,手机网购更适合购买一些快速浏览、即兴需求的商品,如图 2-9 所示。

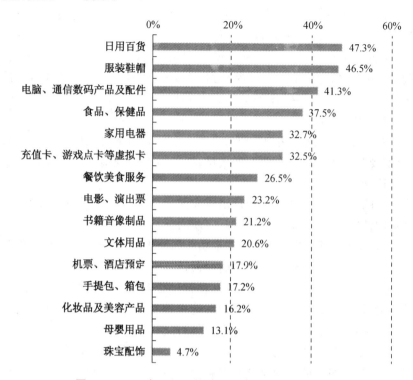

图 2-9　2015 年手机网络购物用户购买商品品类分布

4）海外网购

海外网购是指通过在线订购获得海外商品的模式,主要包括:

(1) 直接登录海外购物网站购买,直接快递或通过转运公司递送。

(2) 通过国内电商平台网站海外购物。

(3) 通过微信朋友圈海外购物。

(4) 通过返利网站或 PayPal 在海外网站购买。

(5) 通过国内海外购物论坛购买等。

2015 年,海外网购用户规模为 4 091 万人,较 2014 年增加 2 356 万人,年增长率 135.8%;海外网购在网购用户中的使用率由 4.8% 提升到 9.9%。

2015 年,化妆品及美容产品成为网购用户海外网购的第一大商品品类,所占比例为 53.4%。奶粉/婴幼儿用品、服饰(包括衣服、包)、保健品仍为海外网购的热门品类,所占比例分别为 47.6%、37.8% 和 34.8%。

2015 年,网购用户海外网购商品主要来源于美国,所占比例为 48%;其次是日本和韩国,所占比例分别为 45.3% 和 37.8%。再次是澳大利亚和德国,所占比例分别为 18.6% 和 16.6%。

网购用户海外购物的主要原因为:国外商品的质量有保证、国内假货太多,这给中国假货市场的治理敲响警钟。2015 年,海外网购人群人均消费金额为 5 630 元,较 2014 年增加 682 元,年度增幅 13.8%;人均消费次数为 8.6 次,较 2014 年提升 0.6 次。随着跨境电商政策的密集出台,海外网购的发展将进一步规范化。

5) 社交网购

社交网购是指在社会化媒体/社交网站中出现商品信息,帮助用户在社交网络聊天及发布消息的同时进行购物。腾讯系产品(微信、QQ空间)做社交化网购具有最好的用户基础,阿里系(新浪微博)位居其次,百度系(贴吧)位居第三位。

2015年,社交网购用户规模为1.45亿,较2014年增加2330万人,年增长率19.1%;社交网购在网购用户中的使用率由33.8%提升到35.2%。2015年,网购用户人均年度社交化网购金额为2134元,较2014年提升918元,增长幅度为75.5%;人均年度社交化网购次数为7.2次,较2014年提升1.2次。

虽然目前只有14.7%的网购用户能够接受平台利用自身的社交信息推送商品,但是整合社交、购物数据实现精准营销成为企业发展战略,倘若能够实现精准推送提升购买效率,消费者将会逐渐认可这种方式。

作为社交网购的一种,微商及其三种营销模式在2015年被广泛应用。微信生态体系的微商具有三种常见的营销方式:公众号、微信群、朋友圈。

微信公众号:定位并非营销工具,利用基本功能围绕服务价值营销,效果好但难度大,需要专业团队维系,不适合一般的小商户进行微商运营。

微信群:通过兴趣聚合,投其所好的多点互动营销更具传播、销售潜力。在兴趣聚合群里进行有价值的互动营销效果更好,除了意向加群能迅速获得好友,恰当的互动增加黏度之外,更深层次的心理诉求在于兴趣认同、情感维系、群体智慧。

微信朋友圈:其展示容易产生信息过载的副作用,在熟人关系中展示推广产品信息容易与刷屏画等号,多数情况下引起朋友的反感被屏蔽,转发传播的效果更是有限。不过,这种主动关注微商成为好友的营销模式可遇不可求,需要慢慢积累、细水长流,适合从副业微商做起,不适合专职微商。

2.2.5 思考与练习

(1) 利用在线调查平台(如问卷星)调查本校学生网络购物情况。

(2) 利用在线调查平台调查本校学生使用手机进行网络购物的情况。

模块2.3 企业网络营销发展分析

2.3.1 教学目标

【终极目标】提升企业网络营销效果。

【促成目标】了解互联网环境下的企业营销活动。

2.3.2 工作任务

【总体任务】了解企业上网情况。

【具体任务】

(1) 了解企业建站状况。

(2) 了解企业互联网应用状况。
(3) 了解企业网络营销发展状况。

2.3.3 能力训练

第一步:登录网站,查询报告。

进入"互联网发展研究"的页面,在页面中间找到"下载报告",将鼠标移至"企业报告",鼠标下方将出现历年来的企业互联网应用报告,选择最新发布的统计报告,如"2014年下半年中国企业互联网应用状况报告",点击进入,如图2-10所示。

图 2-10 2014 年下半年中国企业互联网应用状况报告

另外,可以阅读第39次中国互联网发展统计报告中的企业篇,了解2016年的企业互联网应用状况。

第二步:下载报告。

进入报告页面,阅读报告摘要,并下载完整报告,如图2-11所示。

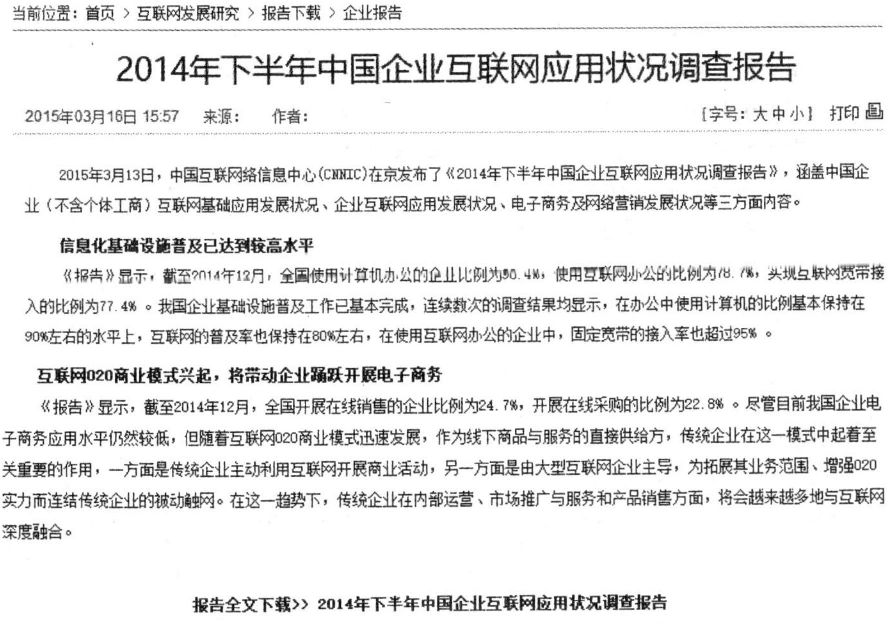

当前位置:首页 > 互联网发展研究 > 报告下载 > 企业报告

2014年下半年中国企业互联网应用状况调查报告

2015年03月16日 15:57 来源: 作者: [字号:大中小] 打印

2015年3月13日,中国互联网络信息中心(CNNIC)在京发布了《2014年下半年中国企业互联网应用状况调查报告》,涵盖中国企业(不含个体工商)互联网基础应用发展状况、企业互联网应用发展状况、电子商务及网络营销发展状况等三方面内容。

信息化基础设施普及已达到较高水平

《报告》显示,截至2014年12月,全国使用计算机办公的企业比例为90.4%,使用互联网办公的比例为78.7%,头城互联网宽带接入的比例为77.4%。我国企业基础设施普及工作已基本完成,连续数次的调查结果均显示,在办公中使用计算机的比例基本保持在90%左右的水平上,互联网的普及率也保持在80%左右,在使用互联网办公的企业中,固定宽带的接入率也超过95%。

互联网O2O商业模式兴起,将带动企业踊跃开展电子商务

《报告》显示,截至2014年12月,全国开展在线销售的企业比例为24.7%,开展在线采购的比例为22.8%。尽管目前我国企业电子商务应用水平仍然较低,但随着互联网O2O商业模式迅速发展,作为线下商品与服务的直接供给方,传统企业在这一模式中起着至关重要的作用,一方面是传统企业主动利用互联网开展商业活动,另一方面是由大型互联网企业主导,为拓展其业务范围、增强O2O实力而连结传统企业的被动触网。在这一趋势下,传统企业在内部运营、市场推广与服务和产品销售方面,将会越来越多地与互联网深度融合。

报告全文下载>> 2014年下半年中国企业互联网应用状况调查报告

图 2-11 下载报告

2.3.4 相关知识

1) 企业建站状况

截至 2014 年 12 月,全国企业中有 41.4%建立了独立的企业网站,有 17.0%的企业在电子商务平台上建立了网店。在建站企业中,有 13.4%的企业既建立了独立的企业网站,又通过电子商务平台建立了网店,如图 2-12 所示。其中,信息服务(软件)业和制造业超过一半都建立了独立网站。在开设网店方面,制造业企业比例最高,为 21.7%,其次为批发和零售业,为 18.8%。

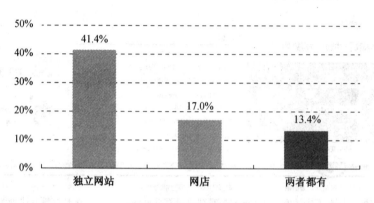

图 2-12 企业建站情况

2) 独立网站功能设置状况

根据本次调查,受访企业独立网站的功能主要在于展示,具有产品或服务展示功能的独立网站比例为 84.9%,具备树立品牌形象功能的比例为 78.5%。此外,具备客户服务和产品销售功能的比例也较高,分别为 60.4%和 52.0%,如图 2-13 所示。

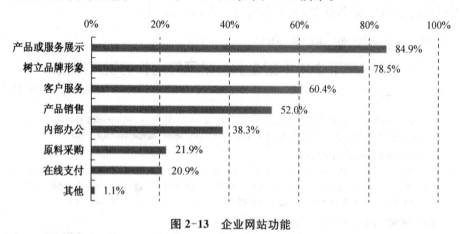

图 2-13 企业网站功能

3) 企业互联网应用状况

企业互联网应用分为了以下四大类:

(1) 沟通类 利用互联网方式完成交流沟通的通用型互联网应用,主要包括发送和接收电子邮件。

(2) 信息类 利用互联网获取或者发布信息、进行交流沟通的互联网应用,包括发布信息或即时消息、了解商品或服务信息、从政府机构获取信息等。

(3) 商务服务类　利用互联网辅助企业更好地进行商务活动,如网上银行、提供客户服务等。

(4) 内部支撑类　利用互联网辅助企业内部管理、内部工作效率提升的相关互联网应用,包括与政府机构互动、网络招聘、在线员工培训、使用协助企业运作的网上应用系统等。

截至 2015 年 12 月,全国使用计算机办公的企业比例为 95.2%,全国使用互联网办公的企业比例为 89.0%,在此基础上,企业广泛使用多种互联网工具开展交流沟通、信息获取与发布、内部管理、商务服务等活动,且已有相当一部分企业将系统化、集成化的互联网工具应用于生产研发、采购销售、财务管理、客户关系、人力资源等全业务流程中,将互联网从单一的辅助工具,转变为企业管理方法、转型思路,助力供应链改革,踏入"互联网+"深入融合发展的进程。

电子邮件是最早的互联网服务之一,承担着信息沟通的重要作用,同时也是为企业广泛接受、价格低廉的互联网营销渠道。截至 2015 年 12 月,在接入互联网的企业中,89.0% 在过去一年使用过互联网收发电子邮件,其中有 62.1% 的企业有企业邮箱。

此外,分别有 71.9%、67.2% 和 58.3% 的上网企业开展过了解商品或服务信息、发布信息或即时消息、从政府机构获取信息等基础信息类的互联网活动。

互联网在企业内部管理方面发挥着重要的支撑作用:83.0% 的上网企业通过网上银行辅助财务工作;79.3% 的上网企业在互联网上与政府机构互动、在线办事。较高的使用率反映了电子政务建设工作成果卓有成效。开展网络招聘的上网企业比例为 57.4%,除了在招聘网站、官网发布招聘信息等传统方式,社交平台、即时通信工具也成为新渠道,有 28.1% 的上网企业利用互联网开展员工培训。

此外,有 40.7% 的上网企业部署了信息化系统,通过建设 OA 系统以提高内部流程化管理水平与效率,部署实施 ERP 和 CRM 等信息系统来优化配置产销资源、开展高效的客户服务,如图 2-14 所示。但各业务之间协同联动效果不足,亟须从局部流程优化向全流程再造方向进行升级。信息系统是供应链管理的必要基础,但并不意味着仅凭此就能够实现供应链改革。

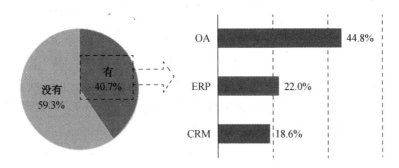

图 2-14　企业信息化系统建设情况

中国企业的信息化发展路径与发达国家最显著的不同之处就在于企业信息化建设的思想意识落后于部署实施、外部拉动力远强于内部变革力。典型如品牌代工厂,虽建有强大的 ERP 系统,但只用来接收来自上游的订单,由于缺乏变革思维和专业人才,难以将信息系统中的运营数据转化为优化流程的有效工具。

4) 企业网络营销发展状况

(1) 在线销售　受中国网络零售市场发展带动,开展网上销售业务的企业数量、销售规模增长迅速。截至 2015 年 12 月,全国开展在线销售的企业比例为 32.6%,如图 2-15 所示。

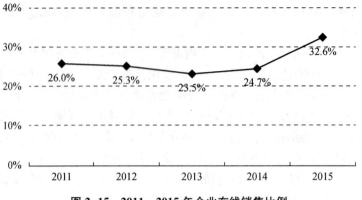

图 2-15　2011—2015 年企业在线销售比例

（2）在线采购　截至 2015 年 12 月，全国开展在线采购的企业比例为 31.5％，如图 2-16 所示。在 2015 年中央经济工作会议上布置的"去产能、去库存、去杠杆、降成本、补短板"经济工作五大任务指导下，B2B 电子商务交易会在推动中国经济发展、助力结构转型的过程中逐渐发挥重要作用。

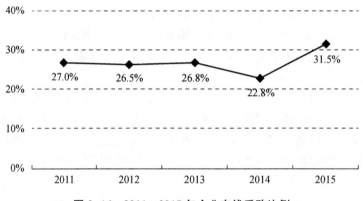

图 2-16　2011—2015 年企业在线采购比例

（3）互联网营销　截至 2015 年 12 月，全国利用互联网开展营销推广活动的企业比例为 33.8％。与其他渠道相比，互联网仍然是最受企业欢迎的推广渠道。互联网营销与电子商务应用紧密相关，2015 年互联网营销市场也呈现繁荣发展态势，企业的开展比例相比 2014 年提升了 9.6 个百分点，如图 2-17 所示。

图 2-17　2011—2015 年企业互联网营销比例

其中,即时聊天工具营销推广最受企业欢迎,使用率为 64.7%;电子商务平台推广、搜索引擎营销推广分列二、三位,使用率分别为 48.4% 和 47.4%,如图 2-18 所示。

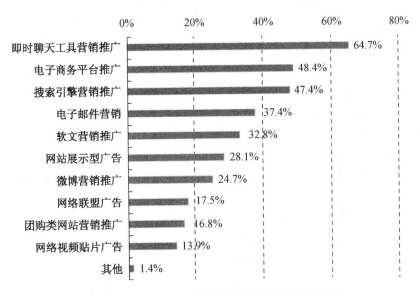

图 2-18　2015 年企业各互联网营销渠道使用比例

电子商务平台、即时聊天工具已成为中小企业最喜爱、使用最广泛的两类营销手段,究其原因,电商平台的优势在于转化率较高,即能够将平台推广带来的流量相对容易、直接地转化为在线交易;而即时聊天工具营销的特点在于门槛低、互动效果好,其中门槛低体现在技术门槛低(几乎没有技术含量)、成本低(除了人员成本以外几乎无其他推广费用),互动效果好体现在即时聊天工具能够保证长期在线,随时和客户保持沟通、响应客户需求,从而拉近客户关系、便于开展情感营销。生活服务类企业钟爱 IM,制造和批发零售类企业偏爱电商平台。即时聊天工具的最大优势在于能够和用户"面对面"沟通,这一点和服务类企业的诉求不谋而合。使用电子商务平台进行推广比例较高的企业主要集中在制造业和批发零售类企业,表明生产实体产品或销售实体产品的企业更倾向于使用电子商务平台,而服务类企业的使用意愿不高。

在通过电子商务平台开展营销推广的企业中,有 62.7% 的企业通过阿里巴巴 B2B 平台开展营销推广,包括全球速卖通、国际交易市场、1688 中国交易市场等。此外,在阿里巴巴的网络零售平台如淘宝、天猫,团购平台如聚划算上开展电子商务营销推广的企业比例也达到 27.0%。总体来看,被访企业在电子商务平台上的集中度较高,阿里巴巴平台份额较大,如图 2-19 所示。

在开展过互联网营销的企业中,35.5% 通过移动互联网进行了营销推广,其中有 21.9% 的企业使用过付费推广。随着用户行为全面向移动端转移,移动营销将成为企业推广的重要渠道。移动营销企业中,微信营销推广使用率达 75.3%,是最受企业欢迎的移动营销推广方式,如图 2-20 所示。目前,微信营销推广主要有三种方式:微信朋友圈广告主要服务于财富 500 强企业,微信公众账号推广与微店运营则更适合中小微企业。此外,移动营销企业中建设移动官网的比例为 52.7%,将电脑端网页进行优化、适配到移动端,是成本较低、实施快捷的移动互联网营销方式之一。

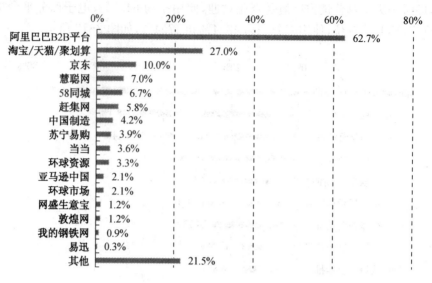

图 2-19 电子商务平台使用率

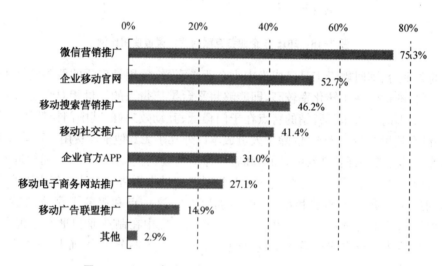

图 2-20 2015 年企业各移动互联网营销渠道使用比例

从目前来看,企业对于"互联网+"将在传统产业中所发挥的作用持有积极乐观的预期。超过七成的企业认为,互联网将在解决企业生存和发展息息相关的九大方面发挥正向作用。其中,企业对于"互联网+"在市场经济环境、行业前景、销售和采购以及人才等五大方面所发挥的作用最为认可。

"互联网+"传统企业的深入融合,不仅是技术与设备的应用,更重要的是从思想、战略层面引入互联网思维所倡导的"用户至上""快速迭代""普惠服务"。只有决策层重视互联网的作用,将其从工具层面、渠道层面提升至战略层面,才能充分发挥互联网的先导力量。

5)中小企业开展网络营销的过程中遇到的问题

目前我国中小企业电子商务的普及程度已经接近国外发达国家,但是,我国的中小企业电子商务相对国外发达国家有很明显的特点——国外发达国家的企业中一般都是在线采购活动普及程度远超在线销售的普及;但在我国的情况却恰恰相反,在线销售的普及程度相比在线采购更高。

形成我国电子商务这种特有情况的原因,主要是国内的电子商务是由电子商务服务商主导的拉动式发展,而国外的电子商务主要是由企业信息化推动的、自企业内部发起的推动式发展。国外企业主要是为了提高供应链管理效率、降低成本,才开始使用电子商务;而国内企业的信息化程度偏低,对电子商务最主要的需求就是拓展市场、寻求商机。因此,我国的企业电子商务偏重在线销售。

营销已经跨入了互联网时代,网络营销在中小企业中的普及率正在不断提高。但中小企业网络营销的效果差强人意,能很好发挥网络营销效果的中小企业很少。

根据 CNNIC 调查数据显示,目前中小企业利用互联网进行营销推广的过程中遇到的问题主要集中在网络营销的实际效果不佳上,如何实现点击量、访问量向订单量的转化是中小企业网络营销面临的共性问题,如图 2-21 所示。

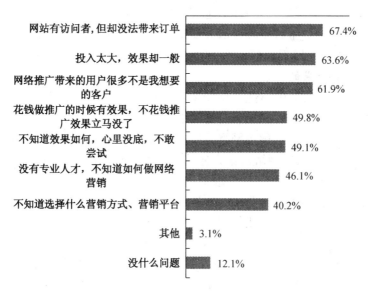

图 2-21　中小企业网络营销面临的共性问题

网络营销其实是一个系统工程,从建立网站,到吸引用户点击、吸引用户访问,最后再到达成交易……整个过程中有很多环节,网络营销最终的效果其实是各个环节综合作用的结果。只有做好了各个环节的工作,才能真正提升网络营销的最终效果。

从调查中发现,很多中小企业进行网络营销都不是完全没效果,而是进入了一种"得势不得分"的怪圈。很多中小企业进行网络营销推广之后,其网站的访客量、浏览量都得到了大大的提升,但是对于其最终的销售效果却作用不大。造成这种情况的原因,主要有以下几点:

(1) 中小企业信息化水平偏低,经营管理模式不完善。大多数企业只是把网络营销看成孤立的市场推广手段,并没有真正地将网络营销与企业的整个经营过程结合起来,没有形成一整套连动的网络营销流程。

(2) 网络营销人才稀缺,网络营销人才培养明显滞后,缺乏属于自身的网络营销团队。绝大多数中小企业没有构建完善的网络营销团队体系,只是泛泛而为,一般由网络技术人员或者有市场经验但对网络营销并不熟悉的传统营销人员来客串网络营销人员的角色,这样做不仅效率低下,而且效果也不好。

(3) 网络营销专业知识匮乏,对网络营销的认识有待提升。大多数企业在做网络营销之前没有系统的策划统筹,以为有一个网站,有客服在线接待就可以了,对网络营销效果缺乏持续性监测,更没有进行经验总结和实时的策略调整。

(4) 粗放式的网络营销推广投入,没有真正吸引到目标人群。网络营销的优势之一就是能依托于强大的数据分析功能,更加精准的进行营销投放。但是,目前很多中小企业并不具备网络营销相关经验和知识,没有很好地发挥网络营销的优势。他们花了精准营销的点击单价,却吸引来了大量无用的点击量,无法有效促进最终销售。

(5) 网站运营水平不足,影响访问量到销售量的转化。网站是网络营销的基础,也是访问量转化为销售量的关键,但很多中小企业网站却存在很多问题。根据此前的一次调查,中小企业网站多数都没有专人负责,一般都是外包开发,后续却没有技术人员运维,网站出现的问题难于发现、难于修正。另外,大多数中小企业网站功能单一,且一味追求显示效果、忽视用户体验,例如大量 flash 动画、大图片等,这都给用户的访问带来了不良体验。

(6) 对网络营销支撑不足,影响订单达成。目前多数中小企业的网络营销还是需要线下方式辅助完成订单,部分企业线下辅助部分衔接差,影响订单的达成。例如,有的企业网站中的联系方式经常处于无人接听状态,让一些潜在订单流失。

6) 提升网络营销效果的对策

(1) 做好人才保障,提升中小企业网络营销技能。在中小企业自身的层面,一方面要注重网络营销人才的培养和引进,尽快提升自身网络营销技能水平;另一方面可以尽量利用网络营销服务提供商的服务支撑能力,解决网络营销初期自身能力不足的问题。在行业和政府的层面,需要引导建立面向实操的网络营销人才培养体系,充实具有网络营销知识和技能的人才队伍。

(2) 摒弃粗放营销,善用精细投放。在有相应的人才保障的基础上,中小企业应当不断提升营销推广的精细化程度,通过对目标人群的细致研究,制订出精准、高效的网络营销投放计划。

(3) 注重企业网站的建设和运营。一方面,要建立一个面向网络营销的企业网站,让用户能方便地找到产品信息、方便地洽谈和订购;另一方面,要注重网站的运维,及时发现和排除问题,及时更新和维护网站内容。

(4) 建立系统的数据分析和效果评估体系,持续改善网络营销方法。目前多数中小企业缺乏对网络营销的系统化的数据分析和效果评估,一般是仅看最终效果。这种效果导向的效果评估方式无法帮助企业定位问题,进行针对性改进。因此,每个中小企业都应该重视数据分析,建立相对完善的效果评估和数据分析体系,进而发现和分析网络营销中的问题并进行针对性改进,不断完善自身网络营销的方法。

中小企业网络营销问题的有效解决办法可以总结归纳为:提高企业网络营销核心竞争力,即内功修炼。对企业的网络营销过程进行精细化的管理与控制,从人员、岗位、考核、流程、数据分析与诊断调优等环节进行全方位精准监控。定好岗、选对人,构建高效的网络营销团队;抓过程、抓管理,设计逻辑严密的网络营销流程链条;讲绩效、促公平,制定科学的人员管理考核政策;采数据、常调优,形成良性的分析与诊断循环机制。由此看来,只要中小企业的网络营销内功修炼到家,想要获得良好的转化效果也并非难事。加之合理的网络推广手段、给力的网络营销工具,即使是中小企业,也能获得与大企业的角逐之力,在激烈的网络竞争中脱颖而出。

综上所述,中小企业的网络营销运营是一项战略系统工程,只有从策划、建站、推广、运营维护、数据分析、团队管理等多方面系统整合,对整个网络营销过程进行全方位、精细化的管理与控制,修炼好内功,才能真正发挥出网络营销低成本、见效快的优势,获得良性的循环效果,最终使中小企业在激烈的市场竞争中战胜对手,最终取得成功。

中小企业网络营销要走向成熟,还有十分漫长的道路。不仅是中小企业自己要不断提升自身能力,政府、行业组织、营销服务提供商也需要发挥作用,共同推动我国中小企业网络营销不断向前发展。

2.3.5 思考与练习

(1) 利用在线调查平台(如问卷星)调查所在地区中小企业的网络营销现状。
(2) 利用在线调查平台调查所在地区中小企业对网络营销人员的需求情况。

项目3　网络营销策划

【项目简介】

本项目的工作任务是了解网络营销的策划过程。项目要求学生分析企业的网络营销策略，选择合适的网络营销工具，撰写网络营销策划方案。通过项目实践，让学生了解企业为了达成特定的网络营销目标而进行的策略思考和方案规划的过程。

【项目案例】

欧莱雅男士网络营销案例

1) 营销背景

随着中国男士使用护肤品习惯的转变，男士美容市场的需求逐渐上升，整个中国男士护肤品市场也逐渐走向成熟。作为中国男士护肤品牌，欧莱雅男士对该市场充满信心，期望进一步扩大在中国年轻男士群体的市场份额，巩固在中国男妆市场的地位。

2) 营销目标

（1）推出新品巴黎欧莱雅男士极速激活醒肤露，即欧莱雅男士BB霜，品牌主希望迅速占领中国男士BB霜市场，树立该领域的品牌地位，并希望打造成为中国年轻男性心目中人气最高的BB霜产品。

（2）欧莱雅男士BB霜目标客户定位于18岁到25岁的人群。他们是一群热爱分享，热衷于社交媒体，并已有一定护肤习惯的男士群体。

3) 执行方式

欧莱雅男士将关注点放在中国年轻男性的情感需求上，了解到年轻男士的心态在于一个"先"字，他们想要领先一步，先同龄人一步。因此，设立了"我是先型者"的创意理念。

为了打造该产品的网络知名度，欧莱雅男士针对目标人群，同时开设了名为@型男成长营的微博和微信账号，开展一轮单纯依靠社交网络和在线电子零售平台的网络营销活动。

（1）在新浪微博上引发了针对男生使用BB霜的接受度的讨论，发现男生以及女生对于男生使用BB霜的接受度都大大高于人们的想象，为传播活动率先奠定了舆论基础。

（2）有了代言人"阮经天"的加入，发表属于他的先型者宣言："我负责有型俊朗，黑管BB负责击退油光、毛孔、痘印，我是先型者阮经天"，号召广大网民，通过微博申请试用活动，发表属于自己的先型者宣言。微博营销产生了巨大的参与效应，更将微博参与者转化为品牌的主动传播者。

（3）在京东商城建立了欧莱雅男士BB霜首发专页，开展"占尽先机，万人先型"的首发抢购活动，设立了欧莱雅男士微博部长，为BB霜使用者提供的一对一的专属定制服务。另外，特别开通的微信专属平台，每天即时将从新品上市到使用教程、前后对比等信息均通过微信推送给关注巴黎欧莱雅男士公众微信的每一位用户。

4）营销效果

该活动通过网络营销引发了在线热潮,两个月内,在没有任何传统电视广告投放的情况下,该活动覆盖人群达到3 500万用户,共307 107位用户参与互动,仅来自新浪微博的统计,微博阅读量即达到560万,在整个微博试用活动中,一周内即有超过69 136名男性用户申请了试用,在线的预估销售库存在一周内即被销售一空。

欧莱雅男士BB霜首发专页,如图3-1所示。

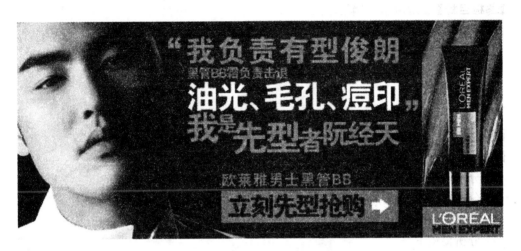

图3-1 欧莱雅男士BB霜首发专页

企业进行网络营销策划的思维导图如图3-2所示。

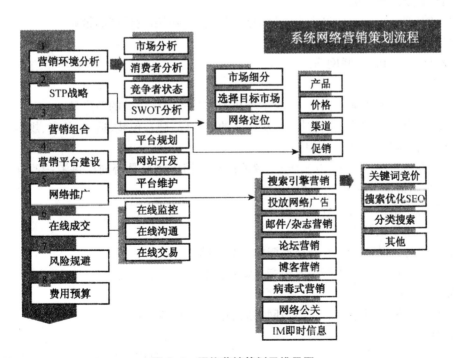

图3-2 网络营销策划思维导图

模块 3.1　网络营销策略分析

3.1.1　教学目标

【终极目标】了解网络营销策略的内容。
【促成目标】
(1) 了解营销策略 4P 的内容。
(2) 了解网络环境下营销策略的新特点。

3.1.2　工作任务

【总体任务】分析网络市场中的企业营销策略。
【具体任务】
(1) 分析产品策略。
(2) 分析价格策略。
(3) 分析渠道策略。
(4) 分析促销策略。

3.1.3　能力训练

【活动一】分析产品策略。
活动目的:在市场调查的基础上,了解化妆品企业的网络营销产品策略。
活动分组:4～6 人一组,设组长 1 名。
活动器材:计算机、互联网络。
活动程序:
第一步:在京东或天猫等网站,调查本季热销的某品牌化妆品的新产品。
第二步:结合自己的网上购物体验,从产品的名称(品牌)、包装、造型、色彩、规格以及服务等方面讨论分析该产品热销的原因。
第三步:在现实中的专柜(专卖店)了解该产品的销售状况是否同样热销;若不同,讨论分析造成现实与网络销售状况不一致的原因。
第四步:各小组撰写调查分析报告。
第五步:各小组组长汇报小组讨论结果。
第六步:老师总结、点评,并补充遗漏的产品策略。
第七步:学生进一步完成网络营销产品策略的总结报告。
【活动二】分析价格策略。
活动目的:了解亚马逊书店与当当网书店的图书价格策略。
活动程序:
第一步:登录亚马逊书店(http://www.amazon.cn/),分析亚马逊所售图书的价格策略。
第二步:登录当当网书店(http://www.dangdang.com/),分析当当网所售图书的价格策略。

第三步:比较亚马逊书店与当当网书店在线图书销售价格策略的共同点与不同点。
第四步:各小组撰写调查分析报告。
第五步:各小组组长汇报小组讨论结果。
第六步:老师总结、点评,并补充遗漏的价格策略。
第七步:学生进一步完成网络营销价格策略的总结报告。

【活动三】分析渠道策略。
活动目的:了解电子商务中不同的营销渠道。
活动程序:
第一步:访问 Dell 中国网站(http://www.dell.com.cn),请说明 Dell 的销售渠道属于什么类型。
第二步:访问京东网(http://www.jd.com),请说明京东网在各类商品销售中扮演了什么样的角色,具备什么功能。
第三步:根据所给的线索,在网络上搜索相关的信息,比较一下网络直接营销渠道和传统分销渠道相比所具有的竞争优势。

【活动四】分析促销策略。
活动目的:了解常用的网络促销方式以及不同促销方式的优劣。
活动程序:
第一步:每组分别浏览纯网络型企业(如当当网、京东商城等)、混合型企业(如传统企业开设的网上商城,海尔、联想等)。
第二步:记录不同企业网上销售的促销方式。
第三步:讨论并思考各种网上销售促销方式的优劣及实施条件。
第四步:小组完成网上销售促销方式的研究报告。

3.1.4 相关知识

1) 产品策略

在基于互联网的网络营销中,企业提供的产品和服务要有针对性,其产品形态、产品定位和产品开发要体现互联网的特点。

在消费者定位上,网络营销的产品和服务的目标应与互联网用户一致,网络营销所销售产品和服务的消费者首先是互联网的用户,产品和服务要尽量符合互联网用户的特点。将企业新开发出来的具体产品定位在消费者心中,让消费者一产生类似的需求,就会联想到这种产品。进入电子商务时代后,消费者的消费行为和消费需求发生了根本性的变化。

在网络环境下,对不同的消费者提供不同风格的商品已不再是天方夜谭,消费需求将变得更加多样化。个性化消费者可直接参与生产和商品流通,向商家和生产厂家主动表达自己对产品的欲望,企业可以根据消费者的需求设计、生产出产品。例如,客户上网向戴尔公司提出自己对所要购买计算机的各种部件的具体要求,然后下单子。戴尔公司就可以根据消费者的具体要求装配好计算机,通过自己的配送渠道,将满足消费者特殊要求的计算机送到客户的手中。

在传统商务中,很多企业在产品选择中,经常奉行"20/80 法则",重视销售大批量的热门产品。企业 20%的热门产品会带来 80%甚至更多的利润。所以,一般不会重视销售品种多、批量小的冷门产品。但在电子商务中,利用互联网优势,足够多的"小批量的非热门产品"组合到一起,有可能形成能与热门市场相匹敌的大市场。像在 eBay 这样的网站,每一个人的拍卖品都有可能成为另一个人的珍品。以传统的方式,搜索这些物品的成本非常大,几乎不可能,而互联网克服了这种有限性。再比如,一家大型书店通常可摆放 10 万本书,但亚马逊网络书店的图书销售额中,有 1/4 来自排名 10 万以后的书籍。这些"冷门"书籍的销售比例正以高速成长,预估未来可占整体书市的一半。这意味着消费者在面对无限的选择时,真正想要的东西和想要取得的渠道都出现了重大的变化,一套崭新的商业模式也跟着崛起。

美国《连线》杂志主编克里斯·安德森,在发现上述明显违背 20/80 法则的现象后,深入研究亚马逊、Google、eBay、Netflix 等互联网零售商的销售数据,并与沃尔玛等传统零售商的销售数据进行了对比,观察到一种符合统计规律(大数定律)的现象。这种现象恰如以数量、品种二维坐标上的一条需求曲线,拖着长长的尾巴,向代表"品种"的横轴尽头延伸。在统计学中,这种形状的曲线被称作"长尾分布"。

在传统商务中,人们只能关注曲线的"头部",而将处于曲线"尾部"、需要更多的精力和成本才能关注到的大多数人或事忽略。例如,在销售产品时,厂商关注的是少数几个所谓"VIP"客户,"无暇"顾及在人数上居于大多数的普通消费者。而在网络时代,由于关注的成本大大降低,人们有可能以很低的成本关注正态分布曲线的"尾部",关注"尾部"产生的总体效益甚至会超过"头部"。例如,某著名网站是世界上最大的网络广告商,它没有一个大客户,收入完全来自被其他广告商忽略的中小企业。安德森认为,网络时代是关注"长尾"、发挥"长尾"效益的时代。这就是著名的"长尾理论"(The Long Tail Theory):当商品储存流通展示的场地和渠道足够宽广,商品生产成本急剧下降以至于个人都可以进行生产,并且商品的销售成本急剧降低时,几乎任何以前看似需求极低的产品,只要有卖,都会有人买。这些需求和销量不高的产品所占据的共同市场份额,可以和主流产品的市场份额相当,甚至更大。

考虑客户个性化需求的定制化产品类似上述"长尾理论"中的"长尾"产品。如果企业借助于模块化设计和现代先进制造技术,能以接近大批量生产的成本生产定制化产品,将实现企业与客户间的"双赢"。这就是产品的大规模定制策略。电子商务网络平台使客户定制产品甚至参与设计产品更容易。交互性和个性化从根本上改变了企业响应客户需求的能力。

在电子商务环境下,网络营销一般会促进产品品牌价值提升和新产品开发。随着 Web 2.0 技术的出现,还会出现新的产品生产方式、新的商务环境。在新的环境中,个体网民成为创造者、建设者和分享者,而不仅仅是一个局外人。显然,Web 2.0 技术会催生一些新产品和新服务的出现。

在网络营销中,一般有如下 6 种常用的新产品策略:

(1)"产品非连续性创新"策略　这种策略是开发一种前所未有的新产品。音乐 CD 和电视机刚问世时就是非连续性创新产品。在互联网上,第一个网络授权软件、移动电话、搜索引擎等都属于这一类。

(2)"产品连续性创新"策略　这种策略是在已有新产品基础上连续推出一系列新产品,采用一种品牌命名,形成新的产品线。微软公司介绍、推广 IE 浏览器,创造了一种新的产品线,但由于网景已推出浏览器,微软公司 IE 浏览器并不能算是非连续性创新产品。

(3)"产品增加花色品种"策略　这种策略是对现有产品增加花色品种,只是对产品线的延伸。例如:《扬子晚报网》只不过是纸质《扬子晚报》的在线延伸。

(4)"产品改进或调整"策略　这种策略是通过对现有产品的改进或调整而形成一种"新

产品",也可以用来替代旧产品。例如：以网站为基础的电子邮件系统是对基于客户端的电子邮件系统的发展；电子邮件系统不断增加邮件空间和其他增值服务等。

（5）"产品重新定位"策略　这种策略是将现有产品定位于新的目标市场，或者宣传和推广产品的新用途。例如：雅虎开始定位于网络搜索引擎，后来定位于提供多种服务的公共门户网站。

（6）"产品低价格推出"策略　这种策略是用低价与现存品牌展开竞争，以占据价格上的优势。互联网在发展过程中，甚至产生过许多免费的产品，目的是抢占市场；赢得客户群后，再推出其他产品。

上述 6 种新产品策略中，非连续性创新产品策略风险最高，低价格推出相同产品策略风险最低。

无论是传统行业还是新兴的互联网企业，在电子商务高速发展的今天，妄图单凭技术创新、产品质量和服务水准就想赢得市场已经是不可能的了。经营者要塑造良好的企业和产品品牌，良好的用户体验和口碑，乃至开展跨地区的市场业务，都离不开网络。

在互联网上，产品展示的宣传作用，已超出了信息性使用特征传达购买理由，心理体验特征被越来越多地用于对用户接受的说服过程，通过网络展示就能传达出产品对用户有用、可用及情感等不同特征的信息。不同行业、不同规模的企业，其产品展示方式或手法各有不同。在提供网络营销服务过程中，如何将企业的产品展示规划好，是网络营销能否符合企业实际，得到企业认同并取得实际效果的必要条件。

对于产品众多的企业，提供科学合理的产品分类目录，随时能方便快捷地对产品进行搜索筛选，也是产品展现入口设计的重要内容。产品展示的内容要图文并茂，集中展现产品的使用效果、独特卖点、应用前景以及售后服务等内容；产品图片要清晰明确，能方便地浏览大图，展现产品最佳、最全面的状态。同时，用户评价是影响消费者进行购买决策最关键的因素，大部分用户搜索到目标商品后，除了关注商品本身属性外，还会浏览用户评论等商品相关信息，成为目前网购者购物前最关注的外部信息。

企业通过提供便利完整的信息和完善细致的服务赢得用户口碑，也有助于企业品牌的建立。企业应从一开始就坚持品牌定位统一、诉求统一、目标统一和服务统一（如淘宝网的"没有淘不到的宝贝"），并由此多渠道传播，赋予品牌独特的明确的内涵和意义，逐渐树立企业的品牌形象。

2）定价策略

企业营销策略有很多种，但无论是传统营销还是网络营销，价格策略是最富有灵活性和艺术性的策略，是企业营销组合策略中的重要组成。网络营销价格是指企业在网络营销过程中买卖双方成交的价格。

网络营销价格的形成是极其复杂的，它受到多种因素的影响和制约。企业在进行网络营销决策时必须对各种因素进行综合考虑，从而采用相应的定价策略。很多传统营销的定价策略在网络营销中得到了应用同时也得到了创新。根据影响营销价格因素的不同，网络定价策略可分为如下几种：

（1）产品组合定价策略　产品组合定价策略的着眼点在于实现企业整个产品组合的利润最大化。产品组合定价主要有以下几种形式：

① 产品系列定价：当企业一个产品系列中的各个产品项目之间在质量、性能、档次、款式、需求、成本等方面存在较强的内在关系时，为了充分发挥这种内在关联性的积极效应，便可以

采用产品系列定价策略。产品系列定价策略的关键,就在于根据产品项目之间在质量、性能、档次、款式、成本、客户认知、需求强度等方面的不同,参考竞争对手的产品与价格,确定一个产品系列中的各个产品项目之间的价格差距,以使不同的产品项目形成不同的市场形象,吸引不同的客户群,扩大产品销售,争取实现更多的利润。

② 选择品定价:许多企业在向市场提供主要产品的同时还会附带一些可供选择的产品。选择品的价格水平应在综合考虑多方面因素后加以确定。例如,有的饭店酒价很高、食品价格较低;饭店的着眼点在于通过食品收入弥补食品成本和饭店的其他成本,依靠酒类收入获取利润。

③ 补充产品定价:有些基本产品需要补充产品才能正常使用,如剃须刀架的补充产品是刀片,打印机的补充产品是墨盒,机械设备的补充产品是配件。补充产品定价的基本做法是:为基本产品制定较低的价格,为补充产品制定较高的价格,通过低价促进基本产品的销售,依靠补充产品的高价获取利润。

④ 组合产品定价:网站经常以某一价格出售一系列产品,如企业为购买者提供的化妆品、计算机、旅游方案等通常都包括一组产品项目。组合产品定价时,一组产品的价格应低于单独购买其中每一产品项目的费用总和,以便推动客户购买。

⑤ 特有产品特殊价格策略:根据产品在网上的需求来确定产品的价格。当某种产品有它很特殊的需求时,不用更多的考虑其他竞争者,只要制定自己最满意的价格就可以。这种策略往往分为两种类型,一种是创意独特的新产品("炒新"),它是利用网络沟通的广泛性、便利性,满足了那些品位独特、需求特殊的客户的"先睹为快"的心理。另一种是纪念物等有特殊收藏价值的商品("炒旧"),如古董与纪念物或是其他有收藏价值的商品,在网络上,世界各地的人都能有幸在网上一睹其"芳容",这无形中增加许多商机,网上常以拍卖形式定价。

⑥ 渗透定价:在产品刚介入市场时,采用高价位策略,以便在短期内尽快收回投资,这种方法称为撇脂定价。相反,价格定于较低水平,以求迅速开拓市场,抑制竞争者的渗入,称为渗透定价。在网络营销中,往往为了宣传网站,占领市场,采用低价销售策略。另外,不同类别的产品应采取不同的定价策略。如日常生活用品,对于这种购买率高、周转快的产品,适合采用薄利多销、宣传网站、占领市场的定价策略。而对于周转慢、销售与储运成本较高的特殊商品、耐用品,网络价格可定高些,以保证盈利。

(2) 消费者心理定价策略　消费者心理定价就是针对消费者购买商品时的心理活动制定价格。这种定价方法较适用于零售商品的价格制定,很多 B2C 网站都是采用这类方法。

① 尾数定价:尾数定价,就是在制定零售商品价格时取零不取整、以零头结尾,以便在消费者心理上造成便宜与实惠的感觉,以此促进产品销售。这种定价方法多适用于中、低档商品。

② 整数定价:整数定价就是将零售商品的价格定为整数。由于市场上同种商品品牌众多,花色、式样等各不相同,消费者往往将价格作为辨别商品质量的"指示器",对那些高档名牌商品或消费者不太了解的商品来说更是如此,采用整数定价可以促使消费者尽快地做出购买决定,有利于促进商品销售。这种定价方法多适用于高档商品。

③ 分级定价:分级定价就是根据商品的档次、等级分别制定价格。企业采用这种定价方法,可以使消费者觉得价格的差异是商品档次高低的标志,从而可以消除选购商品时的犹豫心理;有利于企业对不同档次的商品进行分类管理,便于企业依照档次适时地调整价格。企业采

用分级定价策略时应该注意档次的划分要适当,商品档次既不要分得过细也不要过疏,价格档次既不要差距过大也不要过小。

④ 声望(品牌)定价:企业的形象、声誉成为网络营销发展初期影响价格的重要因素。消费者对网上购物和订货往往会存在着许多疑虑,比如在网上所订购的商品,质量能否得到保证,货物能否及时送到等。如果网上商店的店号在消费者心中享有声望,则它出售的网络商品价格可比一般商店高些。

⑤ 现金(数量)折扣策略:企业在网上确定商品价格时,可根据消费者购买商品所达到的数量标准,给予不同的折扣。购买量越多,折扣可越多。网站常见方式有买一定数量返还一定现金、赠送网站抵金券或免邮资,吸引客户再次购买;购买不同金额享受不同的折扣,或赠送礼物等。此外,还包括同业折扣、季节折扣等技巧。如为了鼓励中间商淡季进货,或激励消费者淡季购买,也可采取季节折扣策略。

⑥ 个性化定价策略:消费者往往对产品外观、颜色、样式等方面有具体的内在个性化需求,个性化定价策略就是利用网络互动性和消费者的需求特征,来确定商品价格的一种策略。网络的互动性能即时获得消费者的需求,使个性化营销成为可能,也使个性化定价策略有可能成为网络营销的一个重要策略。

(3) 竞争定价策略　主要考虑商品的供求关系及变化趋势,竞争对手的商品定价目标和定价策略以及变化趋势。通过客户跟踪系统经常关注客户的需求,时刻注意潜在客户的需求变化,才能保持网站向客户需要的方向发展。在大多数网上购物网站上,经常会将网站的服务体系和价格等信息公开申明,这就为了解竞争对手的价格策略提供方便。随时掌握竞争者的价格变动,设立自动调价系统,自动进行价格调整。同时,建立与消费者直接在网上协商价格的集体议价系统,使价格具有灵活性和多样性,从而形成创新的价格调整自己的竞争策略,时刻保持同类产品的相对价格优势。

(4) 免费定价策略　在网络营销中,免费价格不仅仅是一种促销策略,它还是一种非常有效的产品和服务定价策略。免费价格策略就是将企业的产品和服务以零价格形式提供给客户使用,满足客户的需求。免费价格形式有以下几种:

① 产品和服务完全免费:即产品(服务)从购买、使用和售后服务所有环节都实行免费服务。

② 对产品和服务实行限制免费:即产品(服务)可以被有限次使用,超过一定期限或者次数后,取消这种免费服务。

③ 对产品和服务实行部分免费:如一些著名研究公司的网站公布部分研究成果,如果要获取全部成果必须付款。

④ 对产品和服务实行捆绑式免费:即购买某产品或者服务时赠送其他产品和服务。

网络营销定价是一把双刃剑,企业只有熟悉网络营销定价的过程及其影响因素,才可能制定出科学、合理的网络营销价格,企业的竞争力和赢利能力才能得到提升。

3) 渠道策略

随着营销环境的变化,渠道也在变化,不管怎样变化,渠道的实质在于使消费者能够最方便、以最低成本、最快捷地获得所需产品。

以互联网为通道实现商品或服务从生产者向消费者转移过程的具体通道或路径,即辅助企业实现营销目标的一整套相互依存的中间环节。它一方面为消费者提供产品信息,供消费者进行选择;另一方面,在消费者选择产品后,为消费者提供完成交易所需要的服务。

互联网的发展和商业应用,使得传统营销中间商凭借地缘原因获取的优势被互联网的虚拟性所取代,同时互联网的高效率的信息交换,改变着过去传统营销渠道的诸多环节,改变了营销渠道的结构。中间商职能的改变是网络营销渠道最突出的特点。网络中间商与传统的中间商存在着很大的区别:传统中间商的存在可以减少生产者和消费者为达成交易花费的成本;而网络中间商是基于传统的更高效的直销模式。目前网络中间商是对传统直销的补充和替代。传统中间商很少直接面对客户(散户),它的活动一般针对大宗的市场用户,并参与交易活动,是销售链条上一个环节;电子中间商作为一个独立主体存在,它不直接参与生产者和消费者的交易活动,但它提供媒体和场所,同时为消费者提供大量的产品和服务信息,为生产者传递产品(服务)信息和需求信息。传统中间商参与交易活动,需要承担物质、信息、资金等交换活动;而网络中间商作为一种交易媒体,它主要提供的是信息交换场所,因此交易中间的信息交换与实体交换是分离的。

网络营销渠道可以分为两大类,即网络直接营销渠道和有网络中间商介入的网络间接营销渠道。

(1) 网络直接营销渠道(网上直销) 网上直销是指生产者通过网络直接推广销售自己的产品。企业在互联网上建立自己独立的具有交易功能的网络营销网站,通过专门的网上交易系统实现产品的销售工作。

网上直销型企业是指利用网络直接提供产品服务的企业,改变传统的营销渠道,将互联网作为新兴的销售渠道实现企业间的交易。对于企业来说,一方面作为提供产品服务者,通过建立网上直销电子商务站点为其客户提供网上直销渠道;另一方面作为产品服务的使用者,它从供应商建立的网上直销电子商务站点中进行直接购买。这两种方式是从不同角度来分析问题的,其实企业要积极面对的是如何通过网上直销渠道实现与客户之间的网上交易。网上直销型企业间电子商务的主要特点是利用互联网代替传统的中间商,如零售商和批发商。这一方面可以提高企业对市场的反应速度,也可以减少企业的营销费用,特别是营销渠道费用,以更低廉的价格为客户提供更满意的服务。利用网上直销渠道,企业可以直接与客户建立企业间电子商务交易方式,突破经由传统中间商分销时所受到的时间和空间的限制,企业服务的客户可以跨越时空,从而扩大企业的市场份额。

(2) 网络间接营销渠道 网络间接营销,也称网络中介交易,是企业通过网络交易中心(或叫网络交易场),或借助于网络中间商将自己的产品销售给消费者的一种渠道模式。

利用互联网技术的中间商提供了网络间接营销渠道。传统中间商由于融合了互联网技术,大大提高了中间商的交易效率、专门化程度和更大的规模经济,从而比某些企业通过网上直销更有效率。

为了克服网络直销费用成本较高以及小型营销网站访问量有限或知名度不高的缺点,网络商品交易中心应运而生。中介机构成为连接买卖双方的枢纽,使网络间接销售成为可能。如中国钢铁网、环球资源网、慧聪网、阿里巴巴等属于此类中介机构。它们具有简化市场交易过程、有利于平均订货量的规模化、使交易活动常规化、便利了买卖双方的信息收集过程等优点,其在未来虚拟网络市场的作用是其他机构所不能代替的。

(3) 双道法——企业网络营销渠道的最佳策略 所谓双道法,是指企业同时使用网络直接销售渠道和网络间接销售渠道,以达到销售量最大的目的。在买方市场下,通过两条渠道销售产品比通过一条渠道更容易实现"市场渗透"。

企业在互联网建站,一方面为自己打开了一个对外开放的窗口;另一方面,也建立了自己的网络直接渠道。青岛海尔集团、Dell公司的网上营销的实践,都说明企业上网建站大有作为。不仅如此,一旦企业的网页和信息服务商链接,其宣传作用更不可估量,不仅可以覆盖全国,而且可以传播到全世界,这种优势是任何传统的广告宣传都不能比的。借助于互联网,还可以建立起会员网络,这是网络营销中的一个重要渠道。通过会员制,促进客户相互间的联系和交流以及客户与企业的联系和交流,培养客户对企业的忠诚度,并把客户融入企业的整个营销过程中,使会员网络的每一个成员及企业能互惠互利,共同发展。

网络销售渠道策划的任务就是设计分销渠道模式,即决定选择不经过网络中间商的网络直销,还是经过网络中间商的间接网络营销;选择宽渠道还是窄渠道;只选择一种模式的分销渠道,还是同时选择若干种分销渠道。

4) 促销策略

在进行网络营销时,对网上营销活动的整体策划中,网上促销是其中极为重要的一项内容。网上促销(Cyber Sales Promotion)是指利用互联网等电子手段来组织促销活动,以辅助和促进消费者对商品或服务的购买和使用,即用计算机及网络技术向虚拟市场传递有关商品和服务的信息,以引发消费者需求,唤起购买欲望和促成购买行为的各种活动。促销活动形式有4种,分别是网络广告、站点推广、销售促进和关系营销。

(1) 网络广告　广告的作用是改变消费者脑中的印象,使其倾向于购买某个产品。网络广告包含两层含义,其一就是"广而告知"的信息传播活动,如企业在互联网上发布企业域名、网站、网页等;其二是指广告作品,即以数字代码为载体,采用先进的多媒体技术设计制作,通过互联网广泛传播,具有良好交互功能的广告形式。随着网络应用的不断增加,目前网络广告形式有以下几种:①网幅广告;②文本链接广告;③电子邮件广告;④赞助式广告;⑤插播式广告(弹出式广告);⑥富媒体广告;⑦植入式广告;⑧关键词广告;⑨其他广告形式。

(2) 站点推广　利用网络营销策略扩大站点的知名度,吸引网上流量访问网站,起到宣传和推广企业以及企业产品的效果。推广主要有两类方法,一类是通过改进网站内容和服务,吸引用户访问,起到推广效果;另一类通过网络广告宣传推广站点。

① 搜索引擎注册:搜索引擎推广是指利用搜索引擎、分类目录等具有在线检索信息功能的网络工具进行网站推广的方法。由于搜索引擎的基本形式可以分为网络蜘蛛形搜索引擎(简称搜索引擎)和基于人工分类目录的搜索引擎(简称分类目录)。因此搜索引擎推广的形式也相应地有基于搜索引擎的方法和基于分类目录的方法。前者包括搜索引擎优化、关键词广告、竞价排名、固定排名、基于内容定位的广告等多种形式;而后者则主要是在分类目录合适的类别中进行网站登录。

② 发送电子邮件:以电子邮件为主要的网站推广手段,常用的方法包括电子刊物、会员通讯、专业服务商的电子邮件广告等。电子邮件的发送费用非常低,许多网站都利用电子邮件来宣传站点。利用电子邮件来宣传站点时,首要任务是收集电子邮件地址。为防止发送一些令人反感的电子邮件,收集电子邮件地址时要非常注意。一般可以利用站点的反馈功能记录愿意接收电子邮件的用户电子邮件地址。另外一种方式,通过租用一些愿意接收电子邮件信息的通信列表,这些通信列表一般是由一些提供免费服务的公司收集的。

③ 病毒性营销方法:病毒性营销方法并非传播病毒,而是利用用户之间的主动传播,让信息像病毒那样扩散,从而达到推广的目的。病毒性营销方法实质上是在为用户提供有价值的免费服务的同时,附加上一定的推广信息。常用的工具包括免费电子书、免费软件、免费Flash作品、免费贺卡、免费邮箱、免费即时聊天工具等可以为用户获取信息、使用网络服务、

娱乐等带来方便的工具和内容。如果应用得当,这种病毒性营销手段往往可以以极低的代价取得非常显著的效果。

④ 资源合作推广方法:将有关的网站推广信息发布在其他潜在用户可能访问的网站上,利用用户在这些网站获取信息的机会实现网站推广的目的。适用于这些信息发布的网站包括在线黄页、分类广告、论坛、博客网站、供求信息平台、行业网站等。信息发布是免费网站推广的常用方法之一,尤其在互联网发展早期,网上信息量相对较少时,往往通过信息发布的方式即可取得满意的效果,不过随着网上信息量爆炸式的增长,这种依靠免费信息发布的方式所能发挥的作用日益降低,同时由于更多更加有效的网站推广方法的出现,信息发布在网站推广的常用方法中的重要程度也明显下降,因此依靠大量发送免费信息的方式已经没有太大价值,不过一些针对性、专业性的信息仍然可以引起人们极大的关注,尤其当这些信息发布在相关性比较高的网站上时。

⑤ 提供免费服务(资源):通过为访问者无偿提供访问者感兴趣的各类资源以及免费提供所销售的产品密切相关服务(资源),吸引访问者访问。吸引来的访问者可能成为良好的业务对象。

⑥ 发布网络广告:利用网络广告推销站点是一种比较有效的方式。比较廉价的做法是加入广告交换组织。广告交换组织通过不同站点的加盟后,在不同站点交换显示广告,起到相互促进的作用。另外一种方式是在适当的站点上购买广告栏发布网络广告。

网络广告是常用的网络营销策略之一,在网络品牌、产品促销、网站推广等方面均有明显作用。网络广告的常见形式包括:Banner 广告、关键词广告、分类广告、赞助式广告、E-mail 广告等。Banner 广告所依托的媒体是网页;关键词广告属于搜索引擎营销的一种形式;E-mail 广告则是许可 E-mail 营销的一种。可见网络广告本身并不能独立存在,需要与各种网络工具相结合才能实现信息传递的功能,因此也可以认为,网络广告存在于各种网络营销工具中,只是具体的表现形式不同。将网络广告用户网站推广,具有可选择网络媒体范围广、形式多样、适用性强、投放及时等优点,适合于网站发布初期及运营期的任何阶段。

⑦ 使用传统的促销媒介:使用传统的促销媒介来吸引访问站点也是一种常用方法,如一些著名的网络公司纷纷在传统媒介发布广告,在各种卡片、文化用品、小册子和文艺作品上印有公司的网址。企业在传统媒体发布展示性广告时也要包含企业网址。如在商业杂志、报纸或其他媒体上购买了展示性或分类广告,把站点作为广告的补充信息。用广告来抓住读者的注意力,然后再指示读者转向一个网站以获取更多的信息或是发出订单。

(3) 销售促进　销售促进就是企业利用可以直接销售的站点进行营销,主要是用来进行短期性的刺激销售。互联网作为新兴的网上市场,网上销售促进就是在网上市场利用销售促进工具刺激客户对产品的购买和消费使用。互联网作为交互的沟通渠道和媒体,它具有传统渠道所没有的优势,在刺激产品销售的同时,还可以与客户建立互动关系,了解客户的需求和对产品的评价。一般网上销售促进主要有以下几种形式:

① 网上折价促销:折价亦称打折、折扣,是目前网上最常用的一种促销方式。由于网上销售商品不能给人全面、直观的印象,也不可试用、触摸等原因,再加上配送成本和付款方式的复杂性,造成网上购物和订货的积极性下降。而幅度比较大的折扣可以促使消费者进行网上购物的尝试并做出购买决定。特定商品除原有折扣外,在某个时间段或某种条件下(如生日当天)还享受更低的打折幅度,如买钻戒市场价 2 万元,会员折扣价 1.5 万元,活动折上折 1 万元等。

折价券是直接价格打折的一种变化形式,以各种电子媒体(包括互联网、彩信、短信、二维码、图片等)制作、传播和使用的促销凭证,到指定地点(网站)购买商品时可享受一定优惠。网上商店常常在商品销售过程中推出的"购×元送×元购物券"的促销方式。折价券促销的目的是鼓励客户在同一商场重复购物。

② 网上变相折价促销:变相折价促销是指在不提高或稍微增加价格的前提下,提高产品或服务的品质数量,较大幅度地增加产品或服务的附加值,让消费者感到物有所值。由于网上直接价格折扣容易造成降低了品质的怀疑,利用增加商品附加值的促销方法更容易获得消费者的信任。如消费者在购买特定的商品基础上,增加购买即可低价(享受更低折扣)获取活动内容之商品。

③ 网上赠品促销:赠品促销,一般在新产品推出试用、产品更新、对抗竞争品牌、开辟新市场情况下,利用赠品促销可以达到比较好的促销效果。消费者购买商品总额超过活动设置限度时,则按活动规则赠送超值商品,如满3 000元送价值500元珍珠项链、消费者购买指定商品即赠送活动规则设定的超值物品,如买手机送精美手机套等。

赠品促销的优点:可以提升品牌和网站的知名度;鼓励人们经常访问网站以获得更多的优惠信息;能根据消费者索取赠品的热情程度而总结分析营销效果和产品本身的反应情况等。

赠品促销应注意赠品的选择:不要选择次品、劣质品作为赠品,这样做只会起到适得其反的作用;明确促销目的,选择适当的能够吸引消费者的产品或服务;注意时间和时机,注意赠品的时间性,如冬季不能赠送只在夏季才能用的物品,另外在危机公关等情况下也可考虑不计成本的赠品活动以挽回公关危机;注意预算和市场需求,赠品要在能接受预算内,不可过度赠送赠品而造成营销困境。

④ 网上抽奖促销:抽奖促销是网上应用较广泛的促销形式之一,是大部分网站乐意采用的促销方式。抽奖促销是以一个人或数人获得超出参加活动成本的奖品为手段进行商品或服务的促销,网上抽奖活动主要附加于调查、产品销售、扩大用户群、庆典、推广某项活动等。消费者或访问者通过填写问卷、注册、购买产品或参加网上活动等方式获得抽奖机会。

网上抽奖促销活动应注意以下几点:奖品要有诱惑力,可考虑大额超值的产品吸引人们参加;活动参加方式要简单化,因为目前网络速度不够快以及浏览者兴趣不同等原因,网上抽奖活动要策划得有趣味性和容易参加,太过复杂和难度太大的活动较难吸引匆匆的访客;抽奖结果要公正公平,由于网络的虚拟性和参加者的广泛地域性,对抽奖结果的真实性要有一定的保证,应该及时请公证人员进行全程公证,并及时通过E-mail、公告等形式向参加者通告活动进度和结果。

⑤ 积分促销:积分促销在网络上的应用比起传统营销方式要简单和易操作。网上积分活动很容易通过编程和数据库等来实现,并且结果可信度很高,操作起来相对较为简便。积分促销一般设置价值较高的奖品,消费者通过多次购买或多次参加某项活动来增加积分以获得奖品。积分促销可以增加上网者访问网站和参加某项活动的次数,可以增加上网者对网站的忠诚度,可以提高活动的知名度等。

⑥ 网上联合促销:由不同商家联合进行的促销活动称为联合促销。联合促销的产品或服务可以起到一定的优势互补、互相提升自身价值等效应。如果应用得当,联合促销可起到相当好的促销效果,如网络公司可以和传统商家联合,以提供在网络上无法实现的服务,如网上售汽车和润滑油公司联合等。

⑦ 拍卖促销:拍卖促销即商家拿出一款价值数百元、千元甚至更高价格的商品以特低的价格(如1元)通过竞拍加价的方式进行商品的促销。目前还有一种新的形式抢拍,抢拍是价格固定且极低,看谁先拍到,如淘宝网的"秒杀"。很多商家为了吸引消费者会用"抢拍"的方式,利用抢拍这种促销方式可以让买家更有购买欲望。

以上几种是网上销售促进活动中比较常见的方式,其他如节假日的促销、事件促销、免费促销等都可与以上几种促销方式进行综合应用。网站会员积分、返券的灵活运用会让各类型的销售促进更能吸引消费者。需要注意的是,无论何种形式都需要认真进行成本控制。

要想使促销活动达到良好的效果,必须事先进行市场分析、竞争对手分析以及网络上活动实施的可行性分析,选择有效推广,与整体营销计划结合,创意地组织实施促销活动,使促销活动新奇、富有销售力和影响力。

(4) 关系营销　关系营销是通过借助互联网的交互功能吸引用户与企业保持密切关系,培养客户忠诚度,提高客户的收益。公共关系是一种重要的促销工具,它通过与企业利益相关者包括供应商、客户、雇员、股东、社会团体等建立良好的合作关系,为企业的经营管理营造良好的环境。网络公共关系与传统公共关系功能类似,只不过是借助互联网作为媒体和沟通渠道。网络公共关系较传统公共关系更具有优势,所以网络公共关系越来越被企业决策层所重视和利用。

一般说来,网络公共关系有下面一些目标:与网上新闻媒体建立良好合作关系;通过互联网宣传和推广产品;通过互联网建立良好的沟通渠道,包括对内沟通和对外沟通。

企业可以利用互联网通过以下几种方式开展公关活动,来实现上述目标。

① 与网络新闻媒体合作:网络新闻媒体一般有两大类,一类是传统媒体上网,通过互联网发布媒体信息。其主要模式是将在传统媒体播放的节目进行数字化,转换成能在网上下载和浏览的格式,用户不用依靠传统渠道就可以直接通过互联网了解媒体报道的信息。另一类媒体,是新兴的真正的网上媒体,它们没有传统媒体的依托。不管是哪一类媒体,互联网出现后,企业与新闻媒体的合作可以更加密切了,可以充分利用互联网的信息交互特点,更好地进行沟通。为加强与媒体合作,企业可以通过互联网定期或不定期将企业的信息和有新闻价值的资料直接发给媒体,与媒体保持紧密合作关系。企业也可以通过媒体的网站直接了解媒体关注的热点和报道重点,及时提供信息与媒体合作。

② 宣传和推广产品:宣传和推广产品是网络公共关系的重要职能之一。很多大的企业网站定期或不定期发布电子期刊,刊登企业新产品信息、技术支持信息或培训信息等。互联网最初是作为信息交流和沟通渠道,通常是通过企业网站、网络论坛、BBS、新闻组、E-mail 及其他方式直接发布企业信息,它可以同时影响公众和媒体。企业在利用一些直接促销工具的同时,采用一些软性的工具如讨论、介绍、展示等方法来宣传推广产品效果可能更好。在利用新闻组和公告栏宣传和推广产品时,要注意"有礼有节"。

③ 建立沟通渠道:企业的网络营销站点一个重要功能就是为企业与企业相关者建立沟通渠道。如许多刊物都在网上建立网站,有了电子版刊物。有时电子版上刊登的内容和印刷版的内容一样,有时候在电子版上添加新内容;有的刊物的站点还提供和专家的网上讨论及订户之间的网上闲谈等服务。通过设计网站的交互功能,企业可以与目标客户直接进行沟通,了解客户对产品的评价和客户提出的还没有满足的需求,保持与客户的紧密关系,维系客户的忠诚度。同时,企业通过网站对企业自身以及产品、服务的介绍,让对企业感兴趣的群体可以充分认识和了解企业,提高企业在公众中的透明度。

5) 网络促销的实施

如何实施网络促销,对于绝大多数企业来说都是一个新问题。因此网络促销人员必须深入了解产品信息在网络上的传播特点,分析自己的产品信息的接收对象,确定合适的网络促销目标,制定切实可行的实施步骤,通过科学的实施,打开网络促销的新局面。根据国内外网络促销的大量实践,网络促销的实施过程包括以下6个方面:

(1) 确定网络促销的对象　网络促销对象主要是那些可能在网上实施消费行为的潜在客户群体。随着互联网的日益普及,这一群体也在不断壮大。他们主要包括三部分人员:

① 产品的使用者:即实际使用或消费产品的人。实际的需求是这些人实施消费的直接动因。抓住了这一部分消费者,网上销售就有了稳定的市场。

② 产品购买的决策者:即实际决定购买产品的人。多数情况下,产品的使用者和购买决策者是一致的,尤其在虚拟市场上更是如此。因为大部分的网络购物消费者都有独立的决策能力,也有一定的经济收入。但是也有许多产品的购买决策者与使用者相分离的情况,例如,一位中学生在网上某个光盘站点发现了自己非常想要的游戏,但购买的决策往往需要他的父母做出。因此,网络促销也应当把购买决策者放在重要的位置上。

③ 产品购买的影响者:即看法或建议上可以对最终购买决策产生一定影响的人。通常在低值、易耗的日用品购买决策中,这部分人的影响力较小,而在高档耐用消费品的购买决策上,他们的影响力可能会起决定性的作用。这是因为对高价耐用品的购买,购买者往往比较谨慎,一般会在广泛征求意见的基础上再做决定。

(2) 设计网络促销的内容　网络促销的最终目标是希望引起购买,这是通过设计具体的信息内容来实现的。消费者实施购买是一个复杂的、多阶段的过程。促销内容应当根据消费者目前所处的购买决策过程的不同阶段和产品所处的生命周期的不同阶段来决定。在新产品刚刚投入市场的阶段,消费者对该产品还非常生疏,促销活动的内容应侧重于宣传产品的特点,以引起消费者的注意。当产品在市场上已有了一定的影响力,即进入成长期阶段,促销活动的内容则应偏重于唤起消费者的购买欲望;同时,还需要创造品牌的知名度。当产品进入成熟阶段后,市场竞争变得十分激烈,促销的内容除了针对产品本身的宣传外,还需要对企业形象做大量的宣传工作,树立消费者对企业产品的信心。当产品进入饱和期及衰退期时,促销活动的重点在于密切与消费者之间的感情沟通,通过各种让利促销,延长产品的生命周期。

(3) 确定网络促销的组合方式　促销组合是一个比较复杂的问题。网上的促销活动主要通过网络广告促销和网络站点促销两种促销方法展开。但由于每个企业的产品种类、销售对象不同,促销方法与产品、销售对象之间将会产生多种网络促销的组合方式。

企业应根据网络广告促销和站点促销两种方法各自的特点和优势,结合自己产品的市场状况和客户情况,扬长避短,合理组合,以达到最佳促销效果。网络广告促销主要实施"推"战略,其主要功能是将企业的产品推向市场,获得广大消费者的认可;网络站点促销主要实施"拉"战略,其主要功能是紧紧地吸引住用户,保持稳定的市场份额。通常,日用消费品,如食品饮料、化妆品、医药制品、家用电器等,网络广告促销的效果比较好。而计算机、专用及大型机电产品等采用站点促销的方法比较有效。在产品的成长期,应侧重于网络广告促销,宣传产品的新性能、新特点。在产品的成熟期和饱和期,则应加强自身站点的建设,树立企业形象,巩固已有市场。企业可根据自身网络促销的能力确定这两种网络促销方法组合使用的比例。

(4) 制定网络促销的预算方案　网络促销实施过程中,企业感到最困难的是预算方案的制定。互联网上促销,对于多数人来说都是一个新问题,对于所有的价格、条件都需要在实践中不断学习、比较和体会,不断地总结经验。

① 确定开展网上促销活动的方式。网络促销活动的开展可以是在企业自己的网站上进行,其费用最低,但因知名度的原因,其覆盖范围可能有限,因此可以借助于一些信息服务商进行,但不同的信息服务商的价格可能悬殊。所以,企业应当认真比较投放站点的服务质量和价格,从中筛选适合于本企业促销活动开展、价格匹配的服务站点。

② 确定网络促销的目标,是树立企业形象、宣传产品还是宣传服务?围绕这些目标来策划投放内容的多少,包括文案的数量、图形的多少、色彩的复杂程度;投放时间的长短、频率和密度;广告宣传的位置、内容更换的周期以及效果检测的方法等。这些细节确定了,对整体的投资数额就有了预算的依据,与信息服务商谈判就有了一定的把握。

③ 确定希望影响的是哪个群体?哪个阶层?是国内还是国外的?因为不同网站的服务对象有较大的差别。有的网站侧重于消费者,有的侧重于学术界,有的侧重于青少年。一般来说,侧重于学术交流的网站其服务费用较低,专门的商务网站的服务费用较高,而那些搜索引擎之类的综合性网站费用最高。在使用语言上,纯中文方式的费用较低,同时使用中英两种语言的费用较高。

(5) 评价网络促销的效果　网络促销实施到一定的阶段,应对已执行的促销内容进行评价,看实际效果是否达到了预期的促销目标。

对促销效果的评价主要从两个方面进行:一方面,要充分利用互联网上的统计软件,对开展促销活动以来,站点或网页的访问人数、点击次数、千人印象成本等数字进行统计。通过这些数据,促销者可以看出自己的优势与不足,以及与其他促销者的差距,从而及时对促销活动的好坏做出基本的判断。另一方面,评价要建立在对实际效果全面调查分析的基础上。通过调查市场占有率的变化情况,销售量的变化情况,利润的增减情况,促销成本的升降情况,判断促销决策是否正确。同时还应注意促销对象、促销内容、促销组合等方面与促销目标的因果关系的分析,从中对整个促销工作做出正确的判断。

(6) 注重网络促销过程的综合管理　网络促销是一项崭新的事业。要在这个领域中取得成功,科学的管理起着极为重要的作用。在对网络促销效果正确评价的基础上,对偏离预期促销目标的活动进行调整是保证促销取得最佳效果的必不可少的一环。同时,在促销实施过程中,加强各方面的信息沟通、协调与综合管理,也是提高企业促销效果所必需。

互联网改变了信息传递的方式,如借助 Cookies 的跟踪和庞大的数据库系统的储存,大量的用户信息及习惯被记录下来,通过分析消费者的搜索习惯,进行数据挖掘,然后寻找到可能更适合消费者使用的广告,在发广告的时候,不是针对每个人,而是针对目标客户。我们应当站在全新的角度去认识和理解这一新型的促销方式,并通过与传统促销方式的比较体会两者之间的差别,吸收传统促销方式的整体设计思想和行之有效的促销技巧,从而让这种营销方式更加有效。

3.1.5　思考与练习

(1) 目前很多网上商店(以当当网为例)采用低价策略,实施免费送货等,试着从产品、定价、促销方面讨论分析网上商店实施这些营销策略的原因。

(2) 很多企业开展网上直销不可避免地与传统的现实渠道发生冲突,讨论分析这些冲突产生的原因及可能的解决办法。

模块 3.2 网络营销工具选择

3.2.1 教学目标

【终极目标】学会利用网络营销工具来开发目标市场。
【促成目标】
(1) 学会使用各种网络营销工具。
(2) 了解网络营销工具对网民的影响。

3.2.2 工作任务

【总体任务】了解各种网络营销工具的优缺点。
【具体任务】
(1) 列举和比较网络营销工具。
(2) 选用网络营销工具。

3.2.3 能力训练

【活动一】列举和比较网络营销工具。
活动目的:了解各种网络营销工具的优缺点。
活动分组:4~6人一组,设组长1名。
活动程序:
第一步:每组学员按照下列要求,分析和讨论已有的网络营销工具,并按表3-1记录。
(1) 尽可能多地列举可以用于营销的网络工具。
(2) 分别描述所列举网络工具如何用于营销目的。
(3) 分析各种网络营销工具的优点和缺点。

表3-1 网络营销工具的优缺点

序号	网络工具	营销用途	应用条件	优点	缺点

第二步:各小组组长汇报小组讨论结果。
第三步:培训老师总结、评点,并补充遗漏的网络营销工具。
第四步:在汇报评点的基础上,各组修改表格中的讨论记录。
第五步:学员进一步完成网络营销工具比较研究总结报告。
【活动二】选用网络营销工具。
活动目的:根据目标客户的特点选择合适的网络营销工具。
活动程序:

有一淘宝网店,主要销售中小学教育书籍,如何运用现有网络工具进行营销?

第一步:请各小组学员讨论有哪些网络工具适用于书店的网络营销,有哪些不适合书店的网络营销,并说明理由。

第二步:各小组组长汇报小组讨论结果。

第三步:老师总结、点评,并补充遗漏的网络营销工具。

第四步:学生进一步完成网络营销工具选择总结报告。

3.2.4 相关知识

1) 网络营销工具

网络营销是借助所有被目标用户认可的网络应用服务平台开展的引导用户关注的行为或活动,目的是促进产品在线销售及扩大品牌影响力。随着互联网发展至 Web 3.0 时代,网络应用服务不断增多,网络营销方式也越来越丰富起来。

(1)搜索引擎营销　搜索引擎营销是目前最主要的网站推广营销手段之一,尤其基于自然搜索结果的搜索引擎推广,因为是免费的,因此受到众多中小网站的重视,搜索引擎营销方法也成为网络营销方法体系的主要组成部分。

根据用户使用搜索引擎的方式,利用用户检索信息的机会尽可能将营销信息传递给目标用户。搜索引擎营销分两种:

① SEO:即搜索引擎优化,是通过对网站结构(内部链接结构、网站物理结构、网站逻辑结构)、高质量的网站主题内容、丰富而有价值的相关性外部链接进行优化,以获得在搜索引擎上的优势排名为网站引入流量。

② PPC:是指购买搜索结果页上的广告位来实现营销目的。各大搜索引擎都推出了自己的广告体系,相互之间只是形式不同而已。

搜索引擎广告的优势是相关性,由于广告只出现在相关搜索结果或相关主题网页中,因此,搜索引擎广告比传统广告更加有效,客户转化率更高。

(2)电子邮件营销　电子邮件营销以订阅的方式将行业及产品信息通过电子邮件方式提供给所需要的用户,以此建立与用户之间的信任与信赖关系。大多数公司及网站都已经利用电子邮件营销方式。

(3)即时通讯营销　即时通讯营销又叫 IM 营销,是企业通过即时通讯工具 IM 帮助企业推广产品和品牌的一种手段,常用的主要有两种情况:

① 网络在线交流:中小企业建立了网店或者企业网站时一般会有即时通讯在线,这样潜在的客户如果对产品或者服务感兴趣自然会主动和在线的商家联系。

② 广告:中小企业可以通过 IM 营销工具,发布一些产品信息、促销信息,或者可以通过图片发布一些网友喜闻乐见的表情,同时加上企业要宣传的标志。

聊天群组营销是即时通讯工具的延伸,具体是利用各种即时聊天软件中的群功能展开的营销,目前的群有 QQ 群、微信群、旺旺群等。

聊天群组营销时借用即时通讯工具具有成本低、即时效果和互动效果强的特点,广为企业采用。它是通过发布一些文字、图片等方式传播企业品牌、产品和服务的信息,从而让目标客户更加深刻地了解企业的产品和服务,最终达到宣传企业品牌、产品和服务的效果。

(4)病毒式营销　病毒式营销是一种常用的网络营销方法,常用于进行网站推广、品牌推广等,病毒式营销利用的是用户口碑传播的原理。在互联网上,这种"口碑传播"更为方便,可以像病毒一样迅速蔓延,因此病毒式营销成为一种高效的信息传播方式,而且,由于这种传播是用户之间自发进行的,因此几乎是不需要费用的网络营销手段。

因为这种战略像病毒一样,利用快速复制方式将信息传向数以千计、数以百万计的受众,通过提供有价值的产品或服务,"让大家告诉大家",通过别人为你宣传,实现"营销杠杆"的作用。

如2008年《变形金刚》上映期间,美国观众在观看该片前看到一个模糊不清的电影预告片,这段影片看得出是以手持摄影机的方式拍摄,并模拟出家庭录像带的风格,预告中并未公开正式片名,但在结尾处以"1-18-08"的字样宣告电影将在2008年1月18日上映。这正是《科洛弗档案》出品方派拉蒙公司为影片做的宣传片。那个模糊不清的首版预告片上线后,《今日美国》杂志就报道预告中没有公开片名以及故事背景的神秘感已经在电影爱好者间引起话题。此后派拉蒙公司推出了多个解谜网站,根据这些网站上的谜题所暗示的线索,在网络上引起了热烈的讨论。事后证明这正是派拉蒙公司为《科洛弗档案》安排的病毒式营销宣传招数。

(5) 论坛营销　又称为BBS营销、社区营销,就是利用论坛这种网络交流平台,通过文字、图片、视频等方式传播企业品牌、产品和服务的信息,从而让目标客户更加深刻地了解企业的产品和服务。最终达到宣传企业品牌、产品和服务的效果,加深市场认知度的网络营销活动。

论坛营销就是利用论坛的人气,通过专业的论坛帖子策划、撰写、发放、监测、汇报流程,在论坛空间提供高效传播,包括各种置顶帖、普通帖、连环帖、论战帖、多图帖、视频帖等。再利用论坛强大的聚众能力,利用论坛作为平台举办各类踩楼、灌水、贴图、视频等活动,调动网友与品牌之间的互动,而达到企业品牌传播和产品销售的目的。

新时代的网络社区营销实际上也就是企业在网站上成立会员俱乐部与用户进行互动沟通。网络社区是企业和会员(最终会员和渠道会员)线上互动交流的最佳平台,许多企业已在其网站上不同程度地实现了客户服务、技术支持、产品促销等营销活动。

(6) 博客营销　博客营销是通过博客网站或博客论坛接触博客作者和浏览者,利用博客作者个人的知识、兴趣和生活体验等传播商品信息的营销活动。博客营销本质在于通过原创专业化内容进行知识分享,争夺话语权,建立起个人品牌,树立自己"意见领袖"的身份,进而影响读者和消费者的思维和购买行为。

建立企业博客,可以实现企业与用户之间的互动交流以及企业文化的体现,一般以诸如行业评论、工作感想、心情随笔和专业技术等作为企业博客内容,使用户更加信赖企业,深化品牌影响力。

企业通过博客来进行交流沟通,能达到增进客户关系、改善商业活动的效果。企业博客营销相对于广告是一种间接的营销,企业通过博客与消费者沟通,发布企业新闻,收集反馈和意见,实现企业公关等,这些虽然没有直接宣传产品,但是让用户接近、倾听、交流的过程本身就是最好的营销手段。企业博客与企业网站的作用类似,但是博客更大众随意一些。另一种,也是最有效而且可行的是利用博客(人)进行营销,这是博客界始终非常热门的话题,如老徐与新浪博客的利益之急、KESO的博客广告、和讯的博客广告联盟、瑞星的博客测评活动等,这其实才是博客营销的主流和方向。博客营销有低成本、分众、贴近大众、新鲜等特点。博客营销往往会形成众人的谈论,达到很好的二次传播效果。

博客的网络营销价值主要体现在8个方面:可以直接带来潜在用户,降低网站推广费用,为用户通过搜索引擎获取信息提供了机会,可以方便地增加企业网站的链接数量,以更低的成本对读者行为进行研究,博客是建立权威网站品牌效应的理想途径之一,减小了被竞争者超越的潜在损失，让营销人员从被动的媒体依赖转向自主发布信息。

(7) RSS营销　RSS营销又称网络电子订阅杂志营销，是利用RSS这一互联网工具传递营销信息的网络营销模式。使用RSS的以业内人士居多，比如研发人员、财经人员、企业管理人员，他们会在一些专业性很强的科技型、财经型、管理型等专业性的网站，用邮件形式订阅杂志和日志信息，达到了解行业新信息的目的。

(8) SNS营销　SNS,全称Social Networking Services,即社会性网络服务，专指旨在帮助人们建立社会性网络的互联网应用服务。而SNS网站是基于这种应用服务，依据六度理论建立的网站，以共同的朋友或兴趣爱好、地域等特性为关系基础的社区型网站。Facebook、开心网、校内网、豆瓣都是SNS网站的代表，每个SNS网站都有各自基于用户群属性而产生的特点，Facebook的目标是"紧密本已经认识的人的联系"；而开心网是针对白领；校内网是学生的聚集地；豆瓣是书籍、电影、音乐发烧友的沙龙。

SNS营销就是利用SNS网站的分享和共享功能，在以聚合人群为特点的社会化网络上，通过不同的组、好友交流分享企业品牌的信息，再由组与组、朋友与朋友之间的互相传播起口碑营销的目的。SNS最核心的价值在于分享，不断的分享将形成病毒式营销，让企业的产品、品牌、服务等信息被更多的人知道。

(9) 知识型营销　知识型营销是利用百度的"知道""百科"或企业网站自建的疑问解答板块等平台，通过与用户之间提问与解答的方式来传播企业品牌、产品和服务的信息。

知识型营销主要是因为扩展了用户的知识层面，让用户体验企业和个人的专业技术水平和高质服务，从而对企业和个人产生信赖和认可，最终达到了传播企业品牌、产品和服务信息的目的。

知识型营销通过用户之间提问与解答的方式来提升用户黏性。你扩展了用户的知识层面，用户就会感谢你。企业不妨建立一个在线疑难解答这样的互动频道，让用户体验企业的专业技术水平和高质服务，或是设置一块区域，专门向用户普及相关知识，每天定时更新等。

(10) 事件营销　事件营销是指企业通过策划、组织和利用具有新闻价值、社会影响以及名人效应的人物或事件，吸引媒体、社会团体和消费者的兴趣与关注，以求提高企业或产品的知名度、美誉度，树立良好品牌形象，并最终促成产品或服务的销售的手段和方式。事件营销通过把握新闻的规律，制造具有新闻价值的事件，并通过具体的操作，让这一新闻事件得以传播，从而达到广告的效果。网络红人就属于成功的网络事件营销典型案例。

由于这种营销方式具有受众面广、突发性强，在短时间内能使信息达到最大、最优传播的效果，为企业节约大量的宣传成本等特点，近年来越来越成为国内外流行的一种公关传播与市场推广手段。如魔兽公司和某著名网络推广机构共同操作的百度贴吧魔兽世界吧的"贾君鹏，你妈妈叫你回家吃饭"一句话引起了网络的传播奇迹，贾君鹏事件帖子在短短五六个小时被390 617名网友浏览，并有17 028名网友跟帖回复。

(11) 口碑营销　口碑营销并不是什么营销传播领域内的新玩意儿，它只是新媒介时代众多营销方式的一种。企业在调查市场需求的情况下，为消费者提供需要的产品和服务，同时制定一定的口碑推广计划，让消费者自动传播公司产品和服务的良好评价，从而让人们通过口碑了解产品，树立品牌，加强市场认知度，最终达到企业销售产品和提供服务的目的。口碑营销每一个必经步骤都是营销人员可以发挥才能的地方。产品、服务的任何一点瑕疵都可能在市场上引起一场口碑风暴。

(12) 网络直复营销　网络直复营销是指生产厂家通过网络，直接发展分销渠道或直接面对终端消费者销售产品的营销方式,譬如B2C、B2B等。网络直复营销通过把传统的直销行为和网络有机结合,从而演变成了一种全新的、颠覆性的营销模式。很多中小企业因为分销成本过大和自身实力太小等原因,纷纷采用网络直复营销,想通过其成本小、收入大等特点,达到以小博大的目的。

（13）网络视频营销　网络视频营销指的是企业将各种视频短片以各种形式放到互联网上,达到宣传企业品牌、产品以及服务信息的目的。网络视频广告的形式类似于电视视频短片,它具有电视短片的种种特征,例如感染力强、形式内容多样、肆意创意等,又具有互联网营销的优势,例如互动性、主动传播性、传播速度快、成本低廉等。可以说,网络视频营销,是将电视广告与互联网营销两种"宠爱"集于一身。

（14）网络图片营销　网络图片营销就是企业把设计好的有创意的图片,在各大论坛、空间、博客、即时聊天等工具上进行传播或通过搜索引擎的自动抓取,最终达到传播企业品牌、产品、服务等信息的目的。

（15）网络软文营销　网络软文营销,又叫网络新闻营销,通过网络上门户网站、地方或行业网站等平台传播一些具有阐述性、新闻性和宣传性的文章,包括一些网络新闻通稿、深度报道、案例分析等,把企业、品牌、人物、产品、服务、活动项目等相关信息以新闻报道的方式,及时、全面、有效、经济地向社会公众广泛传播。

随着企业的规模和经营方向的变化,企业的经营目标也是动态的,同时网络营销方法是随着时代、实践的发展而发展的,企业在不同的经营时期对网络营销目标和网络营销方法的选择同样也是变化的。

2) 网络营销工具的选择

网络营销工具的选择主要考虑企业自身和客户需要(体验)两大因素,要选择适合企业的,得从企业的产品或服务的角度出发,也得从客户的活动范围出发,更要从客户信赖的角度考虑,然后再选择适合你的企业营销的方式。完整的网络营销实施方式的选择过程中需要考虑多种网络营销方式的共同作用,一般包括以下步骤：

（1）明确网络营销的目标、预算和推广策略　通过确定合理的网络营销目标,明确界定网络营销任务,根据详细网络营销经费预算,确定具体的推广策略。

（2）网站初步优化　初步优化基本包括信息完整的首页、普通的字体、长短适中的网页长度、简明的导航条、交互的栏目、清楚的联系方法、设立邮件列表、浏览器的兼容等问题。

（3）网站流量统计分析　结合自己企业的目标客户,进行网站的流量分析。网站流量统计分析器能实现访问量和浏览量的统计、客户端信息统计、页面和入口分析、来路分析、搜索引擎和关键词分析、精确的在线用户统计等,为网站推广的信息分析提供了强大的功能支持。使企业对本网站的访问量、访问群体做出科学的评估,清楚地了解是哪些人访问企业的网站,他们多在什么时间、在什么地方、通过什么途径来访问。

（4）网站的全面优化　根据最终的统计结果进行网站的全面优化。本阶段主要对网站的定位群体、网站的信息价值、网站的总体结构、网站的导航设计、网站的交互性设计、网站的界面美观设计、网站的代码优化、网站的动画图片优化。

（5）有策略地运用网络推广手段进行全面的分阶段的网站推广　在网站的全面优化之后,才是真正网站推广的开始。网站的推广工作,便是结合运作各种网络营销的手段与方法,如电子邮件营销、网络广告、中文类网址、搜索引擎、文字链接、传统宣传方式等。

（6）推广效果评估与控制　推广的效果不评估,就失去了投资的意义,每一种推广策略的运用,都会产生一定的效益。如通过竞价排名,分析每天的点击量和访问来源地,输入的关键字等,进行评估分析之后,便可以进行各种手段运用的具体控制,洞察推广效果,不断改善效果,选择适合自身的网络推广方式。

营销工具没有绝对的优劣,只要是适合企业的产品和服务、用户认可的网络营销工具就是好的网络营销工具。产品和服务有明确的特色和受众目标,吸引用户访问、体验,不断改善用户的体验,然后促动体验者将良好的感受传递给更多的人,这是所有营销方式都期望达到的效果。

3.2.5 思考与练习

(1) 在现有的网络营销工具中,哪些是中小企业电子商务应用可以考虑运用的?为什么?

(2) 微博是一个基于用户关系的信息分享、传播以及获取平台。你认为微博应如何用于网络营销?

模块3.3 网络营销方案制定

3.3.1 教学目标

【终极目标】掌握网络营销策划的过程。

【促成目标】撰写网络营销策划方案。

3.3.2 工作任务

【总体任务】为中小企业设计网络营销策划方案。

【具体任务】设计网上鲜花店的网络营销策划方案。

3.3.3 能力训练

【活动】设计网上鲜花店网络营销策划方案。

活动情景:假如你们目前在网上开一家鲜花店,现在需要考虑鲜花店的网络营销方案。

活动目的:了解网络营销策划方案设计要求和步骤。

活动分组:学员4~6人一组,设组长1名。

活动程序:

第一步:每组学员进行研讨,写出网络营销策划方案设计步骤。

(1) 明确任务 要设计网络营销方案,先要明确或界定鲜花店的任务和远景。

(2) 明确网络营销目标 根据任务和远景制定网络营销目标和计划。合理的网络营销目标,应当对具体的营销目的进行陈述,如在某段时期内利润比上年同期增长×%,品牌知名度达到×%等。

(3) SWOT分析 除了花店任务、远景和目标之外,花店内部资源和网络营销外部环境是影响网络营销策划的两大因素。了解并分析花店以往对于网络营销的理解和做法,投入的资金和人力及得到的回报。通过SWOT分析有助于公司管理者审时度势,正确设置网络营销目标并制定旨在充分利用网络营销机会的网络营销计划。

(4) 网络营销定位　为了更好地满足网络购物消费者的需求,增加鲜花店在网上市场的竞争优势和获利机会,必须做好鲜花店网络营销定位。

(5) 营销平台设计　设计鲜花店的信息平台、服务平台、交易平台、制造平台和物流平台。同时,要注意指导和培训相关员工,清晰了解鲜花店相关网络营销员工的工作方式,并进行针对性的分析,对他们进行专业的培训,以提升工作效率。

(6) 网络营销组合策略　网络营销策略中的主体包括4P策略(产品策略、价格策略、渠道策略、促销策略)以及网络公共关系。

(7) 形成网络营销方案　形成书面形式网络营销方案。

(8) 方案实施、效果评价　实施网络营销方案,定期跟踪和维护网络营销效果。

第二步:根据上述步骤设计鲜花店网络营销方案。

第三步:各组组长汇报鲜花店的网络营销方案。

第四步:老师总结、点评鲜花店的网络营销方案。

第五步:进一步修改鲜花店的网络营销方案。

第六步:在老师指导下,规范撰写鲜花店网络营销策划方案书。

3.3.4　相关知识

1) 网络营销方案的内容

网络营销方案,是企业在特定的网络营销环境和条件下,为达到一定的营销目标而制定的具体的网络营销策略和活动计划。网络营销方案应该是网络营销战略、方式以及营销系统的综合体。网络营销方案并没有什么固定的模式及格式。在制定网络营销方案之前,要思考和解决以下几个问题,并形成文本。

(1) 网络营销战略分析　从有形市场转向网络无形市场使企业的目标市场、客户关系、企业组织、竞争形态及营销手段等发生了变化。网络营销战略目标,就是确定开展网络营销后达到的预期目的,然后制订相应的步骤,组织有关部门和人员参与。

网络营销战略分析的内容可以归纳为三部分内容。

① 客户的需要:客户以什么方式访问和浏览网站及购买,根据客户的不同习惯,确定搜索引擎及关键词、访问系统和推广策略、营销页面,进行网站架构优化、页面优化、导航设计、链接相关性分析等,进一步进行后续产品和服务分析、营销渠道分析、价格分析等。

② 企业(公司)的目标与资源的情况:根据企业的产品和网站发展计划,进行网站剖析、网站定位、电子商务定位等,以实现企业的营销目标(销售型、服务型、品牌型及提升型)。

③ 竞争对手的情况:了解竞争对手的网站,进行同行业竞争分析。

(2) 网站设计需求　如果需要设计网站,应根据企业要实现的营销目标,从客户的角度出发,确定网站风格,结合企业的VI和产品、内容的特点确定主色调,结合网站的内容情况确定网站的结构框架等,根据网站规模及功能确定是否采用Flash引导页等,优化网站。

(3) 整体推广　具有良好结构与友好界面的网站也需要具备其他多种方式推广。整体推广内容包括:搜索引擎推广策略、外部链接推广、病毒式营销策略以及其他推广方式等。

(4) 网站运营管理　在企业网站内部及外部表现都不错时,还需要对网站进行有效的运营管理,比如系统的流量分析、及时有效的内容更新等。

2) 网络营销方案设计基本步骤

(1) 明确企业任务　企业任务是包括了企业的总体目标、经营范围以及关于未来管理行动的总的指导方针。要设计网络营销方案,首先就要明确或界定企业的任务和远景。

(2) 明确企业网络营销目标　任务和远景界定了企业的基本目标,而网络营销目标和计划的制订将以这些基本目标为指导。

(3) SWOT 分析　除了企业任务、远景和目标之外,企业的资源和网络营销环境是影响网络营销策划的两大因素。了解并分析企业以往对于网络营销的理解和做法,投入资金和人力及得到的回报。具体可以包括公司做网站的出发点,做网站的时候考虑了哪些东西,有没有专门的人负责网络推广,购买了哪些网络广告或营销软件,采用的是哪些服务商的服务,以及他们的具体服务模式和费用情况。通过 SWOT 分析有助于公司经理以批评的眼光审时度势,正确评估公司完成其基础任务的可能性和现实性,而且有助于正确地设置网络营销目标并制定旨在充分利用网络营销机会,实现这些目标的网络营销计划。

(4) 网络营销定位　为了更好地满足网络购物消费者的需求,增加企业在网上市场的竞争优势和获利机会,从事网络营销的企业必须做好网络营销定位。可以针对具体的竞争对手,分析其网络营销方法,估计其广告投入和产生的效果,并进行综合比较,以找出其值得学习的地方和该避免的问题等。网络营销定位是网络营销策划的战略制高点,营销定位失误,必然全盘皆输。只有抓住定位才有利于网络总体战略的制定。

(5) 营销平台设计　网络营销平台,是指由人、设备、程序和活动规则的相互作用形成的能够完成一定功能的系统。完整的网络营销活动需要 5 种基本的平台:信息平台、服务平台、交易平台、制造平台和物流平台。同时要注意指导和培训相关员工,清晰了解公司相关网络营销员工的工作方式,并进行针对性的分析,对他们进行专业的培训,以提升工作效率,应注重一些实际操作,包括如何选择好的网络营销平台,能利用哪些方式进行网络推广,如何发布信息以及简单的搜索引擎优化技巧等。

(6) 网络营销组合策略　从本质上讲,网络营销仍然是市场营销的范畴。网络营销策略一般建立在传统营销组合,即经典的 4P 组合基础之上。4P 策略一般是指:产品策略、价格策略、渠道策略和促销策略。

(7) 形成网络营销方案　总结网络营销策略工作,形成书面形式网络营销方案。

(8) 方案实施、效果评价　实施网络营销方案,定期跟踪和维护网络营销效果,比如流量统计分析、网络推广方案的适宜性、优缺点等方案实施的情况,必须不断向决策者进行反馈,决策者也应根据反馈的情况及时对方案不足之处进行调整,使网络营销方案逐步完善,进入良性运转状态。

3.3.5　思考与练习

(1) 通常网络营销方案是针对电子商务应用而言的,对于不采取电子商务方式的商品是否也可设计网络营销方案?

(2) 在一个企业中,如果既有网络营销需求,也有非网络营销需求,应该如何考虑网络营销方案设计问题?

项目 4　电子商务平台

【项目简介】

本项目的工作任务是了解各种电子商务平台的功能。项目要求学生了解企业如何利用电子商务平台加强对商品销售的促进。通过项目实践,让学生掌握电子商务平台的使用流程。

【项目案例】

百丽 & 优购:传统品牌电商化

作为中国内地著名的鞋业品牌连锁经营公司,百丽可以说是一个在电商实践中探索了比较长时间的传统品牌。

对于传统品牌商来说,涉足电商有两个方向:一个是品牌商方向,将既有品牌向线上延伸,把其他平台变成自己的销售渠道;另一个是平台商方向,也就是自己投资做一个渠道,类似于在线上建立一个商场。百丽最初以品牌商策略对电子商务进行试水,然后很快开始走平台商路线——创立优购网上鞋城(以下简称"优购")。

最初试水之地当然是天猫(当时叫淘宝商城)。百丽是较早在天猫开设旗舰店的传统品牌企业,同时,也开通了自己的独立 B2C 网站淘秀网(自有品牌鞋品的 B2C 网站,相当于品牌商官方电子商务网站)。百丽电商在天猫上慢慢积累互联网的销售经验,同时建立了百丽的电子商务仓库,并分步骤进入了多个渠道平台。先是进入了当当网、京东商城、凡客 V+等平台,而后考虑像乐淘网等专业的鞋类垂直网站。基本遵循了从大到小的进入顺序。

后来,百丽开始试水平台策略。2011 年 7 月,百丽启动了优购,开始做平台。组织架构上,优购整合了原来淘秀网,并将淘秀网的会员接收过来。而原来的百丽电商团队并未完全并入优购,他们除了负责淘宝上的销售,还负责货品的组织和开发以及全网渠道的拓展,优购对他们来说只是渠道之一。

百丽淘宝店铺以及优购网天猫店由百丽电商打理。百丽电商依然负责线上百丽的品牌策略,而优购则负责百丽在各大平台的渠道拓展,同时也帮助更多其他的品牌入驻各大电商平台。

百丽集团的优购网天猫店,如图 4-1 所示。

各类电商平台的一般交易流程,如图 4-2 所示。

图 4-1 百丽集团的优购网天猫店

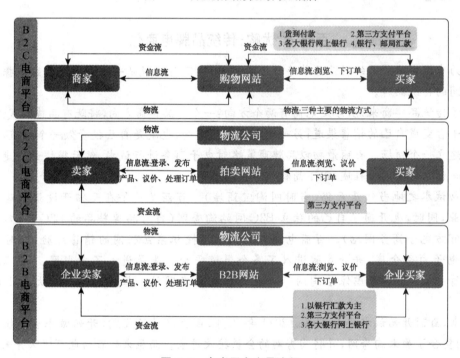

图 4-2 电商平台交易流程

模块 4.1　了解 C2C 平台的功能

4.1.1　教学目标

【终极目标】了解电子商务 C2C 平台的功能。

【促成目标】企业如何利用 C2C 平台开拓销售渠道。

4.1.2 工作任务

【总体任务】了解在 C2C 平台的开店流程。

【具体任务】

(1) 了解 C2C 市场现状。

(2) 了解典型 C2C 平台的使用流程(以淘宝网为例)。

4.1.3 能力训练

第一步:进入淘宝的卖家中心,申请开店。

进入淘宝,登录自己的账号,点击网页左上角的"卖家中心"按钮,选择左侧菜单栏里的"店铺管理-我要开店",如图 4-3 所示。

图 4-3 免费开店

第二步:进行认证。

点击"马上开店",填写申请开店认证,需要支付宝实名认证,绑定支付宝账户。然后进行淘宝开店认证,点击"立即认证",如图 4-4 所示。

图 4-4 开店认证

第三步:上传证件等信息。

进行认证要使用店主绑定的手机,先在手机里安装钱盾 APP,安装之后用手机钱盾扫描电脑网页上的二维码开始认证,根据手机上的提示填写个人信息。钱盾推出了人脸识别系统,认证时要对着手机摄像头做出相应的动作方可通过,大大提高了安全性,如图 4-5、图 4-6 所示。

图 4-5　认证流程

图 4-6　拍照示范

第四步:店主信息审核通过后,设置店铺基本信息。

开店成功之后,需要设置店铺的基本信息,如店铺的名称、主营宝贝等。点击"卖家中心",选择左侧菜单栏"店铺管理-店铺基本设置",点击进去,如图4-7所示。

填写店铺信息,店铺名称是可以随时修改的;标志的大小是 $80×80$ 像素,非常小的图片;店铺简介是很重要的,会加入到店铺索引中,如图4-8所示。店铺简介的具体书写方式为:【掌柜签名】/【店铺动态】/【主营宝贝】。

第五步:发布商品。

店铺创建成功后,如果连续 5 周出售商品数为 0,店铺会被释放,店铺名只保留一周,一周后会被释放,需要发布宝贝即可激活店铺。

进入卖家中心以后,查看左侧菜单栏,选择"宝贝管理-发布宝贝",如图4-9所示。

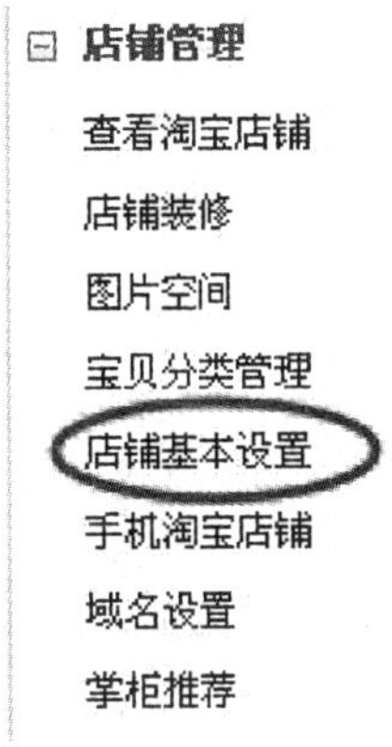

图 4-7 店铺管理

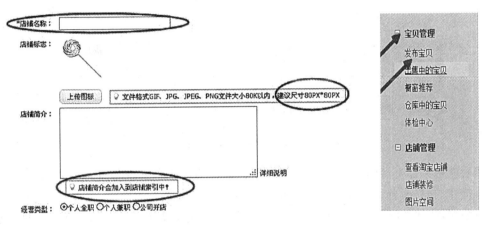

图 4-8 填写店铺信息　　　　图 4-9 发布宝贝

进入发布宝贝以后,会看到上面有一个类目搜索,输入要上传的宝贝名称,快速找到类目,就会出现有关的推荐,双击就可以了。如果没有找到自己想要的类目,就在下面自己找分类,如图 4-10 所示。新手一定要仔细了解发布宝贝的规则,明确哪些是不能上传的。

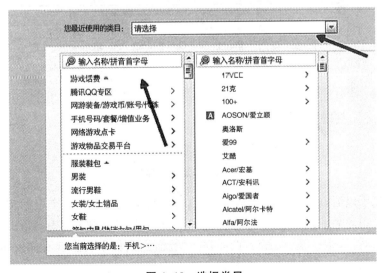

图 4-10 选择类目

填写宝贝的详细信息,由于不同类目的宝贝详细信息页面不一样,根据自己选择的类目情况进行详细填写就可以了,重点要把宝贝标题写好,最多可以写30个字,要包含关键词,如图4-11所示。

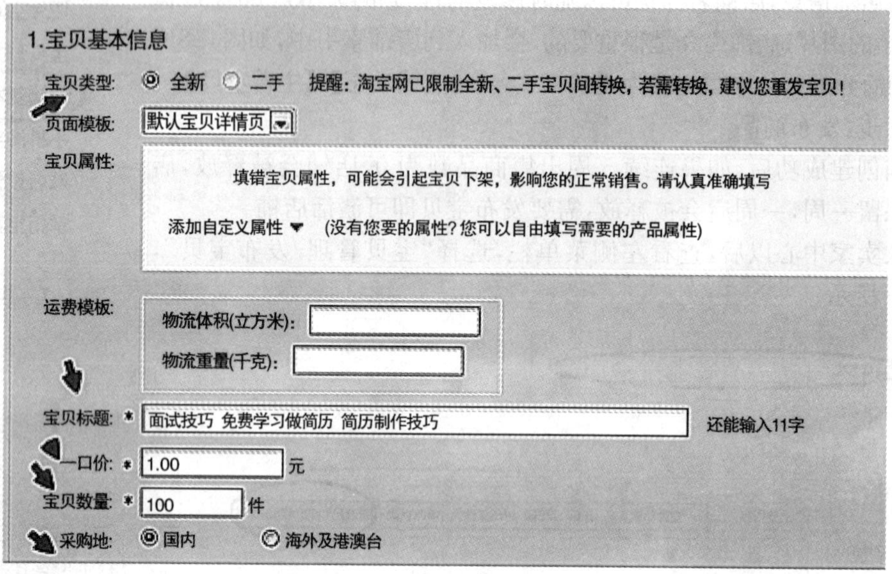

图 4-11 填写宝贝信息

然后就是添加宝贝图片,可以选择本地上传或从空间上传。上传图片以后填写宝贝详情描述。描述的时候,分为电脑端和手机客户端,可以进行针对性的选择,如图4-12所示。例如选择电脑端,描述的时候,一定要层次分明,多用一些颜色,醒目一点,让人一下子就能看到,不要用一种颜色到底,而且字体该大的要大。

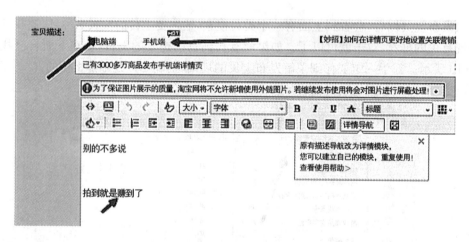

图 4-12 添加宝贝描述

宝贝描述完了以后,就是选择运费模板和填写售后其他信息。这个根据实际情况进行填写。最后就是发布商品。第一次发布,选择立刻发布,并且勾选橱窗推荐,如图4-13所示。

商品发布以后,自己可以点击查看商品发布情况,别人如果要想查看你发布的宝贝,需要等一段时间才可以,因为系统有个审核时间。

4. 宝贝其他信息

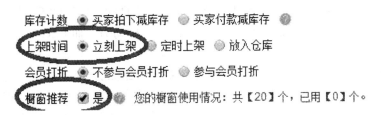

图 4-13 发布商品

4.1.4 相关知识

1) 什么是 C2C

C2C 即 Customer(Consumer) to Customer(Consumer)，是电子商务的专业用语，是个人与个人之间的电子商务。其中 C 指的是消费者，因为消费者的英文单词是 Customer(Consumer)，所以简写为 C，又因为英文中的 2 的发音同 to，所以 C to C 简写为 C2C。

2) C2C 在中国的发展历程

1999 年：邵亦波创立易趣网，创中国 C2C 先河。

1999 年 8 月：易趣网正式上线。

2002 年 3 月：eBay 注资易趣网 3 000 万美元。

2003 年 5 月：阿里巴巴 4.5 亿元人民币成立 C2C 网站淘宝网。

2003 年 7 月：eBay 斥资 1.5 亿美元全资收购易趣网。

2004 年 4 月：一拍网正式上线，新浪占据其中 33% 的股权，原雅虎中国占 67% 的股份。

2004 年 6 月：易趣网进入与美国 eBay 平台对接整合。

2005 年 9 月：腾讯推出拍拍网，2006 年 3 月 13 日运营。

2006 年 2 月 15 日：一拍网彻底关闭，阿里收购一拍网全部股份，原属一拍网用户导入淘宝。

2006 年 12 月：TOM 在线与 eBay 合资，更名为 TOM 易趣。

2007 年 10 月：搜索引擎公司百度宣布进军电子商务，筹建 C2C 平台。

2008 年 5 月 5 日：易趣宣布任何用户只要在易趣开店，无论是普通店铺、高级店铺还是超级店铺，都将终身免费。

2008 年 6 月 18 日：百度网络交易平台正式在北京启动其在全国范围的巡回招商活动。

2008 年 10 月 8 日：淘宝总裁陆兆禧对外宣布，阿里集团未来 5 年将对淘宝投资 50 亿元，并将继续沿用免费政策。

2008 年 10 月 28 日：百度电子商务网站"有啊"正式上线，有望开创新的电子商务格局。

2009 年：C2C 新形式的诞生，网购导购业进驻 C2C 抢占市场份额。

2011 年 4 月：百度电子商务网站"有啊"宣布关闭 C2C 平台，转型提供生活服务。

2011 年 6 月：淘宝网分为 3 家，分别为淘宝网、淘宝商城（现天猫）、一淘网。

3) C2C 平台的现状和趋势

艾瑞咨询的研究数据显示，2015 年，中国网络购物市场中 B2C 市场交易规模为 2.0 万亿元，在中国整体网络购物市场交易规模中的占比达到 51.9%，年度占比首次超过 C2C；从增速来看,2015年期间,B2C网络购物市场增长56.6%,远超C2C市场19.5%的增速。

艾瑞分析认为,2015年度B2C市场占比反超C2C后,B2C市场占比仍将持续增加。随着网购市场的成熟,产品品质及服务水平逐渐成为影响用户网购决策的重要原因,未来这一诉求将推动B2C市场继续高速发展,成为网购行业的主要推动力。而C2C市场具有市场体量大、品类齐全的特征,未来也仍有一定的增长空间。虽然C2C市场开始逐渐下滑,但其不会消失,仍然会成为重要的补充存在。C2C市场拥有B2C无法比拟的全品类商品,只要消费者能想到了,其就有销售。如"中国五大最难喝饮料"中的崂山白花蛇草水,因为其巨难喝已经成为热议的焦点,其在B2C平台难寻踪迹,反而在C2C平台众多商家售卖,并且因为其巨难喝让众多人产生好奇,销量大增。

在淘宝体系中,C2C小商家竞争越来越激烈,生存处境也越来越艰难。由于C2C开店的门槛低,竞争非常充分,结果造成供给量很大,但需求是一定的,这时价格必然下降,形成无序化竞争。

为什么淘宝网不太扶持集市呢?因为集市很难管控,标准、货品的供应链非常难统一,没有品牌的授权机制,没有发票的跟踪环节,导致了货品流向不可控,水货、次品、假货一大堆。

C2C市场最早起源于拍卖。最早的模式是eBay模式——个人有闲置商品,或者搬家了,把这些商品发布到eBay上去,以低价格让很多人拍卖,最终形成成交价,然后售出。卖的不是标准化的产品,是以需求和供给决定价格。个人旧货市场或者跳蚤市场,就是个人对个人的,不是规范交易行为的市场,也不是大流量的聚集市场。

eBay模式到了中国变成了一个畸形的C2C市场,就是其价格是确定的,而不是以拍卖这种以需求和供给决定价格的形式。这个时候,单一产品的定价严格意义来讲,就不属于C2C市场了,而是属于B2C市场范畴了。在跳蚤市场的价格是双方博弈的结果,而在商店买东西,都是标牌上是多少就多少。

中国的C2C市场发展过程中,时时介于跳蚤市场和B2C市场中间,它对2009年到2011年的早期电子商务发展确确实实有非常重要的作用。但到了现在,随着消费者的电子商务消费习惯被培养起来,电子商务除了价格诱惑之外,更多的是方便、快捷等。电商回归到商业的本质,也就是客户体验。因此,电子商务无序价格竞争的年代一去不复返了。

C2C市场的发展,可能会更倾向于回归到电子商务早期阶段,比如像赶集网、58同城这种跳蚤市场或者二手商品市场模式,发布闲置物品进行交易。2016年5月18日,阿里巴巴集团宣布,旗下"闲鱼"和"拍卖"业务合并,会员只要使用淘宝或支付宝账户登录,无需经过复杂的开店流程,即可达成包括一键转卖个人淘宝账号中"已买到宝贝"、自主手机拍照上传二手闲置物品以及在线交易等诸多功能。闲鱼平台后端已无缝接入淘宝信用支付体系,从而最大程度保障交易安全。

淘宝在C2C领域的领先地位暂时还没有人能够撼动。说起做电商,大家首先想到的是淘宝。尽管由于淘宝生存环境变化巨大,业界关于"出淘"的声音也不绝于耳,但无论从哪个维度分析,淘宝始终是企业做电商的第一选择地。按照第三方统计,淘宝日均浏览人数超过1.5亿,手机淘宝APP下载人数超过2亿,位列移动购物APP第一位。无论品牌企业还是个体户,做电商,还是需要留守淘宝。不过由于淘宝创业红利消失,流量成本高昂,现阶段不建议个人盲目去淘宝创业。

开一家淘宝店究竟需要多少钱?入驻费用保证金1 000元(个别类目不同,比如食品等),其他相关费用一堆,包括软件费用、基本的折扣、上架、推荐、橱窗软件等一个月10元,旺铺一个月 50 元;店铺模板一般 30～200 元一个月;高级一点的数据分析软件 50～1 000 元一个月;官方的数据魔方(分析工具)一年 3 600 元;广告费用,如直通车钻石展位费用则是无底洞。

总而言之,开网店最好到淘宝,但是打算在淘宝赚钱,则需要更高的技术含量。2016 年,淘宝走向个性化、无线化、社区化、内容化。因此,建议企业做淘宝尤其要注意以下几个方面:网红(达人)、移动端运营、微淘、CRM 营销、数据分析。

4.1.5 思考与练习

(1) 用自己的淘宝账号申请开店,体验整个开店流程。
(2) 下载闲鱼 APP,学习发布闲置物品并进行交易。

模块 4.2　了解 B2C 平台的功能

4.2.1 教学目标

【终极目标】了解 B2C 平台的功能。
【促成目标】了解企业如何利用 B2C 平台开拓销售渠道。

4.2.2 工作任务

【总体任务】了解 B2C 平台的开店流程。
【具体任务】
(1) 了解 B2C 市场现状。
(2) 了解典型 B2C 平台的使用流程(以天猫商城为例)。

4.2.3 能力训练

第一步:查询申请资格。
入驻天猫的商家必须是在中国大陆注册的企业,包括法人(公司)和合伙人(合伙企业),持有相应的企业营业执照。同时申请入驻天猫的品牌必须在中国商标局申请注册了文字商标,持有国家商标总局颁发的商标注册证或商标注册申请受理通知书(部分类目的进口商品除外)。

第二步:准备资料。
申请企业支付宝账号且通过商家认证,要求该账号是全新的,没绑定过任何淘宝会员 ID。
第三步:登录在线申请页面。
(1) 登录在线申请页面　登录天猫招商页面 http://zhaoshang.tmall.com,点击"立即加入天猫"。
(2) 在线参加天猫入驻考试　点击"立即入驻天猫"后,阅读天猫商家须知并考试。
第四步:提交信息。
(1) 提交信息并线上签约　考试通过验证支付宝后,在线输入申请公司信息及在线签订天猫服务条款、服务协议及支付宝代扣协议。
(2) 上传品牌 Logo　上传的品牌 Logo 必须和商标局备案的一致。

第五步:等待审核。

(1)邮寄您的企业资质及品牌资料,等待天猫小二审核(所提供资料全部为复印件材料,均须由商户加盖公章,天猫概不退回,请自行留底,敬请谅解)。快递地址:浙江省杭州市西湖区文三路 478 号华星时代广场 A 座 5F,天猫新签组收,邮编:310013。

(2)请以天猫账号登录"我的淘宝—我是卖家—天猫服务专区",在 15 天内完成保证金/技术服务年费的冻结缴纳操作。逾期操作,本次申请将作废。

① 品牌旗舰店、专卖店费用:带有 TM 商标的 10 万元,全部为 R 商标的 5 万元。

② 专营店费用:带有 TM 商标的 15 万元,全部为 R 商标的 10 万元。

天猫商家在申请入驻获得批准时需一次性缴纳年费,年费金额以一级类目为参照,分为 3 万元和 6 万元两档,详细标准详见《天猫 2016 年度各类目技术服务费年费一览表》。

第六步:发布商品,店铺上线。

(1)请以天猫账号登录"我的淘宝—我是卖家—天猫服务专区",点击"发布商品",根据页面提示,在 30 天内发布满规定数量商品。逾期操作,本次申请将作废。

(2)点击"下一步",店铺上线,店铺正式入驻天猫。同一主体开多家天猫店铺,要求店铺间经营的品牌及商品不得重复,一个经营大类下专营店只能申请一家。天猫开店是有交易费用的,一般是每笔交易额 3‰~5‰ 的天猫扣点。

4.2.4 相关知识

1)什么是 B2C

B2C 是 Business-to-Customer 的缩写,中文简称为"商对客"。"商对客"是电子商务的一种模式,也就是通常说的直接面向消费者销售产品和服务的商业零售模式。这种形式的电子商务一般以网络零售业为主,主要借助于互联网开展在线销售活动。B2C 即企业通过互联网为消费者提供一个新型的购物环境——网上商店,消费者通过网络进行网上购物、网上支付等消费行为。

2)B2C 的类型

(1)天猫——为人服务做平台 天猫商城的模式是做网络销售平台,卖家可以通过这个平台卖各种商品。这种模式类似于现实生活中的购物商场,主要是提供商家卖东西的平台。天猫商城不直接参与卖任何商品,但是商家在做生意的时候要遵守天猫商城的规定,不能违规,否则会受到处罚。

这种模式的优势是平台足够大,想卖什么就卖什么,前提是没有违法违规。商城负责维护这个平台的建立,而商户只管做自己的生意,盈亏要自负,与商城没有关系。不过不管你生意如何你都要交一定的场地费。如果想做推广你可以在商城内做广告,搞促销活动,这些都是商户自愿的经营行为。商城负责竖立好自己的形象,吸引足够多的消费者,收入稳定。这种模式的优势在于可以随着市场变动,商户自行对市场做出反应,不需要商城担忧。市场自由,没有太多条件限制,扩充性强。这种模式对于商城与商户来说都很稳定,除了一些管理上的纠纷,市场经营方面都是各自负责,不发生利益冲突。

(2)京东——自主经营卖产品 京东商城的模式就类似于现实生活中沃尔玛、乐购、家乐福之类的大型超市,引进各种货源进行自主经营。京东先通过向各厂商进货,然后在自己的商城上销售,消费者可以在这里一站式采购。京东自己负责经营庞大的网络商城,盈亏都看京东自己的经营能力。消费者购买时出现问题,直接找京东解决。

这种模式的优点在于经营的产品多样,综合利润高。商城可以根据市场情况、根据企业战略对自己销售的产品做出整体调整。商城握有经营权,内部竞争小,对外高度统一。缺点在于内部机构庞大,市场反应较慢,竞争对手较多,产品种类扩充不灵活,容易与供货商发生矛盾。

(3)凡客——自产自销做品牌　凡客诚品的模式类似于现实生活中的美特斯邦威、特步等服装专卖店,主要是自产自销的经营模式。凡客靠卖服装类产品起家,又陆续推出家居、化妆品等产品。凡客所销售的这些产品基本上都是凡客自己生产,然后自己销售。整个从生产到销售的过程都是由凡客自己说了算。

这种模式的优势在于,产品的整个产业链都可控,公司的目标利润可以从产品生产时制定,没有供货商的货源限制;缺点在于公司品类扩张困难。

3) B2C 市场现状

2015 年,中国网络购物市场交易规模为 3.8 万亿元,较 2014 年同期增长 36.2%;从网络购物市场结构来看,B2C 占比达到 51.9%,年度占比首次超过 C2C;从网络购物市场份额来看,B2C 市场中天猫继续领跑 B2C 市场,京东、苏宁易购、唯品会、国美在线增长迅速,几家企业的总规模超过三成。

中国网络零售市场结构占比出现拐点,B2C 市场首次超过 C2C 市场,成为市场的主体。B2C 相比 C2C 拥有更为成熟的售后服务体系,并且在物流配送上也有较为突出的优势,以高品质、高服务为基础,赢得消费者的喜爱。消费者对品质产品的诉求将继续推动 B2C 市场的高速发展,B2C 市场在网络购物整体中的占比将持续提升。

2016 年 1 月,中国 B2C 市场中,天猫的市场份额 56.1%,位居第一,京东的市场份额 24.8%,位于第二,苏宁易购继续排在第三位,占比达 6.5%,唯品会、国美在线、1 号店、当当网、亚马逊中国、聚美优品、易迅网先后排在第四位到第十位,如图 4-14 所示。

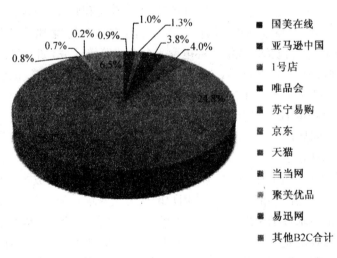

图 4-14　2016 年 1 月中国 B2C 购物网站交易规模市场份额

从大局上可以看出,京东属于腾讯系电商,获得腾讯的全力支持,逐渐稳固上升。苏宁与阿里巴巴在 2015 年战略换股后,强强联合通过自身优势,布局线上、线下全方位渠道与物流体系,先后发起了多轮促销大战,并且取得不错的效果。

阿里及京东仍然在网络购物行业保持绝对的优势,并通过入股、收购等方式进一步拓展在垂直品类和线下业务的发展。行业内的各企业一方面积极布局跨境业务;另一方面加速发展农村电商。同时也在母婴电商、医药电商等垂直细分领域进行持续不断的探索和发展。

4) B2C 市场的发展趋势

(1) 由垂直走向综合，由自营走向开放，成为众多 B2C 平台的一致选择。

一方面，对规模效应和范围经济的追逐，促进各大垂直平台纷纷向综合平台演进。如家电领域，苏宁易购收购红孩子、缤购，进军图书、美妆和服装市场，上线旅游频道、酒类频道、彩票频道；图书领域，当当网大力发展百货，上线当当超市、电器城，拓展服装、母婴、家居品类，其曾经的主营品类图书业务，已进入不了当当网销售规模类目 top10；美妆领域，聚美优品拓展服饰内衣、鞋包配饰、居家母婴等频道。

另一方面，各大领先 B2C 平台通过平台开放，实现角色转型和商业价值延展。如京东近几年借助 pop 平台，拉升业绩迅猛增长，1 号店推出一号商城，苏宁易购推出苏宁云台，等等。平台开放拓展了多元化的盈利模式，从传统的进销差价转变为获取平台入驻费、店铺销售抽成、网站展示位置的广告收益、关键词竞价收益以及店铺增值服务费用。同时，通过平台开放降低自营业务带给资金投入和团队运营方面的压力，迅速延展品类，更好地向综合性平台发展，以获取范围经济，并提升用户的活跃度和黏性。

(2) 新型 B2C 平台模式引爆蓝海市场。

我国电子商务经过 10 多年的发展，在图书、3C 及服装、洗护、家居等百货领域日益成熟，无论是平台竞争还是用户网购渗透率都已接近饱和阶段；而以农产品、生鲜、医药、本地生活服务为典型代表的民生领域，仍存在较大的发展空间，成为当前各大电商平台拓展的重点市场。同时，跨境电商将是未来电商平台追逐的新风口。

以跨境 B2C 为例，2013 年我国跨境电商市场规模达到 2.7 万亿元，其中跨境 B2C 占比逐年快速增长，2013 年达到 9.6%；2016 年，我国跨境电商整体交易规模 6.3 万亿。随着国内进口奢侈品、奶粉等消费需求增长，海淘和代购兴起，并在政府利好政策的刺激下，进口跨境平台不断涌现，且日渐呈白热化竞争之势。跨境 B2C 平台包括进口跨境 B2C 平台和出口跨境 B2C 平台。进口跨境 B2C 平台包括传统综合性电商平台上线跨境业务，如天猫国际、京东海外购、走秀网、聚美极速、唯品会唯品国际、顺丰海淘、苏宁海外购、1 号海购等，也包括新型主体自建进口跨境 B2C 平台，诸如海豚村、西游列国、蜜芽宝贝等；出口跨境 B2C 平台，也分为传统电商平台和自建独立出口跨境 B2C 平台。

(3) 从标品到非标品，从低价到高价，从商品到服务，成为 B2C 平台的品类演进路线。

从标品到非标品体现的是用户从追求功能价值到追求情感价值的变迁。在电商 1.0 时代，为用户习惯培养阶段，图书和 3C 等标品更利于降低用户的信任成本。同时，用户对标品的消费更多追求的是商品的功能价值，随着用户网购习惯的培育和消费文化的升级，用户对情感价值和文化价值的追求逐渐引爆了非标品市场，如食品、美妆、生鲜、本地生活服务等。

从低价到高价体现的是用户追求价格向追求价值消费的升级。用户消费能力的升级，品牌电商的崛起，线下服务的完善，共同推动了诸如奢侈品、珠宝、艺术品等电商的兴起。

从商品到服务，体现的是用户从追求商品消费体验到线下服务体验的转变。本地生活服务类电商涵盖衣、食、住、行，居家理财、结婚育子以及健康美容诸多领域。

(4) 精细化运营和价值深耕成为各大 B2C 平台未来的核心战略。

经过数年野蛮式增长，国内电商的发展的流量红利将逐渐消失，各类电商平台将在进一步延伸品类规模的同时，不断提升精细化运营能力，诸如仓储物流、会员管理、产品规划、精准营销、大数据分析等，以打造自身的核心竞争优势。如 2014 年天猫提出"五化"战略，在于不断自我革新,进一步促进平台的价值裂变。

大数据将成为各类电商平台提升精细化运营能力的利器。借助大数据和商业智能,能为 B2C 平台带来四大核心价值:一是实现精准营销;二是辅助产品规划决策;三是推动客户关系管理和价值挖掘;四是提高运营效率,降低运营成本,优化供应链和物流体系。以京东为例,其基于大数据,打造 C2B 智能决策系统。京东大数据已经在公司各类业务上发挥了重大价值,如基于消费者多维度画像分析对消费行为深度挖掘以开展精准营销、销量预测、C2B 定制、仓库调拨、库房自动补货、客服智能应答等各领域。同时通过大数据发展金融业务,如京东白条、京保贝,极大提升了用户黏性,同时实现了增值收益。

(5) B2C 平台纷纷布局线下渠道,O2O 成行业大势。

知名 B2C 平台纷纷构建 O2O 发展体系,实现流量入口和场景入口的整合。

如天猫投资高德,与银泰网在双 11 联合试水 O2O,万达影城入驻支付宝钱包。天猫已实现了"四通八达"的 O2O 场景,实现了会员 CRM 和导购 CRM 的系统支持。

京东 2013 年底与太原唐久便利店开展 O2O 合作,双向引流;2014 年 3 月正式发布零售业 O2O 战略,计划与全国 15 座城市上万家便利店开展 O2O 合作,旨在实现五大变革——本地极速配送服务、服务和营销提升、外部流量合作、品类拓展、服务延伸。

2014 年 8 月,腾讯、百度、万达开启抱团式 O2O 战略合作,将打通账号体系、会员体系、积分体系,实现数据融合、WiFi 共享、产品整合、流量引入等。

4.2.5 思考与练习

(1) 请跟同学讨论一下各自使用过的 B2C 网站的消费体验。
(2) 从买家的角度试着比较一下 B2C 平台与 C2C 平台的不同点。

模块 4.3　了解 B2B 平台的功能

4.3.1 教学目标

【终极目标】了解 B2B 平台的功能。
【促成目标】了解企业如何利用 B2B 平台开拓销售渠道。

4.3.2 工作任务

【总体任务】了解 B2B 平台的开店流程。
【具体任务】
(1) 了解 B2B 市场现状。
(2) 了解典型 B2B 平台的使用流程(以阿里巴巴中国站为例)。

4.3.3 能力训练

第一步:注册阿里企业会员。

在阿里开店需要具备企业营业执照或者个体营业执照,进入阿里网站的首页,在页面上方找到"注册"按钮,进行免费注册,如图 4-15 所示。

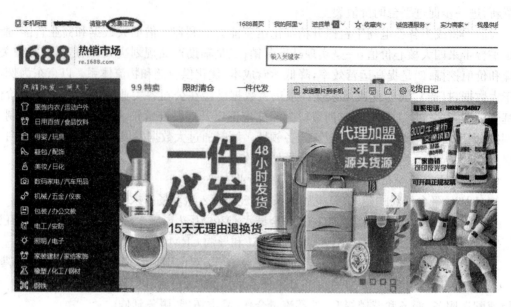

图 4-15 阿里注册页面

点击"注册"后,进入阿里巴巴默认的企业注册页面,如图 4-16 所示,不要选择个人注册,个人注册只是单纯采购的,不能销售产品。按要求填写信息,会员名最好用正规名称,如×××公司,这样给采购商的第一感觉会比较正规。公司名就填写营业执照上面的公司名称。

图 4-16 企业账号注册

第二步:登录阿里巴巴网站。

若是有用户名的,可以直接点击阿里主页面上的"登录",会出现登录窗口,如图 4-17 所示,输入用户名与密码,进行登录操作。

项目4 电子商务平台

图 4-17 会员登录

第三步：开通旺铺。

进入阿里个人中心，在左侧可以看到有一个"旺铺"按钮，如图 4-18 所示，点击它，进行下一步的操作。

图 4-18 点击"旺铺"

点击进入后进行身份认证，完善旺铺信息，可以免费开通旺铺入门版，如图 4-19 所示。进入可选择的旺铺页面，如图 4-20 所示，根据需要进行选择操作，开通相关的店铺就可以了。

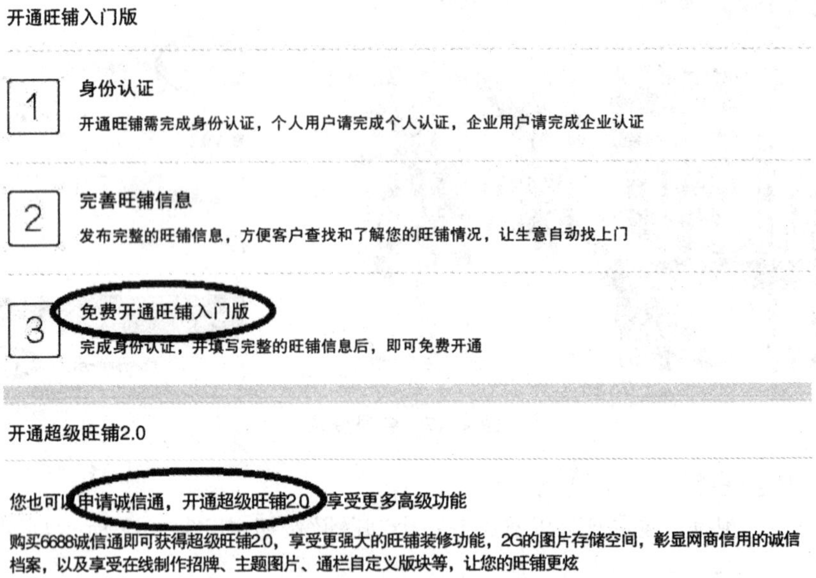
开通旺铺入门版
1
身份认证
开通旺铺需完成身份认证，个人用户请完成个人认证，企业用户请完成企业认证
2
完善旺铺信息
发布完整的旺铺信息，方便客户查找和了解您的旺铺情况，让生意自动找上门
3
免费开通旺铺入门版
完成身份认证，并填写完整的旺铺信息后，即可免费开通
开通超级旺铺2.0
您也可以申请诚信通，开通超级旺铺2.0享受更多高级功能
购买6688诚信通即可获得超级旺铺2.0，享受更强大的旺铺装修功能，2G的图片存储空间，彰显网商信用的诚信档案，以及享受在线制作招牌、主题图片、通栏自定义版块等，让您的旺铺更炫

图 4-19　开通旺铺

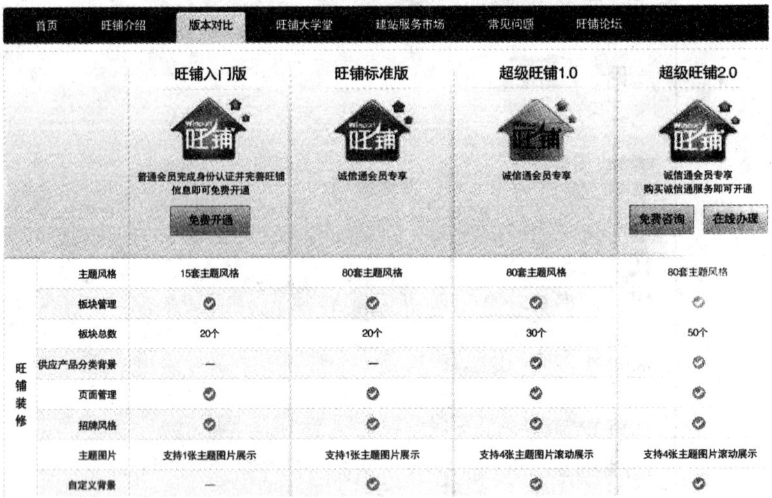
首页
旺铺介绍
版本对比
旺铺大学堂
建站服务市场
常见问题
旺铺论坛
旺铺入门版
旺铺标准版
超级旺铺1.0
超级旺铺2.0
普通会员完成身份认证并完善旺铺信息即可免费开通
免费开通
诚信通会员专享
诚信通会员专享
诚信通会员专享
购买诚信通服务即可开通
免费咨询
在线办理
旺铺装修
主题风格
15套主题风格
80套主题风格
80套主题风格
80套主题风格
板块管理
板块总数
20个
20个
30个
50个
供应产品分类背景
页面管理
招牌风格
主题图片
支持1张主题图片展示
支持1张主题图片展示
支持4张主题图片滚动展示
支持4张主题图片滚动展示
自定义背景

图 4-20　旺铺类型

注册成功之后，需要下载一个阿里旺旺的工具才能与客户的沟通。如果您已经有一个和您注册阿里相同名字的支付宝，那您直接绑定就可以了，绑定之后就可以进行网上交易了。目前阿里巴巴的注册会员分为普通会员和诚信通会员两种。如果想要有生意，建议购买诚信通，年费是 3 688 元。

4.3.4　相关知识

1）什么是 B2B

B2B 是 Business-to-Business 的缩写，是指企业与企业之间通过专用网络或互联网进行数据信息的交换、传递，开展交易活动的商业模式。

2) 国内 B2B 的发展阶段

第一个阶段是信息阶段,主要是解决信息不对称性的问题,通过建立网络 B2B 平台,让买卖双方发布供求信息。彼此商业信息的沟通交流过程中产生了新的商业机会。

第二个阶段是服务阶段,也就是目前国内各行业 B2B 正在经历的阶段。由于第一个阶段大数据的积累沉淀,如今 B2B 不仅仅只是解决信息不对称问题,从销售管理到客户服务,到供给侧生产供应链的改革,这是一套行业企业提升效率、重配资源、降低成本的解决方案,不再是一个商业模式,更像一个生态系统,能够更好地服务于各个行业的各个细分产业的合作伙伴,能够合作共赢,共建 B2B 生态圈。

3) B2B 市场现状

2015 年是 B2B 发展的元年,"互联网+"政策推出,许多行业出现供需失衡,再加上资本的推波助澜,各类 B2B 行业电商蓬勃兴起。据 Analysys 易观智库数据,2015 年中国 B2B 电子商务交易规模达到 10.7 万亿元人民币,较 2014 年增长 14.3%,预计到 2018 年市场整体交易规模将达到 15.4 万亿元人民币。

随着中国经济全面进入"新常态",由人口红利、低劳动力成本带来的出口优势渐趋弱化,内需成为拉动经济发展的核心引擎。其中国家持续扩大内需的政策刺激,给中小企业带来了更多发展机会,将逐渐激活产业上游供给方与流通市场,尤其是国家最近一直强调"供给侧改革",尝试各行业通过供给端的创新,来实现整体经济结构优化改革。在此背景下,国内企业(尤其是中小企业)转型动力巨大,而企业也逐步认识到 B2B 电商在帮助自身提升流通效率、降低流通成本、拓展市场渠道方面的作用,开始纷纷主动转型触网,B2B 电商成为众多中小企业落实"互联网+"跨出的第一步。另外,国内百度、阿里等互联网巨头们也一直致力培育自己的生态圈,通过垂直性 B2B 在各自行业里打造产业生态圈,引领互联网+趋势。

2016 年 1 月中国中小企业 B2B 电子商务运营商平台营收市场份额中,9 家核心企业占比为 71.4%。其中,阿里巴巴占 B2B 电子商务运营商平台营收的比例为 47.1%,优势明显,发展较稳定;环球资源与慧聪网分别位列二、三,占比分别为 5.1%、4.8%;其他 B2B 电子商务运营商表现相对平稳,市场份额变化较小,如图 4-21 所示。

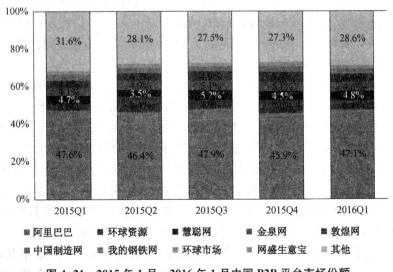

图 4-21 2015 年 1 月—2016 年 1 月中国 B2B 平台市场份额

4) B2B行业的发展趋势

2016年"供给侧改革"成为B2B电商发展的新机遇,将会有不同的B2B模式,通过行业上下游资源的整合与合作,从对B端的交易服务到深度服务甚至是定制化服务阶段,B2B行业将面临六大重要发展趋势:

(1) 行业巨头"变身"平台方　供给侧改革关系到中国经济转型的平稳落地,尤其是中国传统企业的转型升级,未来以重点行业、特色产业为基础的B2B电商,将为中国高端制造业和现代服务业的发展赋予新动能。

过去的一年,海信B2B板块也就是科技业务板块占到了整体销售收入的23%,利润却贡献了38%,以不到25%的销售收入实现了近四成的利润,"供给侧改革"使海信已完全变身为一家科技企业。

为了将资源整合的效率最大化,海尔拆掉企业的墙,"把海尔的墙打开,和全球连在一起",通过整合全球资源,海尔实现了企业效益和社会效益的双赢。通过海尔创业平台,不仅能够提供小企业不具备的战略协同能力,将平台上的制造、物流、分销等能力整合成生态系统,为创业企业提供服务;同时,海尔还搭建起共享平台,将财务、人力等基础服务变成信息化服务,让小企业降低成本、少走弯路。目前海尔平台上已有超过100个小微企业年营收过亿元,已有22个小微企业引入风投,有12个小微企业估值过亿。

(2) 行业垂直细分服务不断深化　垂直类B2B平台通过聚焦优势品类,在产品和服务上专注各自行业特点,形成专业壁垒。比如基于集散地分销模式的细分钢铁行业里,找钢网,通过之前数据和交易的积累,也开始与京东合作,尝试金融服务,另外开始做仓库、加工、物流,甚至是自己设计管理软件,仿易道用车、滴滴打车等,开发了钢铁行业的"滴滴打车",服务越来越深,壁垒越积越强。另外在一些如化工、塑料、石油、农产品行业中,垂直领域B2B电商也会从单纯的信息撮合,到行业的广度和深度的服务中来,比如由盟大集团自主开发的塑料化工线上大宗交易平台"大易有塑",通过优化开发制造流程,降低行业供应链成本,到提升产品和服务质量,再到确保交易安全,对于传统塑化行业资源和效率的提升有很大的价值意义。

(3) B2B平台合作共享趋势　2016年两会中,李克强总理在政府工作报告上强调,要大力推动包括共享经济等在内的"新经济"领域的快速发展,"促进分享经济发展""支持分享经济发展,提高资源利用效率,让更多人参与进来、富裕起来。"分享经济,已经来到时代的风口。腾讯CEO马化腾在两会期间提出了一个大胆的预言:分享经济将成为促进经济增长的新动能,助力服务业成为拉动中国经济的主引擎。

在B2B市场中,尽管有些B2B平台目前没有成为生态中最有话语权的一方,但B2B平台的资源优势为合作带来了空间,甚至这种合作可以在不同功能的B2B平台间发生,如2015年底上海钢联与欧浦智网的合作,一个跨境B2B平台与具有跨境通关、货代、海外仓等资源的B2B平台就存在合作的基础,再如本地服务型B2B平台与本地化物流B2B平台的合作。

2016年3月16日,国内专业农食品快销服务平台"俺有田"与专业冷链物流配送信息平台"码上配"合作,双方一个是专注于KA卖场和便利店供应链服务的公司,另一个是专注于中小客户冷链物流配送的信息平台。双方合作后彼此发挥其在商品流和物流方面的独特优势,针对中小商超与快消品行业的供应链与物流两大核心痛点,解决传统中小商超由于发订货需求量小、频率高而导致的配送物流成本高、配送不及时的问题,通过订单智能聚合分配,降低中小商超订货成本,促成商品流、物流、资金流的周转效率,让普通大众中小商超也能获得像7-11共配一样的服务,这些都是基于产业链服务的合作和共享模式,合作方从信息、技术、商品、品牌、物流、资金和服务等方面,共建产业生态圈,实现平台共享、互惠互利、多赢的目标。

(4) 地方特色产业链集群 国内很多地区都有自己的产业集群,如虎门的女装、南通的家纺、温州的鞋帽等,这种靠依托于地方特色产业发展的产业带,有转型升级的迫切需求。随着"供给侧改革"和"中国制造2025"的提出,以重点行业、特色产业为基础的B2B电商,通过打通上下游产业链,促进产业优化重组,聚合当地产业带动好商家、好货源,在B2B电商平台上构建专属卖场,同时整合线上线下服务型资源,调动整个产业链由简单的空间集聚向专业化、系统化集聚,形成上下游的良性互动。这种组团式的B2B发展模式不仅能显著提升传统产业带的辐射范围和竞争优势,同时还能随时根据市场反馈的需求,激励产业带内制造商的优化调整,带动传统产业带转型升级。

(5) 产业深度服务趋势 国内目前有一部分B2B平台已经从第一阶段的交易平台阶段向深度服务发展,一般针对特定B类客户需求,通过细分市场深耕产业,聚焦各自品类优势,专注于各行各业的销售提供专业化精细化的产品和服务,其专业性是综合类平台所不能及的,如上文提到俺有田,以"非标的农产品更加需要标准化的销售服务"为理念,打造"3专(专人、专柜、保量)9管理"KA Store Service服务标准,以20%月均销售提升率刷新销售记录,解决KA供应商卖不掉和卖不好的最大痛点。同时以"集采邦"(拼单+集采+垂直SaaS)比现有运营便利店的电商模式更务实、更高效的为一线快销品牌和中小商超、便利店服务。

(6) B2B企业服务SaaS模式 中国SaaS模式的B2B企业服务领域是云计算范畴中的一个重要组成部分。随着移动互联网的逢勃发展,在中国特殊国情下的企业级市场,中小企业也面临着海量的信息化需求,基于云端、移动以及社交所带来的技术红利,不断为B2B企业级服务平台创造良好条件,正在引领着中国企业级创业公司步入最好的黄金时代。

近两年BAT等互联网巨头相继布局云计算产业,八百客、纷享销客、今目标、北森等本土SaaS模式B2B服务商悄然崛起,显示了资本市场对国内SaaS产业的投资热潮保持着升温态势。未来10年中,互联网汽车、智能家居、智能硬件等基于大数据和云计算技术的产业快速发展将会带来规模效应,中国SaaS-B2B市场会进入高速发展阶段。预计2020年后,中国SaaS服务市场将进入应用成熟期,产业链逐渐完善,行业将逐步完成传统软件向SaaS服务软件的转型。

"供给侧改革"将成为B2B电商发展的新机遇,从供给、生产端入手,通过解放生产力、提升竞争力促进经济发展,核心在于提高全要素生产率,强调对于供大于求的产业需要进行整合,消除过剩生产力;对于供不应求的产业,需要增加供给来满足社会需求。在传统经济形态下,生产者无法了解购买者的需求量,在"互联网+"的经济形态下,生产者可以根据大数据了解购买方需求。因此,"互联网+"模式对于供给侧改革有重要实际意义。

未来占据中国电子商务近80%市场份额的B2B行业电商,用户在不同产业环节间形成黏性,以平台为中心整合上下游产业链,形成生态大圈,会为新供给、新业态提供更广阔的发展空间。

4.3.5 思考与练习

(1) 比较一下相同的商品在阿里巴巴、天猫、淘宝上的价格及交易条件。
(2) 以买家的身份体验一下在阿里巴巴上的购物过程。

模块 4.4　了解跨境电商平台的功能

4.4.1　教学目标

【终极目标】了解跨境电商(出口)平台的功能。
【促成目标】了解企业如何利用跨境电商(出口)平台开拓海外销售渠道。

4.4.2　工作任务

【总体任务】了解跨境电商(出口)平台的开店流程。
【具体任务】
(1) 了解跨境电商(出口)平台的市场现状。
(2) 了解跨境电商(出口)平台的使用流程(以敦煌网为例)。

4.4.3　能力训练

第一步：注册敦煌网账号。

(1) 进入注册页面　登录敦煌网卖家页面(http://seller.dhgate.com/)，点击页面左上角的"免费注册"链接或者页面右侧"免费开店"按钮，进入注册页面，如图 4-22 所示。

图 4-22　注册敦煌网账号

(2) 填写注册信息　注册时要填写手机号码和电子邮箱地址，选择主营行业(服装、汽车、母婴用品等)，选择用户类型(公司还是个人)，如图 4-23 所示。

注意事项：卖家账户登录名是卖家在 DHgate 的登录名，也是展示在买家端的卖家名。卖家登录名是固定唯一的，不可修改的，作为卖家在 DHgate 的标识。为了更加顺利地通过注册和验证，请不要使用以下内容作为用户名进行注册：

① 含有各种联系方式，包括邮箱地址、网址、电话号码、QQ 号、MSN 地址等，例如：
　a. 含有@和 com 的或者只含有 com 的，如 aaa@163com、aaa163com。
　b. 含有 www 和 com 的，如 wwwaaacom。
　c. 都是数字的，如 01025452546138 45255544。

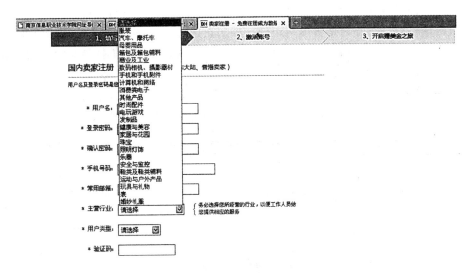

图 4-23　选择用户类型

d. 两个 Q 连在一起后边是数字的，如 QQ21554358。

e. 含有 MSN 和 hotmail 的或者只含有 hotmail 的，如 MSNaaa@hotmail、MSNaaahotmail、aaahotmail。

② 含有品牌名称或者类似品牌名称的，例如 CHANEL、NIKE、ROLEX、LV、GUCCI、AMANI、Dunhill 等。

③ 含有不文明词汇。

④ 请根据您的实际情况选择公司或个人用户；请正确填写您的联系方式，以便我们在出现任何问题时第一时间与您联系。

⑤ 建议您不要一人注册多个用户名，以免影响您将来的使用。

（3）手机验证、邮件激活　注册信息填写完毕并提交后，还需要进行验证，主要是看手机号码和邮箱地址是否正确，是否在正常使用，以确保账号能正常使用，如图 4-24 所示。

图 4-24　账号激活

注意事项:注册敦煌网时选择自己常用的邮箱进行注册。在进行邮件验证时,如果没有收到验证邮件,请检查一下邮箱是否填写正确。如果正确,您可以查看一下邮箱的垃圾箱中是否有验证邮件。有的邮箱会对商业邮件进行自动过滤,如果敦煌网的邮件被系统判为垃圾邮件,需要进行手动设置,将敦煌网设为常用联系人,这样就不会错过重要邮件。

(4) 身份认证　敦煌网规定,只有通过身份认证的账号,才能发布产品和提款。卖家的身份有个人用户和企业用户两种,在注册的时候就要确定,如图 4-25 所示。

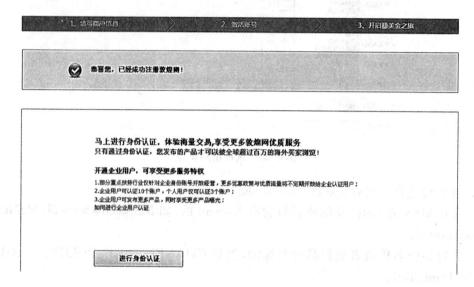

图 4-25　身份认证

只有中国大陆的企业或个人,或香港地区的企业才可在敦煌网注册卖家账户。注册人年龄须在 18 周岁到 70 周岁之间。

对于个人用户,卖家需要在注册阶段填写注册人姓名及身份证号码,注册人姓名需要与身份证姓名一致,须为注册人本人真实信息,该注册人为账户的持有人和完全责任人,如图 4-26 所示。

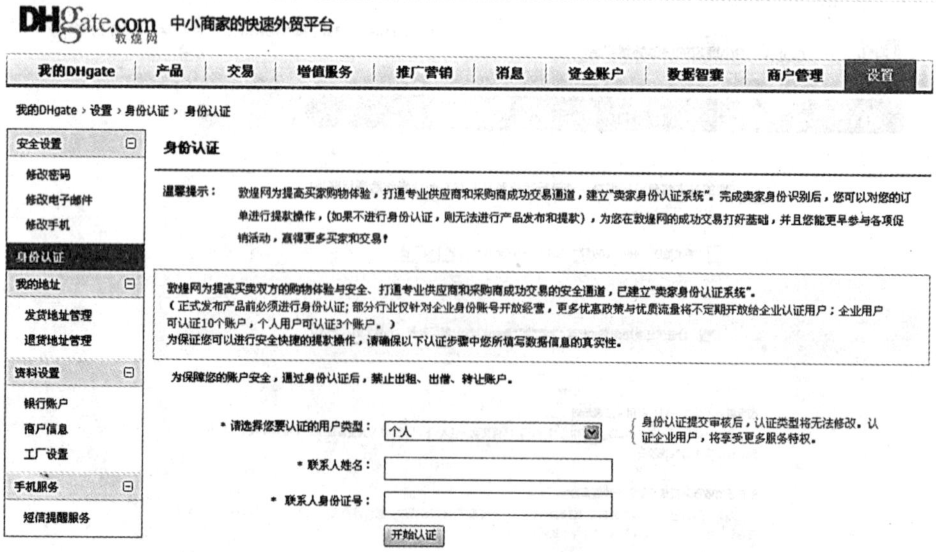

图 4-26　个人身份认证

对于企业用户,卖家除了在注册阶段需要填写注册人姓名及身份证号码外,还需要在认证阶段填写公司名称、公司注册号。注册人姓名须为该公司的法人姓名,或者由该公司授权的全权代表姓名。该公司为账户的持有人和完全责任人。

个人用户可以认证 3 个关联账户,企业用户可以认证 10 个关联账户,企业用户可以享受更多的服务特权。身份认证提交审核后,就不能再修改用户类型了。卖家关联账户是指同一个人或企业在敦煌网重复注册多个卖家账户,这些卖家账户即被视为关联账户。

个人用户身份认证需要提交的认证材料包括:联系人手持身份证正面的照片和手持身份证反面的照片,照片中身份证上的信息要清晰可见,如姓名、地址、身份证号码等,如图 4-27 所示。

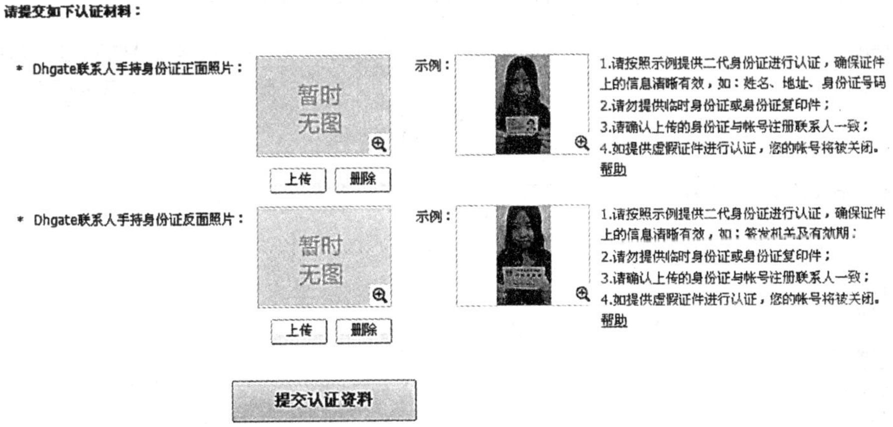

图 4-27 提交认证材料

提交身份认证资料后,还需要一段时间的审核期,在这期间可以上传产品,如图 4-28 所示。但是买家还看不到,只有通过身份认证后,发布的产品才能被买家看到。

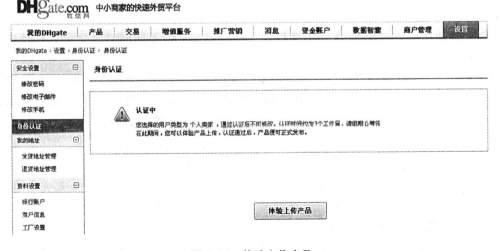

图 4-28 体验上传产品

第二步:上传产品。

产品是由文字和图片组成的,详细的文字描述和清晰的图片更容易吸引买家的眼球。在跨境电商平台上,上传产品必须用英文才可以通过审核。卖家发布产品需要通过平台审核后才能显示给买家。一般产品未通过审核最常见情况有三种：

一是未通过重复产品,最明显的就是上传产品时两件或两件以上的产品标题都一样,这样的产品将会审核不通过。

二是未通过品牌,即销售仿牌或假货。

三是未通过内容,包括乱放目录、抄袭产品、留联系方式、图片与描述不符、用中文描述等,这些都是不能通过审核的。其中留联系方式是最常见未通过审核的原因(图片和详细描述中留有 QQ、网址、MSN、E-mail 以及公司名称、电话等都属于留联系方式,不会通过审核)。

(1) 选择产品分类　上传产品先要确定产品分类,可以手动选择目录,也可以输入关键词搜索目录。如果产品目录选择错误,可能会导致审核不过,如图 4-29 所示。

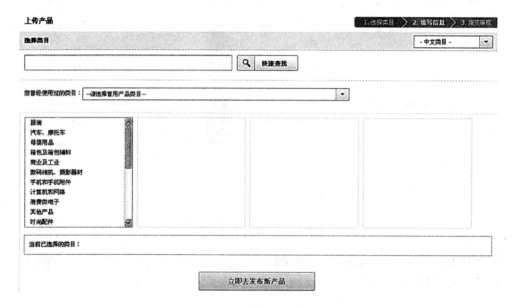

图 4-29　选择产品类目

① 手动选择目录的方法：逐级选择目录,直到最后一级,下面同时会显示您已经选好的目录。

② 关键词搜索目录的方法：在"搜索产品分类"中输入要搜索的单词(中文、英文均可)。当点击"搜索"之后,在结果栏会出现"所有分类"和"搜索结果"。可以在"搜索结果"中选择您的产品分类,也可以重新回到"所有分类",同样下面也会显示您已经选好的目录。

(2) 填写详细的产品信息　产品信息要用英文填写,否则不能通过审核。如果英文水平一般,也不用担心,可以随时打开在线翻译工具(百度、有道、谷歌)。如果还是觉得有难度,还可以进入买家页面,看看其他卖家是如何描述产品的,可以参考和借鉴,但是不能完全照抄。

① 产品基本信息：包括产品标题、产品关键词、产品属性、产品规格,如图 4-30 所示。

a. 产品标题：是匹配关键词搜索、影响产品曝光率的关键,最多可输入 140 个字符,建议填入一些买家在查找物品时会搜索的词语,例如：Brand New Men's long sleeve shirt 100% cotton five colors 10pcs/lot drop shipping(风格＋颜色＋款式＋配饰＋布料＋促销信息＋打包方式＋是否支持代发货等)。

b. 产品关键词：建议选择能体现产品、带定语的核心词进行填写。准确填写产品英文关

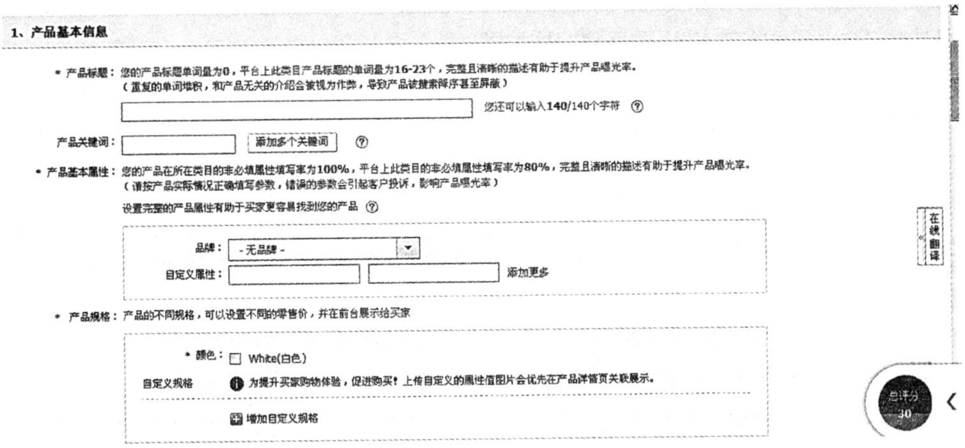

图 4-30 产品基本信息

键字,便于敦煌网在站内相关产品或内容中推广您的产品,并且利于搜索引擎通过该关键词引流到您的产品,从而提高产品曝光率,增加销售。比如某个产品是"New White Strapless Formal Prom Wedding Dress Ball Gown",则关键词可以填写为 Prom Wedding Dress、White Wedding Dress、Formal Prom Wedding Dress、Strapless Ball Gown、White Ball Gown、White Strapless Ball Gown 等,而不是只填写 Wedding Dress 或 Ball Gown。

c. 产品属性:产品属性是影响买家下单决策的最重要因素之一,买家在搜索页可以通过产品属性的筛选,看到您的商品。请认真填写准确和完善的产品属性,从而获得更多曝光机会,如品牌、适用人群、节日属性等。

d. 产品规格:这是对产品名称中不能体现的产品参数信息的补充,具体指产品参数,如颜色等,这些信息对于买家选择产品很重要,请务必填写完整、详细。

② 产品销售信息:包括销售计量单位、销售方式、备货状态、备货数量、备货期、产品价格区间,如图 4-31 所示。

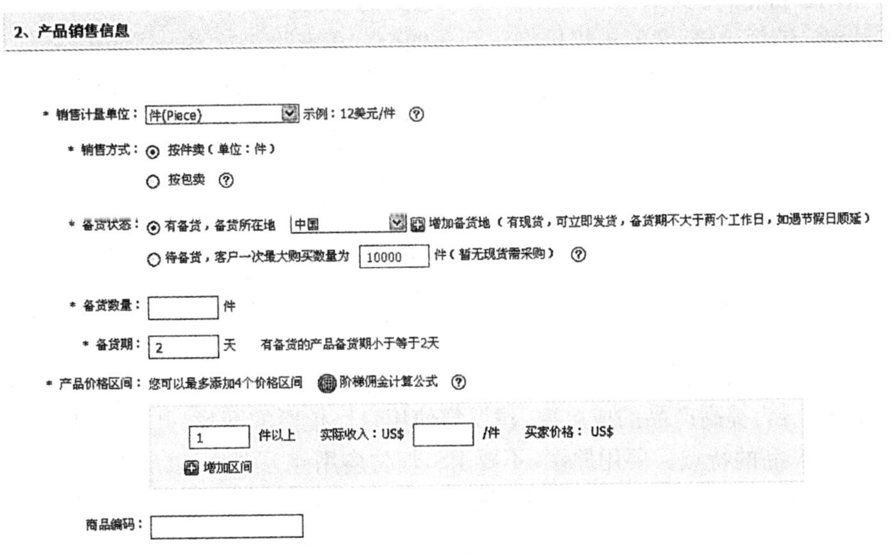

图 4-31 产品销售信息

a. 销售计量单位:销售产品最小的计量单位,也就是单个产品的量词。例如,您销售的是袜子,则选择双(pair);您销售的是手机,则选择件(piece)。

b. 销售方式:根据实际所卖产品的重量、体积、货值来选择打包方式。如手机、平板电脑这种货值比较大,或者家具这种体积和重量都比较大的产品,较适合单件卖;袜子这种重量、体积和货值都较小的产品,较适合打包出售。通常来讲,按件卖是为了降低下单的门槛,为买家提供样品订单的销售方式,比如一件很小的产品单件卖就能让买家很容易购买,能快速地积累新的客户。按包卖体现的是批发的特性,当面对老客户时,打包卖可以增加销量从而维持稳定的利润,但同时打包卖的批发特性要体现出来,批发价格要低!

c. 备货状态:分为有备货和待备货。有备货指产品有现货,可立即发货。如果选择了该状态,需要填写备货的所在地,针对该产品的属性、规格组合分别设置对应的产品数量,并且该产品的备货期被限制在指定的天数内,需在该天数内发货。买家会看到该产品的数量与备货期,有针对性地进行下单。有备货状态的产品具有竞争优势。待备货指的是产品暂时没有现货,需要根据买家的下单进行采购后再进行发货。如果选择了该状态,备货期填写需小于等于60天,不需要设置产品的数量。

d. 备货期:为卖家的发货期限,指的是在一定的时间内必须发货。备货状态为"有备货"的产品的备货期根据类目的不同被控制在一定的时间内,即卖家填写的备货期需小于等于该时间控制;备货状态为"待备货"的产品的备货期无时间控制,卖家可根据自己的实际发货情况进行填写相应的备货期。

e. 产品价格区间:在定价时,在不同数量范围内给予不同程度的价格优惠,购买的数量越多,应该设置越优惠的价格,比如,客户购买1件到10件产品为50美金/件,21件到50件产品批发价是29美金/件。

买家群体以欧美等发达国家为主,他们都是线下的批发商或零售商!因此,卖家在定价的时候,一定要考虑以批发的价格来销售,因为这些产品被买家买回去后,要进行二次销售,如果你提供的价格让买家没有利润空间,产品将很难销售出去。国外的批发商有普遍的特征:小批量,高频次,需求稳定,需求产品线广。

f. 卖家销售价格:是卖家交易成功后,实际收到的货款。

g. DHgate销售价格:卖家销售价格+平台佣金=买家购买时需支付的价格。

h. 佣金:交易佣金是动态的,按照不同的销售额收取不同的交易佣金(由买方支付)。

当订单金额≥US $300 时:平台佣金=订单金额×佣金率(4.5%)。

当订单金额 < US $300 时:平台佣金=订单金额×佣金率(按类目不同为8%或12%)。

如果您是新卖家,建议您将利润控制在5%~20%,打开市场的第一步就是要先积累自己的客户,因此,只有合理地设置你的产品利润空间、合理定价,才能为自己的产品打开新的市场,赢得更多客户,赚取更多利润,更有利于您快速的成长和积累起自己一批固定的海外买家群体。

③ 产品内容描述:包括产品图片、产品分组、产品描述、产品视频等,如图4-32所示。

a. 产品图片:为提高产品的成单率,建议您使用自己拍摄的图片,并为产品拍摄8张细节图,全方位展示产品的特点。要用原图,不要PS,切勿盗用他人图片,以免受到网规处罚。

优质产品图片定义:无任何促销信息(如 hot,%off,New,free shipping);无产品属性的文字(如64 GB,red,);无产品名称(如 for iphone 5c,memory card);无任何人为修改痕迹(如产品大小标尺,PS修改涂抹);无水印,无修饰,边框。

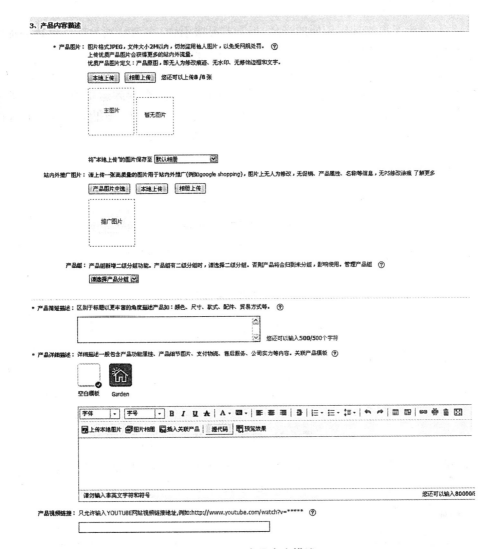

图 4-32 产品内容描述

b. 产品简短描述:产品标题中没有包含的相关产品特性可以补充到产品简短描述中,最多可以填写 500 个字符,可以包括产品的颜色、款式、配件附件、销售模式等,例如:Color:red,yellow,green(产品颜色);Size:M,L,XL / 4,5,6,7(产品尺码);Sales model:mix order(支持混批);Material:100% cotton(产品材质);Quantity:10 items per lot(打包销售)。产品描述切忌重复标题及堆砌关键词。

产品详细描述建议包括如下内容:产品实物图片(包括整体图片、细节图及使用过程图等);产品的特点、优势等;产品的详细使用说明;产品的包装信息、是否有配件等;店铺的信誉情况,获得的好评等;商户的服务承诺,建议您对退货、换货、退款及售后服务进行说明,您的服务范围和质量,将直接影响到您的订单成单量。还可以通过一些个性化的描述展现卖家的专业性,如制作模板、敦煌网相关产品的站内链接,向买家展示更多的相关产品,进行自我促销,引起买家的兴趣。详细描述中有 8 万个字符空间,支持 HTML 语言,不要出现非英文的字符和符号。(温馨提示:详细描述中不能出现敦煌网以外的链接,禁止出现任何形式的联系方式,如邮箱、公司网址、SKYPE 等。)

c. 产品视频:为了更好地展示您的产品,提升产品吸引力,平台特别为工厂供货商提供了产品音频、视频展示功能,但是只允许输入 YOUTUBE 网站视频链接地址。

④ 产品包装信息:包括产品包装后重量和尺寸。要准确填写按照产品销售方式(1 件或者 1 包)进行物流包装后的重量和尺寸。填写过低的重量和尺寸,会导致运费损失;填写了过高的重量和尺寸,买家看到的运费价格过高,会影响对产品的购买下单。您也可以查看具体的快递运费是如何通过包装后的重量和尺寸计算的,如图 4-33 所示。

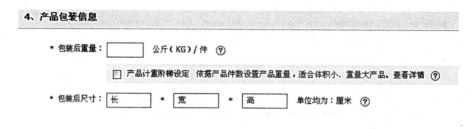

图 4-33　产品包装信息

⑤ 运费设置:可以通过"管理运费模板"进行运费的设置,如图 4-34 所示。

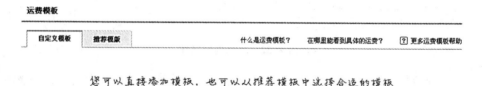

图 4-34　管理运费模板

如果是新卖家,运费模板是空的,需要添加新模板,还可以直接从推荐模板里选择一个,如图 4-35 所示。

图 4-35　添加推荐模板

建议新手直接选择推荐模板里的"新手运费模板",如图 4-36 所示,点击右侧的"复制"按钮就可以了,如图 4-37 所示。

敦煌网支持的快递公司有:EMS、UPS、DHL、FEDEX、TNT、China Post Air、China Post SAL 等。决定运费的因素通常为:货物送达地、货物包装重量、货物体积重量。标准运费是指敦煌网按照各物流服务提供商给出的官方报价计算运费。以 0.5 kg 到美国为例,EMS、UPS、DHL、FEDEX、TNT 的报价较高,大概在 300 元人民币左右,但是时间快;ePacket(国际 E 邮

图 4-36 添加新手运费模板

图 4-37 复制运费模板

宝)、China Post Air Mail(中国邮政航空小包)价格较低,大概在50元人民币左右,但是时间较长。建议新手刚开始可以尝试用后两种方式,适合寄送样品、小件产品(限重2 kg)。

国际E邮宝是一款针对轻小件物品的经济型国际邮递产品,按首重50 g续重1 g计费,目前,该业务只承接发向美国、加拿大、英国、法国、澳大利亚、俄罗斯等国的包裹寄递服务。

中国邮政航空小包(China Post Air Mail)价格和计费方式与国际E邮宝差不多,但是寄送范围要大得多,可以将产品送达全球几乎任何一个国家或地区的客户手中,只要有邮局的地方都可以到达,大大扩展了外贸卖家的市场空间。建议使用其挂号服务,挂号服务费是8元,可提供网上跟踪查询服务。中国邮政航空小包出关不会产生关税或清关费用,但在目的地国家进口时有可能产生进口关税,具体根据每个国家海关税法的规定而各有不同(相对其他商业快递来说,航空小包能最大限度地避免关税)。

各个国际物流企业的运费及时效比较(以0.5 kg到美国为例)如图4-38所示。

敦煌网的运费设置有标准运费、免运费和自定义运费三种,如图4-39所示。运费一般都是由买家支付的,但是需要卖家在发货的时候先与货运公司结算,尽量不要使用货到付款。这三种运费设置中建议对运费设置不熟悉的卖家使用标准运费与免运费。免运费是一种常见的促销手段。顾名思义,免运费产品是不需要支付运费的产品,所以大部分的买家比较喜欢免运

物流方式	物流价格(RMB) 0.5kg到美国为例(含燃油)	运输时效详情	收费方式	操作
DHL DHL线下发货及仓库发货	292.33	2-5天	配送快、不限重、价格较高【同时支持线下发货以及仓库发货】	选择并设置
EMS EMS	240.0	3-16天	海关通关能力强、无燃油费	选择并设置
FEDEX 联邦快递	340.76	2-9天	全球网络齐全，配送快、东南亚优势明显	选择并设置
UPS UPS	311.41	2-6天	配送快、不限重、价格较高	选择并设置
TNT TNT	354.47	2-7天	配送快、不限重、价格较高	选择并设置
ePacket 国际E邮宝	49.82	10-26天	在线发货、价格便宜、限重2KG，支持美国（目前美国时效为12-25天）、英国、加拿大、澳大利亚、法国、俄罗斯等国发货 收运费 10个国家(标)	编辑 取消
China Post Air 中国邮政航空大包	158.52	8-34天	国家覆盖面广、海关通关能力强、配送慢不可跟踪、价格较高 温馨提示：邮政小包到美国,英国,加拿大,澳大利亚,法国和德国停止物流跟踪服务	选择并设置
China Post SAL 中国邮政空运水陆路大包	104.6	8-31天	配送慢不可跟踪、海关通关能力强、**限重30KG** 温馨提示：邮政小包到美国,英国,加拿大,澳大利亚,法国和德国停止物流跟踪服务	选择并设置
China Post Air Mail 中国邮政航空小包	53.26	8-29天	运输时效较慢、限重2KG，有挂号费 温馨提示：到美国、英国、加拿大、澳大利亚、法国、德国停止物流跟踪服务	选择并设置

图 4-38　运费及时效比较

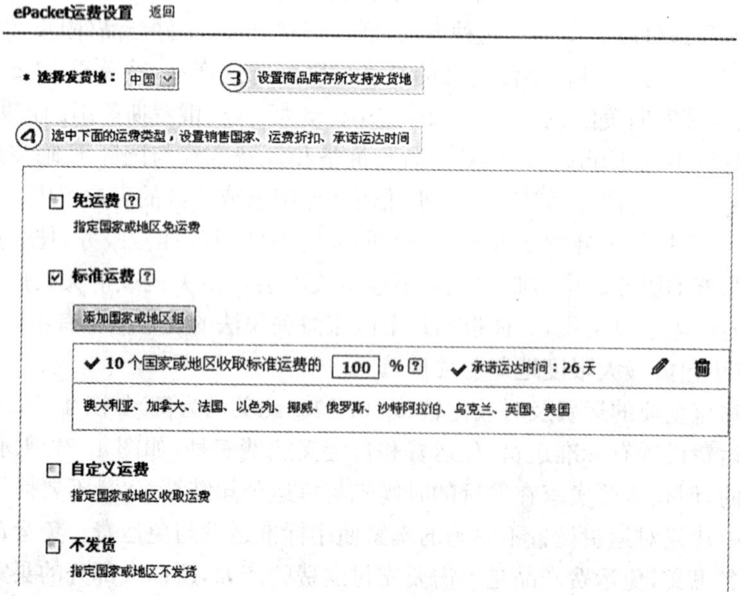

图 4-39　运费设置

费的产品。但是卖家在设置免运费时要慎重设置产品的价格。在设置免运费时,如何选择运输方式也是新卖家觉得比较棘手的,EMS、HK post、China post 运费都只计重量,且 HK post 和 China post 物流成本低,相对于其他运输方式(如 EMS、DHL、UPS、Fedex、TNT 等)来说,有绝对的价格优势,一般都能节省好几倍的运费,所以,产品价值不超过 50 美金,重量在 2 kg 以下的产品,敦煌网建议新手卖家可以用 HK post 和 China post 来设置免运费产品,同样也可以利用免运费来设置一些样品订单。

标准运费是平台按照各物流服务提供商给出的官方报价计算运费。决定运费的因素通常为货物送达地、货物包装重量、货物体积重量。如果卖家为不同的运输方式减免了折扣,平台会将在官方运费的基础上加入折扣因素后计算出的运费值呈现给下单的买家。通常建议卖家在设置标准运费时设置折扣运费。敦煌网默认的标准运费是平台根据各物流服务提供商给出的官方报价计算出来的运费。官方报价是没有折扣的,所以默认的标准运费会比较高。

关于运输折扣,有些新卖家可能没有自己的货运代理公司,可以通过三种方法找到折扣物流:a. 使用敦煌在线物流拿折扣,如图 4-40 所示,DHLink 专线,由敦煌网旗下 DHLink 综合物流平台提供服务,提供全程跟踪,价格低至 DHL 2.2 折,发货地址 www.dhlink.com;b. 去淘宝找自己所在城市的折扣物流,或使用 google 搜索国际物流,也能拿到比较实惠的折扣;c. 敦煌网论坛,物流通关板块,收集了卖家常用且实惠的物流公司,找好折扣。

图 4-40 敦煌在线发货流程

在联系货运代理公司时,货运代理公司会给一定的折扣(折扣的多少视您与货运代理公司的协议而定,也可以使用平台推荐的货运代理公司或按平台推荐的方法找国际折扣物流),可以将折扣信息填写在产品的运费折扣里,买家下单时可直观地看到折扣后的运费。物流服务商(货代)和国际快递公司的关系,简单来说,物流服务商是中介公司,是终端用户(卖家)和快递公司连接的纽带。一般物流服务公司服务流程如图 4-41 所示。

图 4-41 货运代理公司服务流程

⑥ 其他信息:包括产品有效期和售后服务,如图 4-42 所示。

图 4-42 产品其他信息

a. 产品有效期:产品有效期指的是从发布产品信息成功那天开始,到产品信息在平台上停止展示那天为止的时间段,有效期默认为 90 天。注意:产品过了有效期,若没有及时更新,产品会自动下架,为了保障产品的正常销售,建议您及时更新产品有效期。

b. 默认的售后服务:不接受无理由退货,如有质量问题,部分或全额退款不退货。

第三步:确认订单及发货。

在您登录敦煌网后,进入"我的 DHgate",点击"我的订单",即进入订单信息页面。此时可以查询您的产品订单,填写订单执行情况,与买家沟通交流,订单执行完毕后还可以点评该买家。

(1) 查看订单　卖家可以查看订单的信息。几种不同的订单状态是:执行中的订单、未付款的订单、纠纷中的订单、已取消的订单、交易关闭的订单、已完成的订单。可以看到的订单列表信息包括:买家、订单号、下单日期、付款日期、订单金额、当前状态、更新日期、交货截止日、发货日期。点击买家信息可以看到详细的买家信息,点击订单号可以看到详细的订单信息,如图 4-43 所示。

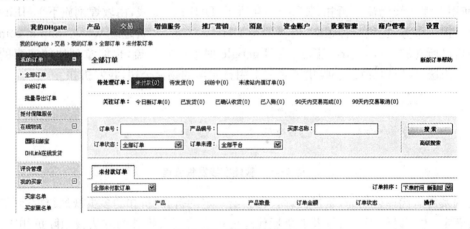

图 4-43　查看订单信息

注意:只有当订单从未付款的订单转到执行中的订单,订单状态为买家已付款,等待卖家确认时,卖家点击"我开始备货"后才可以发货。如果在这之前卖家就将货物发出了,所有的后果都由卖家自行承担。

(2) 确认订单　当您收到订单后,如果确定执行订单,请在货款已经确认收到后 48 小时内做出回应,并点击"开始备货"。超过 48 小时卖家将不能继续执行订单了。那么敦煌网将确认卖家不执行订单,将会执行退款操作,并且通知买家订单取消,此产品也会自动下架。

这里需要关注的是,一定要注意时间,根据自身的情况来及时决定是否要执行订单。如果因为货物不全只能部分发货时,请先确认执行,在之后的备货期里与买家沟通,给自己赢得解决问题的时间。不要轻易取消订单,这样会有损您的信用度。

(3) 订单进入备货阶段　请在备货期到来之前,按时发货。备货期是卖家自己定的,所以要根据自身的实际情况来填写。备货期是从订单列表信息中的"付款日期"之日开始。如果到了发货期卖家还没有发货,敦煌网将会发邮件告之卖家将要执行退款给买家的操作。

(4) 发货　要按正确的地址来邮寄货物,并保存好货运底单。在发送货物之后,请及时到订单里填写货运跟踪单号。例如:您自定的发货期为 3 天,那么请您一定要在 3 天内发货后及时填写货运单号,证明您已经发送了货物。如果在限期内没有填写货运单号,将被视为没有在发货期内发货,系统会退款给国外的买家。当国外客户说没有收到货物时,这个货运跟踪单号

可以提供证明,保障您的利益。使用国际 E 邮宝发货的流程如下:

① 选择您需要使用国际 E 邮宝发货的订单,点击"立即发货",如图 4-44 所示,选择国际 E 邮宝(ePacket),如图 4-45 所示。

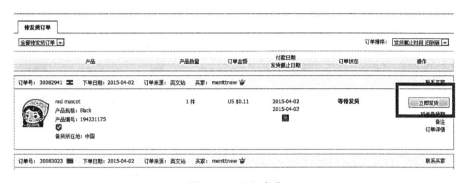

图 4-44 立即发货

图 4-45 选择国际 E 邮宝

② 填写发货信息:填写揽收地址(中文地址):揽收地址是邮政人员上门揽收货物时的地址依据,用中文填写,如图 4-46 所示。

填写发货地址(英文地址):英文地址用于生成货物的运单标签以及出口申报清单,要用英文填写,注意地址的格式,如图 4-47 所示。

图 4-46 填写揽收信息 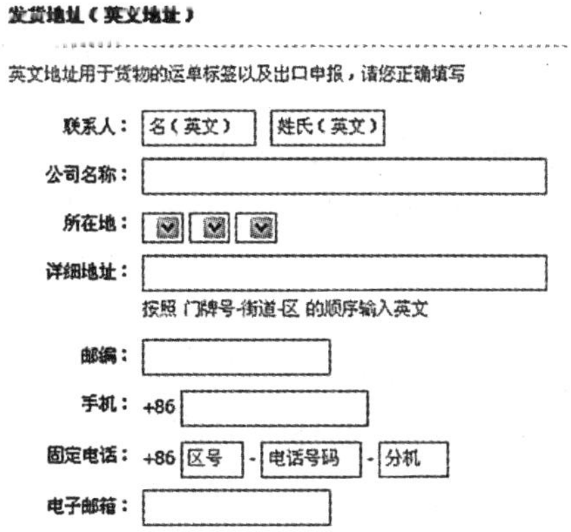　　　　　图 4-47 填写发货地址

发货信息包括交运方式（国际 E 邮宝提供上门揽货和自送邮局两种交运方式）和货物申报信息（英文和中文），填写的货物信息将用于申报清单的生成，如图 4-48 所示。

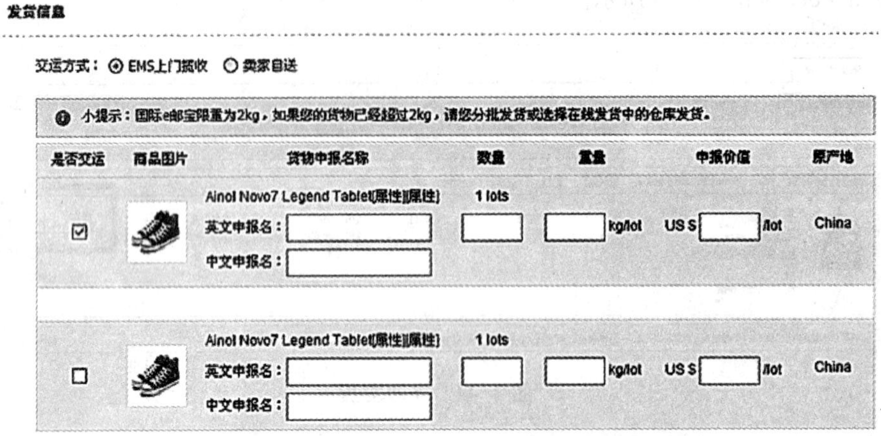

图 4-48　发货信息

注：如果您的货物超出了国际 E 邮宝的限重 2 kg，可以选择在线发货中的"仓库发货"或其他物流方式，同时，您也可以勾选订单中的部分商品，进行拆分发货。如申报名称填写过长会导致无法进行下一步。填写完毕，点击"下一步"，进行申请信息的确认，确认无误后点击"确认提交"。当您成功申请了国际 E 邮宝发货后，系统将自动生成一个物流编号，以便于您的查询。

③ 打印运单标签以及申报清单：成功申请国际 E 邮宝发货后，点击查看及打印运单标签，如图 4-49 所示。将打印好的运单标签（两张）（如图 4-50 所示）粘贴于货物正反两面，建议您用透明胶带粘贴牢固，以避免运输中标签脱落或者条形码磨损，造成货物无法跟踪。运单标签为符合美国邮政内部处理规格，不能缩小。

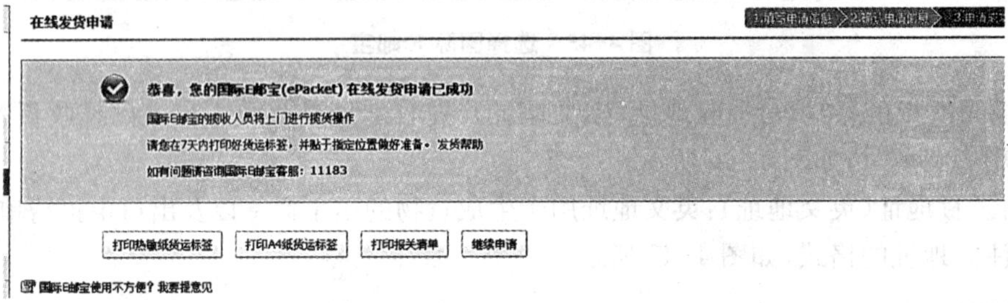

图 4-49　在线发货申请成功页面

④ 交运及付费：根据所选择的交运方式，邮政人员上门揽收货物以及申报清单或者由卖家自行送到邮政指定网点。国际 E 邮宝运费由邮政人员揽收货物时收取，或者卖家自送时付费；邮政大客户可月结。请您在邮政揽收货物后，将国际单号回填至订单，以便于及时更新订单状态至"卖家已发货"。

第四步：确认妥投及放款，交易完成进行评价。

当您通过"货运单号"查到货物已经妥投之后（相关的快递网站如：www.ems.com.cn），可以在"我的 DHgate"—"我的订单"—"待处理订单"—"已发货"里找到此订单，点击"请款"按钮（"请款"按钮是在正确填写货运单号之日起 5 天后出现，请款只能申请两次，且两次请款

图 4-50 运单标签

间隔至少 3 天)。敦煌网会在一个工作日内审核,核实此订单没有任何问题之后,例如国家、时间、邮编和签收人信息一致,平台会发催点信给买家,买家 3 天之内没有提交纠纷,则订单完成。否则,您的请款将被拒绝,订单会被延迟放款,届时您可以在"我的 DHgate"—"我的订单"—"待处理订单"—"已发货"里看到订单自动完成的时间。

如果买家在收到货物之后确认无误,登录后台,点击"complete order"按钮完成交易,敦煌网将放款并邮件通知卖家。那么这个时候整个交易就成功了。卖家可以在此时对该订单进行评价。

如果买家由于某些原因提起纠纷,那么要等到纠纷处理后,视情况放款给卖家。所以如果出现纠纷问题,请卖家积极配合敦煌网妥善处理,以便尽快放款。

整个交易流程看完了,大家赶紧来开启跨境电商之旅吧!

4.4.4 相关知识

1) 跨境电商的市场现状

据调查,全球非常活跃的跨境电子商务主要发生在美国、德国、澳洲、中国以及巴西等国家和地区。2013 年,跨境电商交易额是 1 050 亿美元,预计到 2018 年会有 3 070 亿美元,有 300% 的增速,这些国家里面中国的增速最快。艾媒咨询数据显示:2016 年,中国进出口跨境电商(含零售及 B2B)整体交易规模达 6.3 万亿元人民币。

2013 年兰亭集市在纽约上市,2014 年阿里巴巴整体上市,这些都极大提升了中国跨境电商在海外的热度。跨境电商相对于传统外贸企业和内贸电商而言还是一片蓝海。

目前,中国跨境电商表现为进出口两旺。中国出口电商继续逆市增长,且增速超过两位数以上,从早期粗放式野蛮生长,到现在以垂直品类为突破口,向个性化品牌化的深耕细作之路发展;同时中国继美国之后潜力最大的消费市场,吸引了众多国外电商的关注。事实上,进口电商比出口电商爆发要快,进口电商是出口电商发展速度的三倍。

出口电商在这短短的两年时间里,出口电商发生了显著而又深刻的变化。跨境电商逆市快速增长无疑对任何人都充满了诱惑。再加上 DX 在香港上市,兰亭登录纳斯达克,又为我们提供了成功样本。如今,政府也一改过去放任自流到主动全面推进,跨境电商发展进入了一个崭新时期。而与此同时,早期的网络推广和渠道建设粗放型增长模式已经出现瓶颈,难以为继,中国跨境电商正在探索新的方向和模式。比如,内容营销时代来临,品牌建设依然在探索,跨境 B2C 开始更靠近国外消费者,国外海关政策变动牵动着跨境电商的神经,各国跨境电商政策陆续出台,内贸电商开始涉足跨境电商,等等。

在销售目标市场方面,以美国、英国、德国、澳大利亚、加拿大为代表的成熟市场,由于人均购买力强、跨境网购观念普及、线上消费习惯成熟、物流配套设施完善等优势,在未来仍是跨境电商零售出口产业的主要目标市场,且将持续保持快速增长。

与此同时,不断崛起的新兴市场正成为跨境电商零售出口产业的新动力:俄罗斯、巴西等国家的本土电商企业并不发达,消费需求旺盛,中国制造的产品物美价廉,在这些国家的市场上优势巨大;增长最快的三大目的地市场是阿根廷、以色列、挪威;东南亚市场人口数量较多,且消费偏好与中国较为接近,具有巨大的消费潜力。

2)跨境电商(出口)平台的比较

主流跨境电商(出口)平台的特点比较如图 4-51 所示。

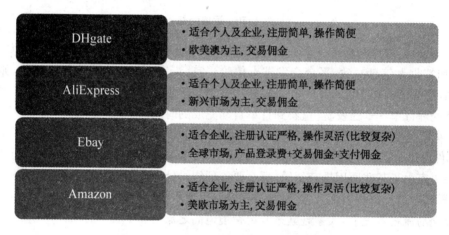

图 4-51　跨境电商(出口)平台特点比较

(1) 速卖通平台(http://seller.aliexpress.com/)　速卖通是阿里巴巴旗下唯一面向全球市场打造的在线交易平台,被广大卖家称为国际版"淘宝"。速卖通于 2010 年 4 月上线,目前已经覆盖 220 多个国家和地区的海外买家,每天海外买家的流量已经超过 5 000 万,最高峰值达到 1 亿,已经成为全球最大的跨境交易平台。

① 速卖通的定位:速卖通的买家主要来自发展中国家、欠发达国家,速卖通在俄罗斯和南美地区有较高的市场份额;速卖通的卖家主要来自于淘宝和 1688,沿袭了淘宝的低价策略。速卖通平台上有无品牌无所谓,只要有价格优势就可以。从 2016 年开始,速卖通从跨境 C2C 全面转型跨境 B2C,越来越重视企业卖家,设立准入门槛,强化品牌意识。

② 速卖通的优势:面向全球 220 个国家和地区;覆盖 40 多个不同的品类;中国最大国际 B2C 交易平台;跟淘宝的运营模式很相似,是最容易上手做的跨境电商平台。

③ 速卖通的收费:速卖通平台最初是不收费的,以赚取交易额佣金为主,佣金是商品成交额的 5%。支付方式主要是阿里巴巴的国际版支付宝。但是从 2016 年起,速卖通开始收取技术服务年费,年费按照经营大类收取,从 3 000 元到 50 000 元不等。入驻不同经营大类需分别缴纳年费。同一经营大类下,年费只缴纳一份。速卖通还制订了年费激励政策,为鼓励卖家提高服务质量和壮大经营规模,只有经营到自然年年底才有机会享受年费激励政策,速卖通根据卖家的年销售额及持续经营期间,将返还部分或全部年费。

速卖通平台各行业划分为八大经营范围,每个经营范围分设不同经营大类,每个速卖通账号只准选取一个经营范围,并可在该经营范围下跨经营大类经营。(注:"共享类"(Special Category)不单独实施招商准入,只要卖家获准加入任一经营大类的,即可获得"共享类"商品发布权限。)

2016年度速卖通各类目技术服务费年费如表4-1所示。

表4-1 2016年度速卖通各类目技术服务费年费一览表

单店经营范围	18个经营大类	类目	类目范围		技术服务费年费(元)	返50%年费对应年销售额(美金)	返100%年费对应年销售额(美金)	类目经营过程考核指标
A	服装配饰&珠宝饰品	Apparel & Accessories			10 000	30 000	60 000	点击下载
		Jewelry						
	手表	Watch			10 000	30 000	60 000	
	鞋包	Luggage & Bags			5 000	24 000	48 000	
		Shoes						
	美容健康	Beauty & Health	其他(删除特殊类目)	其他	5 000	24 000	48 000	
			Sex Products(特殊类目)	情趣	10 000	30 000	60 000	
	假发及周边配件	Hair & Accessories	其他(删除特殊类目)	其他	5 000	18 000	36 000	
			Centified Human Hair(特殊类目)	真人发	50 000	60 000	120 000	
	孕婴童	Mother & Kids			3 000	12 000	24 000	
	玩具	Toys & Hobbies			5 000	12 000	24 000	
B	婚纱	Weddings & Events			10 000	30 000	60 000	点击下载
C	汽摩配	Automobiles & Motorcycles			5 000	36 000	72 000	点击下载
D	电脑办公	Computer & Office	其他(删除特殊类目)	其他	5 000	18 000	36 000	点击下载
			Laptop(特殊类目)	电脑	20 000	18 000	36 000	
			Tablets(特殊类目)	平板	20 000	60 000	120 000	
			Memory Card(特殊类目)	存储卡	10 000	18 000	36 000	
			External Hard Drives(特殊类目)	外置机械移动硬盘	5 000	18 000	36 000	

续表

单店经营范围	18个经营大类	类目	类目范围	技术服务费年费(元)	返50%年费对应年销售额(美金)	返100%年费对应年销售额(美金)	类目经营过程考核指标
D	电脑办公	Computer & Office	USB Flash Drives（特殊类目）	U盘	10 000	18 000	36 000	点击下载
	消费电子	Consumer Electronics	其他（删除特殊类目）	其他	5 000	18 000	36 000	
			Electronic Cigarettes（特殊类目）	电子烟	30 000	60 000	120 000	
			Sports & Action Video Cameras（特殊类目）	运动相机	10 000	12 000	24 000	
	手机&通讯	Phones & Telecommunications	其他（删除特殊类目）	其他	5 000	18 000	36 000	
			Mobile Phones（特殊类目）	手机整机	30 000	45 000	90 000	
			Mobile Phones Accessories & Parts（特殊类目）	手机配件	5 000	18 000	36 000	
	安防	Security & Protection			5 000	18 000	36 000	
E	运动&休闲	Sports & Entertainment	其他（删除特殊类目）	其他	5 000	18 000	36 000	点击下载
			Sneakers（特殊类目）	运动鞋	10 000	24 000	48 000	
			Cycling（特殊类目）	骑行	10 000	24 000	48 000	
			Self Balance Scooter（特殊类目）	平衡车	10 000	18 000	36 000	

续表

单店经营范围	18个经营大类	类目	类目范围		技术服务费年费(元)	返50%年费对应年销售额(美金)	返100%年费对应年销售额(美金)	类目经营过程考核指标
F	家居生活&家装	Furniture	其他（删除特殊类目）	其他	5 000	30 000	60 000	点击下载
		Home & Garden						
		Food						
		Hardware						
		Tools						
		Construction & Real Estate						
		Lights & Lighting	其他（删除特殊类目）	其他				
			Downlight+Spotlight（特殊类目）	筒灯+射灯（含支架、非灯泡类）	10 000	30 000	60 000	
			LED Lighting+Lighting Builds & Tubes（特殊类目）	LED照明和灯泡、灯管	10 000	60 000	120 000	
G	家电	Home Appliances			5 000	30 000	60 000	点击下载
H	其他	Electrical Equipment & Supplies			5 000	12 000	24 000	点击下载
		Electronic Components & Supplies						
		Industry & Business						
		Office & School Supplies						
		Travel and Vacations						

(2) eBay平台(http://www.ebay.com/) eBay集团1995年9月成立于美国加州硅谷，是全球最大的在线交易平台之一。eBay帮助人们在全球几乎任何一个国家进行买卖交易。目前,eBay在全球范围内拥有1.52亿活跃用户以及8亿多件由个人或商家刊登的商品。

① eBay的定位：eBay平台面向全球市场,客户的群体很广。在全球40个国家开设了本地站点,覆盖全球160个国家(其中70%是经济发达地区)的2.76亿在线客户。eBay账户可

以在全球的各个站点使用,但是店铺只能开设在一个站点。eBay 是成熟市场,对品质要求较高,规则是比较偏向买家,eBay 对卖家的要求更严格些,对产品质量要求较高,但同样也拼价格,即产品质量要过得去,价格也要有优势。

② eBay 的优势:eBay 网站的流量非常大;客户群体广,而且很稳定;规则严厉,保障买家权益;品类广泛,不违法的产品都可以发布(不能销售侵权产品或仿品)。

③ eBay 的收费:注册 eBay 是完全免费的,并且 eBay 不设任何月租费或最低消费限额。新手入驻 eBay,最开始每个月只能刊登 5 个商品,而且只能以拍卖形式,不能用一口价形式。eBay 向每笔拍卖收取刊登费(费用 0.25～800 美金不等),如表 4-2 所示,向每笔已成交的拍卖再收取一笔成交费(成交价的 7%～13%不等),如表 4-3 所示。

表 4-2　刊登费用

起拍价或保底价区间	书籍,音像制品	其他产品
$0.01～$0.99	$0.10	$0.15
$1.00～$9.99	$0.25	$0.35
$10.00～$24.99	$0.35	$0.55
$25.00～$49.99	$1.00	$1.00
$50.00～$199.99	$2.00	$2.00
$200.00～$499.99	$3.00	$3.00
$500.00 or more	$4.00	$4.00

表 4-3　成交后提成费用

成交价格	提成比例
没售出	无费用
$0.01～$25.00	收取定价的 8.75%
$25.01～$1 000.00	前 25 美金收 8.75%,25～1 000 美金部分收 3.5%
$1 000.01 以上	前 25 美金收 8.75%,25～1 000 美金部分收 3.5%,1 000 美金以上的部分收 1.5%

eBay 的支付方式为 PayPal,个人或企业通过电子邮件,安全、简单、便捷地实现在线付款和收款。新手最好注册一个高级账户,既可以付款也可以收款。在 PayPal 上开户和付款都是免费的;收款有手续费,根据金额的不同,从(3.9%×金额+0.3)美金到(2.9%×金额+0.3)美金不等。提现有手续费,通过电汇至国内银行账户提现,最低提现额 150 美元,提现手续费为每笔 35 美元。现在 PayPal 多了一个人民币提现功能,手续费是 1.2%,建议 3 000 美金以下的提现可以采用人民币提现。

(3) Amazon 平台(http://www.amazon.com/)　Amazon 是一家财富 500 强公司,总部位于美国华盛顿州的西雅图。它创立于 1995 年,目前已成为全球商品品种最多的网上零售商和全球第三大互联网公司。经过 20 多年的深耕发展,Amazon 已获得北美客户的高度信任。在 2014 年尼尔森公司进行的调查中,亚马逊公司的声誉排名第一。亚马逊中国还开启了"全球开店"项目,希望引入更多丰富的选品,并为第三方卖家提供出口电商服务。在北美市场,亚马逊提供亚马逊物流(FBA)服务,能实现2~3天到货,最快次日送货,使用FBA配送的商品会在网页中显示由亚马逊物流配送"Fulfillment by Amazon"的标志,顾客便知道亚马逊会负责包装、递送、客服和退货等所有环节,亚马逊将为送货过程中发生的负面客户体验负责,卖家不需要担心因该投递过程所带来的差评。

① Amazon的定位:Amazon的买家主要来自于欧美地区,Amazon主流的目标客户群体是高质量的美国和欧洲客户。Amazon的进入门槛是最高的,但也是最能做出利润来的,目前Amazon只接受企业卖家,不接受个人卖家。在Amazon平台上产品品质一定要有保证,而且还必须要有品牌。

② Amazon的优势:重视产品和服务,适合走品牌路线;利润相对可观;监管制度很严,充分保护买家权益。

③ Amazon的收费:Amazon是月租性质,店铺一个月是39.9美元,发布产品是不用交费的,成交后收取佣金6%~25%不等。Amazon可以申请办理WF、P卡来收款。WF账户是指World First账户,需要公司才能申请到;P是指Payoneer账户,一般个人就可以申请到。P账户在大陆不受保护,容易被冻结资金并较难申诉。WF账户捆绑公司银行账户或法人代表的个人账户,安全性高些。

World First是亚马逊全球开店官方推荐的收款工具,美金账户手续费:1 000美金以内是每笔30美金,超过1 000美金免手续费。另外主要还有汇率损失,每次汇率转换汇率损失在1%~2.5%。P卡(Payoneer),目前Amazon第三方收款类唯一官方合作伙伴,提供全球支付解决方案。有卡账户有卡片管理费29.95美金,无卡账户免管理费。美国初始账户入账收1%,银行转款转出时收2%,无汇率损失,无结汇限制。欧洲、英镑账户入账免费,只有使用银行转款到当地时收取2%,无汇率损失。按照累积入账金额系统自动给予手续费永久优惠,最低只需要1%。

(4) 敦煌网平台(http://seller.dhgate.com/) 敦煌网是国内专门从事外贸业务的电商平台,成立于2004年,致力于帮助中国中小企业通过跨境电子商务平台走向全球市场,是全球领先的在线外贸交易平台。敦煌网是国内首个采取佣金制的电商平台,免注册费,只在买卖双方交易成功后收取费用。敦煌网"为成功付费"打破了以往的传统电子商务"会员收费"的经营模式,既降低了企业风险,又节省了企业不必要的开支。

① 敦煌网的定位:敦煌网一直专注跨境电商领域,主要面向发达国家,买家主要是来自欧、美、澳等地区的个人或小型零售商(如eBay上的卖家),敦煌网既做零售(样品订单),也做小额批发。多年的专业与口碑使得敦煌网目前有120多万国内供应商在线、3 000多万种商品、遍布全球224个国家和地区以及1 000万买家在线购买的规模。每小时有10万买家实时在线采购,每3秒产生一张订单!

② 敦煌网的优势:门槛低,个人或企业都可以注册使用;免费,敦煌网注册、验证、开店铺、上产品、交易都不收费;利润高,客户主要来自欧美等发达地区;专业性强,有10多年的跨境电商经验,能有效地防范风险。

③ 敦煌网的收费:对于卖家:敦煌网注册、验证、开店铺、上产品和交易都是不收费的,全免费!对于买家:注册不收费,购买时需要支付敦煌网不同的佣金,这部分佣金会自动计算到卖家产品销售的价格里面,也就是说,买家在前台看到的价格是高于卖家在后台制定的价格。提现手续费:卖家将自己在敦煌网虚拟账户里的钱提现到自己的银行账户,敦煌网不会收取任

何费用。但是银行会收取部分手续费,手续费为第三方收取的兑换费用,为提款金额的1%;当提款金额大于等于5 000美金时,敦煌网将自动为您打款并将为您承担发汇行到中转行的汇款银行手续费约15美金;如不足5 000美金,将由卖家承担全部汇款手续费。

综上所述,跨境电商平台各有各的特点。对于初次接触跨境业务的人来说,建议可以选择国内的跨境电商平台进行创业尝试,国内的平台规则更加符合中国商家的习惯,上手会比较快一些。

4.4.5 思考与练习

(1) 在跨境电商(进口)平台上(如天猫国际、京东海外购)体验一下海淘的流程。
(2) 寻找合适的货源,尝试在敦煌网上发布产品信息。

项目 5　搜索引擎营销

【项目简介】

本项目的工作任务是利用搜索引擎工具来实现对特定产品或服务的营销。项目要求学生了解搜索引擎的搜索机制,了解网民的搜索习惯。通过项目实践,让学生掌握搜索引擎营销的步骤、方法和技巧。

【项目案例】

兰蔻——品牌、销售两不误

如果有消费者在百度搜索上敲下"兰蔻"两字,搜索结果页面最上方不再是普通的文字链接,而是图文并茂的兰蔻网上商城品牌专区,如图5-1所示。作为国内首家试水网上营销业务的化妆品品牌,兰蔻此次与百度的再度联手,意在将搜索引擎上的潜在消费者吸入其B2C网站进行消费。

图 5-1　兰蔻的搜索引擎营销

通过百度品牌专区,兰蔻网上商城链接、促销公告、商品信息等以图文并茂的形式呈现。与传统的搜索显示结果最大的不同是,广告主可以亲手编辑栏目内容,将企业的最新信息前移,主动管理企业在搜索引擎上的品牌形象,促进网络平台和线下活动的良性互动。

欧莱雅副总裁雅珍珍表示:"通过百度的品牌专区,我们的品牌在那些搜索兰蔻的消费者面前有了更好的展示,不但能够提升品牌形象,并且为兰蔻网上商城带来了很多高质量的流量。在使用了品牌专区之后,我们大幅度地提高了品牌关键词的转化率,因此而产生的销售也相应提高了30%。"

搜索引擎优化的思维导图,如图5-2所示。

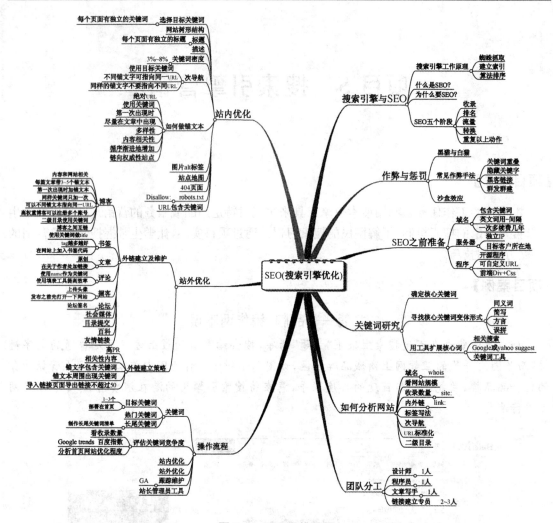

图 5-2 SEO 思维导图

模块 5.1　了解中国搜索引擎市场现状

5.1.1　教学目标

【终极目标】理解搜索引擎营销的实质。
【促成目标】
(1) 了解搜索引擎工具的搜索机制。
(2) 了解搜索引擎的营销价值。

5.1.2　工作任务

【总体任务】解读搜索引擎市场的研究报告。
【具体任务】
(1) 了解中国网民搜索行为特点。

(2) 了解竞价排名和关键词广告。

5.1.3 能力训练

【活动一】了解中国网民搜索行为特点。

活动目的：了解中国网民使用搜索引擎的场景。

活动程序：

第一步：登录网站，查询报告。

登录中国互联网络信息中心的网站 http://www.cnnic.cn，查阅互联网发展研究报告之搜索报告，了解中国网民的搜索行为，如图 5-3 所示。

图 5-3 搜索报告

第二步：下载 2015 年的中国网民搜索行为调查报告，并进行解读，如图 5-4 所示。

图 5-4 下载报告

随着互联网对日常生活的渗透程度日益加深以及互联网应用的极大丰富和数据信息量的爆炸式增长，搜索已经成为网民正常获取互联网信息必不可少的途径。信息搜索行为发生在互联网生活的方方面面，加之移动互联网的发展，实现了随时随地任意搜。以手机为代表的移动设备已经超过 PC 设备，成为网民接入互联网的最主要选择，各大搜索引擎企业竞相争夺移动搜索市场,大力推广移动搜索应用,手机搜索用户增长超过总体增速,目前手机搜索的渗透率已经达到 77%,成为移动互联网第二大应用。

截至 2015 年 12 月,我国搜索引擎用户规模达 5.66 亿,使用率为 82.3%;手机搜索用户数达 4.78 亿,使用率为 77.1%。

截至 2015 年 12 月,94.6%的搜索用户通过综合搜索网站搜索信息,其次是购物、团购网站的站内搜索和视频搜索,渗透率分别为 86.3%和 84.4%。其他种类搜索引擎的使用涉及地图、新闻、分类信息、微博、导航等各类互联网应用,渗透率远超 50%;此外还涉及 APP 搜索和旅行网站搜索,渗透率也超过 45%,如图 5-5 所示。搜索行为贯穿于用户互联网使用的方方面面,"无上网,不搜索"的大搜索局面已经形成。

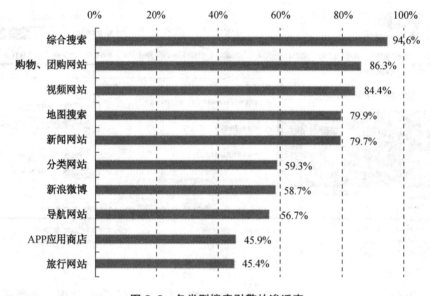

图 5-5　各类型搜索引擎的渗透率

① 综合搜索网站:传统意义上的综合搜索引擎网站,是根据输入关键词提供任何类型、任何主题搜索信息的服务网站,如百度搜索、搜狗搜索、谷歌搜索等。

② 垂直搜索网站:即垂直搜索引擎网站,针对某一特定领域、某一特定人群或某一特定需求提供的搜索信息的服务网站,如去哪儿、一淘网、搜库等。

③ 购物搜索:在电脑或手机终端上搜索与购物相关的任何信息,既包括网上购物时对商品的搜索,也包括线下购买时对信息的搜索。

截至 2015 年 12 月,在搜索引擎用户中,百度搜索的渗透率为 93.1%,其次是 360 搜索/好搜搜索和搜狗搜索(含腾讯搜搜),渗透率分别为 37.0%和 35.8%,如图 5-6 所示。搜索引擎市场集中度有逐年提高的趋势。

截至 2015 年 12 月,74.9%的 PC 搜索用户在工作、学习场景下使用搜索,其次是下载娱乐资源时,比例为 70.4%。在出差旅行、有生活服务需求、本地交通出行、有休闲娱乐和餐饮需求等与地理位置相关的应用场景下,手机端搜索的使用率显著高于 PC 端,如图 5-7 所示。在这种网民生活全面移动化的背景下,搜索引擎正在从信息工具转变为综合服务平台,根据本次调查结果,已有相当部分的搜索用户将移动搜索作为休闲娱乐、生活服务的入口,比例分别为 62.2%和 59.7%。

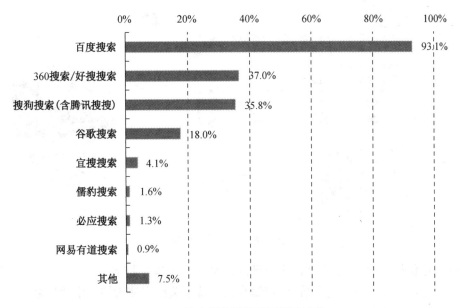

图 5-6 综合搜索引擎的品牌渗透率

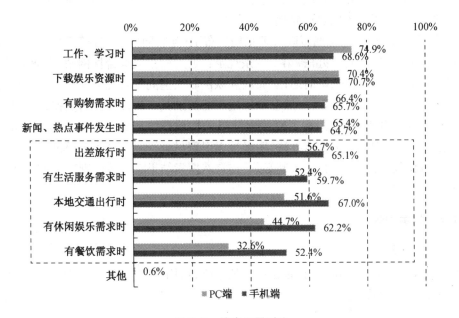

图 5-7 搜索场景对比

【活动二】了解竞价排名和关键词广告。

活动目的：能识别搜索结果中的广告信息。

活动程序：

进入百度首页，在搜索框中输入关键词，如"手机"，在搜索结果中排名最前面的是商业推广区，是企业参与竞价排名进行付费推广的效果，在页面右侧区域是广告区，企业通过购买关键字广告可以在此进行展示，如图 5-8 所示。

竞价排名，顾名思义就是网站付费后才能被搜索引擎收录并靠前排名，付费越高者可能排

图 5-8　付费推广页面

名越靠前。竞价排名服务,是由客户为自己的网页购买关键字排名,按点击计费的一种服务。客户可以通过调整每次点击付费价格,控制自己在特定关键字搜索结果中的排名;并可以通过设定不同的关键词捕捉到不同类型的目标访问者。

购买关键词广告,即在搜索结果页面显示广告内容,实现高级定位投放,用户可以根据需要更换关键词,相当于在不同页面轮换投放广告。

2015 年 7 月 1 日,国家工商行政管理总局发布了《互联网广告监督管理暂行办法(征求意见稿)》(以下简称《办法》)。《办法》第十六条规定:"通过门户或综合性网站、专业网站、电子商务网站、搜索引擎、电子邮箱、即时通讯工具、互联网私人空间等各类互联网媒介资源发布的广告,应当具有显著的可识别性,使一般互联网用户能辨别其广告性质。付费搜索结果应当与自然搜索结果有显著区别,不使消费者对搜索结果的性质产生误解",对互联网广告的"可识别性"问题做出了明确规定。可见,《办法》明确搜索引擎付费搜索结果属于通过"搜索引擎"这一互联网媒介资源发布的广告,且要求其必须"与自然搜索结果有显著区别",以使互联网用户能够辨别其广告性质。

5.1.4　相关知识

1) 什么是搜索引擎

搜索引擎(Search Engine)是指根据一定的策略、运用特定的计算机程序从互联网上搜集信息,在对信息进行组织和处理后,为用户提供检索服务,将用户检索相关的信息展示给用户的系统。

2) 搜索引擎的工作原理

(1) 爬行　搜索引擎是通过一种特定规律的软件跟踪网页的链接,从一个链接爬到另外一个链接,像蜘蛛在蜘蛛网上爬行一样,所以被称为"蜘蛛",也被称为"机器人"。搜索引擎蜘蛛的爬行是被输入了一定的规则的,它需要遵从一些命令或文件的内容。

(2) 抓取存储　搜索引擎是通过蜘蛛跟踪链接爬行到网页,并将爬行的数据存入原始页面数据库。其中的页面数据与用户浏览器得到的 HTML 是完全一样的。搜索引擎蜘蛛在抓取页面时,也做一定的重复内容检测,一旦遇到权重很低的网站上有大量抄袭、采集或者复制的内容,很可能就不再爬行。

(3) 预处理　搜索引擎将蜘蛛抓取回来的页面，进行各种步骤的预处理，包括提取文字、中文分词、去停止词、消除噪音（比如版权声明文字、导航条、广告等）、正向索引、倒排索引、链接关系计算、特殊文件处理。

除了 HTML 文件外，搜索引擎通常还能抓取和索引以文字为基础的多种文件类型，如 PDF、Word、WPS、XLS、PPT、TXT 文件等。

(4) 排名　用户在搜索框输入关键词后，排名程序调用索引库数据，计算排名显示给用户，排名过程与用户直接互动。但是，由于搜索引擎的数据量庞大，虽然能达到每日都有小的更新，但是一般情况下搜索引擎的排名规则都是根据日、周、月阶段性不同幅度地更新。百度大约在 10 天左右重新访问网站一次，Google 大约在 15 天左右重新访问网站一次。

一个网站的命脉就是流量，而网站的流量可以分为两类。一类是自然流量；另一类就是通过搜索引擎而来的流量。如果搜索引擎能够有效抓取网站内容，那么对于网站的好处是不言而喻的。所以，SEO 也应运而生了。推广网站时，能到更多的网站上提交相应的网站信息，是加快蜘蛛收录网站内容的重要环节。

搜索引擎的主流商务模式（百度的竞价排名、Google 的 Ad Words）都是在搜索结果页面放置广告，通过用户的点击向广告主收费。这种模式有两个特点：一是点击付费（Pay Per Click），用户不点击则广告主不用付费；二是竞价排序，根据广告主的付费多少排列结果。

3) 什么是搜索引擎营销

搜索引擎营销（Search Engine Marketing，SEM），就是根据用户使用搜索引擎的方式，利用用户检索信息的机会尽可能将营销信息传递给目标用户。简单来说，搜索引擎营销就是基于搜索引擎平台的网络营销，利用人们对搜索引擎的依赖和使用习惯，在人们检索信息的时候将信息传递给目标用户。

搜索引擎营销的基本思想是让用户发现信息，并通过（搜索引擎）搜索点击进入网站/网页进一步了解他所需要的信息。企业通过搜索引擎付费推广，让用户主动地找到企业，并点击企业的广告，最终和企业产生联系或下单。

SEM 的价值包括：带来更多的点击与关注；带来更多的商业机会；树立行业品牌；增加网站广度；提升品牌知名度；增加网站曝光度；根据关键词，通过创意和描述提供相关介绍。

4) 搜索引擎对网民的影响

(1) 搜索引擎成为互联网的重要应用之一　从 20 世纪 90 年代末开始，互联网上的网站与网页数量飞速增长，网民的兴趣点也从屈指可数的几家综合门户类网站分散到特色各异的中小网站去了。人们想在互联网上找到五花八门的信息，但由于人工分类编辑网站目录的方法受到时效和收录量的限制，无法再满足人们对网上内容的检索需求，于是搜索引擎在 2000 年后开始大行其道。使用蜘蛛程序在互联网上自动抓取海量网页信息，索引并存储到庞大的数据库中，并通过特殊算法将相关性最好的结果瞬间呈现给搜索者。搜索引擎的便捷使其成为互联网最受欢迎的应用之一，以至于有相当多的人将浏览器的默认首页设为搜索引擎，甚至形成了将网站名称输入到搜索框中而非浏览器地址栏这样独特的网络导航习惯。

(2) 搜索成为人们思考行为的一部分　随着网上社区（SNS）、博客（Blog）、维基百科（Wikipedia）等如火如荼的发展，网民从单纯的信息获取者演变成信息发布者，人们通过网络分享自己的知识、体验、情感或见闻，使互联网上的内容越来越丰富多彩。例如，按照统计，目前中国网民在百度知道平台上的问题解决率高达 97.9%，这些问题涉及科技、社会、文化、商业等各个方面,尤其是人们的衣食住行等日常生活问题,几乎都能从平台获得满意的答案。人们发现,通过搜索引擎可以找到想要的任何信息,从新闻热点到柴米油盐,从育儿百科到MBA课程。信息的便捷获取潜移默化地改变了人们的思考行为,搜索结果页上汇集了整个互联网的智慧,谁不想在冥思苦想前"搜索一下"呢?

(3) 搜索成为人们消费行为的重要环节　随着对搜索引擎的依赖加深,当人们有消费需求或看到感兴趣的商品时,"搜索一下"已经是已形成的"条件反射"。以前,消费者依靠"货比三家"来对抗"买的没有卖的精"这种与商家之间的信息不对称。现在,通过搜索引擎收集到的产品功能与使用情况弥补了消费者与推广商家间在知情权上的鸿沟,成为消费决策的重要依据。价格低的线上销售渠道也成为搜索热点,以至于现在出现了消费者为省钱而先到实体专卖店挑选合适型号大小的货品再到网店付款下单的有趣现象。随着年轻一代消费能力的提高,从前仅限于图书音像和电子产品的网上购物正在向工作生活的各个层面迅速渗透,服装食品等日用消费品也逐渐成为网购的宠儿,在这些过程中,其实都运用了搜索引擎营销。

4) 搜索引擎营销的目标

(1) 收录　第一层是搜索引擎的存在层,其目标是在主要的搜索引擎/分类目录中获得被收录的机会。这是搜索引擎营销的基础,离开这个层次,搜索引擎营销的其他目标也就不可能实现。搜索引擎登录包括免费登录、付费登录、搜索引擎关键词广告等形式。存在层的含义就是让网站中尽可能多的网页获得被搜索引擎收录(而不仅仅是网站首页),也就是增加网页的搜索引擎可见性。

(2) 排名　第二层的目标则是在被搜索引擎收录的基础上尽可能获得好的排名,即在搜索结果中有良好的表现,因而可称为表现层。因为用户关心的只是搜索结果中靠前的少量内容,如果利用主要的关键词检索时网站在搜索结果中的排名靠后,那么还有必要利用关键词广告、竞价广告等形式作为补充手段来实现这一目标。同样,如果在分类目录中的位置不理想,则需要同时考虑在分类目录中利用付费等方式获得排名靠前。

(3) 点击　搜索引擎营销的第三个目标则直接表现为网站访问量指标方面,也就是通过搜索结果点击率的增加来达到提高网站访问量的目的。由于只有受到用户关注,经过用户选择后的信息才可能被点击,因此可称为关注层。从搜索引擎的实际情况来看,仅仅做到被搜索引擎收录并且在搜索结果中排名靠前是不够的,这样并不一定能增加用户的点击率,更不能保证将访问者转化为顾客。要通过搜索引擎营销实现访问量增加的目标,则需要从整体上进行网站优化设计,并充分利用关键词广告等有价值的搜索引擎营销专业服务。

(4) 转化　搜索引擎推广的第四个目标,即通过访问量的增加转化为企业最终实现收益的提高,可称为转化层。转化层是前面三个目标层次的进一步提升,是各种搜索引擎方法所实现效果的集中体现,但并不是搜索引擎营销的直接效果。从各种搜索引擎策略到产生收益,期间的中间效果表现为网站访问量的增加,网站的收益是由访问量转化所形成的,从访问量转化为收益则是由网站的功能、服务、产品等多种因素共同作用而决定的。因此,第四个目标在搜索引擎营销中属于战略层次的目标。其他三个层次的目标则属于策略范畴,具有可操作性和可控制性的特征,实现这些基本目标是搜索引擎营销的主要任务。

搜索引擎推广追求最高的性价比,以最小的投入获得最大的来自搜索引擎的访问量,并产生商业价值。用户在检索信息所使用的关键字反映出用户对该问题(产品)的关注,这种关注是搜索引擎之所以被应用于网络营销的根本原因。

5.1.5 思考与练习

(1) 请分析你自己使用搜索引擎的场景,你如何对待搜索结果中的广告信息。
(2) 你是否听说过魏则西事件?你如何看待搜索引擎的竞价推广机制?

模块 5.2 关键词的管理

5.2.1 教学目标

【终极目标】学会利用搜索引擎来开发目标市场。
【促成目标】
(1) 选准网站关键词。
(2) 提升网站流量。

5.2.2 工作任务

【总体任务】确定网站的关键词。
【具体任务】
(1) 确定核心关键词。
(2) 关键词拓展。

5.2.3 能力训练

【活动一】确定核心关键词。

核心关键词就是能核心地体现出网站所要表达的主题的关键词,网站的主要内容围绕这些关键词展开,并且带来主要流量,一般是 2~4 个字构成的一个词或词组,名词居多,选取 1~3 个作为网站的核心关键词。核心关键词要放到网站首页,要分布在网站首页的各个位置,最重要的位置就是标题(title)中!

用户通过搜索关键词来寻找网站,往往对网站的产品和服务有需求,或者对网站的内容感兴趣。关键词对网站的重要性不言而喻,它是确立网站内容扩展的方向。选取关键词的三大原则如下:

(1) 相关性 核心关键词与整个网站的主题内容是息息相关的,通常也就是网站首页的目标关键词。所以,核心关键词与网站内容必须做到紧密关联,要告诉搜索引擎这个网站主要讲的是哪方面的内容。建议可以尝试问问自己:"我的网站究竟能告诉用户什么样的信息?又能为用户解决什么样的问题?"

(2) 用户搜索习惯 在选择关键词的时候,不妨多列出几个可以作为网站核心关键词的关键词。当圈定了关键词的范围,列出多个关键词以后,你可以再问自己一句:"如果我是用户,当碰到这一类的问题时,会如何搜索?"当然,如果你多问问你的朋友,可能会得到更接近"真实用户"的答案。举个例子,比如"分析关键词"和"关键词分析",大部分用户在搜索时习惯选用哪一种?

(3) 竞争程度 很多时候,竞争程度左右了关键词最终的选择。大家都知道,关键词要有搜索量才会有价值。而这些关键词往往是相对较热的词,冷门的关键词虽然容易获得排名,但是没有人去搜索也是白费努力。

关键词竞争程度的判断往往通过以下几个方面：

① 搜索次数：可以通过谷歌关键词工具和百度指数观察到较为详细的数据。数值越高,竞争程度可能也就相对的高一些。

② 竞价推广数量：可以在某个关键词显示的搜索结果中查看竞价排名的数量,以判断该关键词的竞争程度。

③ 竞价价格：通过谷歌的流量估算工具可以查看关键词大致的竞价费用。虽然不准确,但是也值得参考。价格高的也许不一定竞争激烈,不过价格低的竞争一定不会太激烈。

④ 竞争对手的数量：竞争对手的数量是衡量关键词竞争程度的重要标准。通过 in title 指令返回 title 中包含某个关键词的页面的数量,因为这些网站会在 title 中出现这个关键词,一般来说是有优化的意图的。

【活动二】关键词拓展。

拓展关键词是相对核心关键词而言的,除了核心关键词外的关键词都叫拓展关键词,虽然不是网站的核心主题,但是也与这个主题关系密切。通过核心关键词而拓展出来的相关关键词,通常不放在首页。

关键词搜索是网络搜索索引主要方法之一,拓展关键词对于百度搜索推广意义重大,拓展关键词有以下几种方法：

（1）根据关键词分类进行拓展　针对品牌词、产品词、通用词、人群词、竞品词5类关键词,可根据别称、简称、俗语、别字、缩写、功能、属性等进行扩展。

（2）百度知道型拓展　哪里有、哪里买、哪里可以、怎样、怎么样、怎么、哪里好、最好的等前后缀进行拓展。通过百度知道了解用户的搜索行为,掌握搜索用户需要寻找的问题和答案,有助于站内优化时对内容的把握,对长尾关键词的准确定位,写出人们有所需求的文章。

（3）搜索词报告拓展　搜索词报告是百度搜索推广系统提供的一款推广管理工具,可以查看网民通过哪些搜索词访问了客户的哪个推广结果。在搜索词报告结果中,可以将转化效果较好的搜索词添加为关键词,以定位更多的潜在客户。

（4）搜索引擎下拉框联想词　百度下拉框中当键入某个词组时,下拉列表中存在不少提示。这些提示都是与之相关的长尾关键词,都是百度根据用户行为而设定。这些长尾关键词往往会给网站带来不少流量。从百度下拉框中也能简单看出用户的搜索行为,百度下拉框中列出的10个提示,都是根据某个时段估算出来用户的搜索次数决定上下排名。

（5）搜索引擎底部相关搜索词　无论是在百度搜索引擎还是在 Google 搜索引擎,最下面都有相关搜索这样一栏,是为了让用户更方便地搜索,也就是注重用户体验。相关搜索充分体现了百度注重用户体验,SEO 人员就可以利用相关搜索栏目解决相关问题,大到能决定关键词,小到能够确定文章标题。一般来说,搜索建议和相关搜索中的扩展词在 Google 关键词工具中都会出现,但搜索建议和相关搜索使用最简单、最快速开拓思维的办法。

（6）百度指数查询　根据百度指数查询(index.baidu.com)可以进行大量拓展,百度指数基于百度海量数据,一方面进行关键词搜索热度分析；另一方面深度挖掘舆情信息、市场需求、用户特征等多方面的数据特征。百度指数反映网民的主动搜索需求,所有影响网民搜索行为的活动都可能影响百度指数。

（7）关键词推荐工具　关键词推荐工具提供两种选词方法：① 根据指定关键词推荐相关

关键词,当输入某一指定关键词后,系统将自动推荐相关的关键词,并提供这些关键词在选定地域的日均搜索量、竞争激烈程度等信息;②根据网站内容提炼关键词,选择"按网页内容推荐",输入公司网址,系统将自动扫描网站页面,列出一系列热点关键词供选择,另外还可以输入竞争对手或业务相关网站,获取更多关键词推荐列表。

(8)关键词挖掘工具　市面上存在不少线上和线下长尾词挖掘工具。长尾关键词工具往往得到 SEO 人员的青睐,利用它能够更加有效地掌握更多的长尾关键词。

(9)网站流量统计工具　网站流量统计对于一个网站来说已经成为了不可或缺的一部分。SEO 人员往往通过网站流量统计工具了解网站状况。网站流量统计工具不仅仅是用来统计数据,更能够显示用户平时的搜索行为,显示用户的来源,更细化的便是能够显示用户通过什么搜索引擎什么关键词到达网站。

5.2.4　相关知识

1)挖掘关键词

在搜索引擎中检索信息都是通过输入关键词来实现的。关键词不是仅限于单个的词,还应包括词组和短语。关键词的确非常关键,它是整个网站登录过程中最基本也是最重要的一步,是我们进行网页优化的基础。关键词的确定要考虑诸多因素,比如关键词必须与你的网站内容有关、词语间如何组合排列、是否符合搜索工具的要求、尽量避免采用热门关键词,等等。所以说选择正确的关键词绝对是需要下一番工夫的。

那么如何才能找到最适合你的关键词呢?首先,要仔细揣摩你的潜在客户的心理,绞尽脑汁设想他们在查询与你有关的信息时最可能使用的关键词,并一一将这些词记录下来。不必担心列出的关键词会太多,相反你找到的关键词越多,用户覆盖面也越大,也就越有可能从中选出最佳的关键词。

(1)相关关键词　对一家企业来说,挑选的关键词当然必须与自己的产品或服务有关。

(2)具体关键词　在挑选关键词时还有一点要注意,就是避免使用含义宽泛的一般性词语作为主打关键词,而是要根据你的业务或产品的种类,尽可能选取具体的词。

(3)较长关键词　与查询信息时尽量使用单词原形态相反,在提交网站时最好使用单词的较长形态,如可以用"games"的时候,尽量不要选择"game",因为在搜索引擎支持单词多形态或断词查询的情况下,选用"games"可以保证你的网页在以"games"和"game"搜索时,都能获得被检索的机会。

(4)寻找关键词　作为网站拥有者,你当然是最了解自己企业情况的人,所以你总是能找到最能反映自身业务特点的关键词。但单靠自己的努力有时难免会有些遗漏,这时你不妨到搜索引擎上找到竞争对手的网站,看看他们使用的是哪些关键词,因为竞争对手的网站其内容肯定和你的网站大致相同,竞争对手的关键词都可以拿过来借鉴,看是否符合你的网站的定位,同时除了竞争对手外,还要学习你的这个行业做得很好的网站的关键词。

此外,借助一些关键词自动分析软件(如百度指数、站长之家的关键字挖掘)可以迅速地从你或你竞争对手的网页中提取适合的关键词,使你的工作效率成倍地提高,可以借助这些软件找到许多以前不曾考虑到的关键词,从而大幅扩充关键词列表。

2)拓展关键词

(1)地域拓展法　比如"SEO"关键词,拓展长尾关键词时,可以加上地域名称,如"上海 SEO""北京 SEO"等,这样拓展出来的长尾关键词会很精准,竞争度也低,利于排名靠前。

(2) 季节拓展法　如关键词"鼻炎",可以拓展为"夏季鼻炎注意事项""春季鼻炎注意事项"等。

(3) 职业拓展法　关键词"如何预防咽炎",可以拓展为"歌手如何预防咽炎""教师如何预防咽炎"等。

(4) 性别拓展法　例如关键词"去痘方法",可以拓展为"男士去痘方法""女性去痘方法""男孩去痘方法"等。

(5) 用户思维习惯法　以问答的形式来创造长尾关键词,是真正站在用户的角度来创建长尾关键词的方法,以用户思维习惯确定长尾关键词精准度肯定是非常的高的,例如,关键词是"SEO 优化",可以拓展为"什么是 SEO 优化""SEO 优化是什么""SEO 优化有哪些方式"。常见的问答形式词语有:哪里有、哪里买、哪里可以、怎样、如何、怎么、多少钱、哪里好、最好的、哪里便宜等。

(6) 关键词询问拓展法　例如关键词"SEO 研究中心",可以拓展为"报名 SEO 研究中心培训班什么样"。

(7) 对比关键词法　你是 A 企业,你竞争对手是 B 企业,就可以组合"A 和 B 到底哪个好"作为关键词。

(8) 网民搜索意图　例如关键词"减肥",可以拓展为"我要减肥,减肥用什么药"。

(9) 修饰词拓展法　例如关键词"饰品",可以拓展为"精美饰品""新款饰品""时尚饰品""女士饰品""韩国饰品""夜店饰品"等。

(10) 利用产品特性、产品特点进行拓展　例如关键词"按键",利用产品特性、产品工艺特点拓展长尾词有"丝印按键""硅胶按键""塑胶按键""橡胶按键""雷雕按键";以"汽车"为关键词,"敞篷汽车"是根据该产品特点拓展的长尾关键词。

(11) 应用领域和地域　举例:以"除湿机"为目标的关键词,"工业用途除湿机"是根据应用领域拓展的。

(12) 品牌名称、通用型号　举例:以"手机"为目标关键词,"华为 P9 手机"是根据产品品牌名称和型号拓展的。

(13) 商业模式　举例:以"童装"为目标关键词,"童装批发市场""童装代理商""童装品牌加盟"都是通过商业模式拓展的。

(14) 服务方式　举例:以"SEO"为目标关键词,"SEO 培训""SEO 外包"是通过服务方式拓展的。

(15) 企业性质　举例:以"英语培训"为目标关键词,"英语培训中心""英语培训学校"都是通过企业性质拓展的。

(16) 销售模式　举例:以"保健品"为关键词,"保健品批发""保健品团购""保健品网购"就是销售模式拓展。

(17) 网络热点关键词　网络推广应该密切关注热点事件的动态资讯,可以通过观察搜索排行榜、天涯等知名社区的推荐文章了解热点。热点关键词,最好选择与本行业有关的热点,或者以自己的网站主题作为切入角度,从而提高流量。

3) 关键词设置的原则

(1) 页面内容相关性　关键词的设置必须跟所要设置的页面有相关性。另外,就是和整个站点的页面相关,相关性越大,作用越大。

(2) 主优化关键词　设置主优化关键词必须考虑的因素有:页面相关性,行业相关性,优化难易度,关键词价值。关键词,其实不管是长尾还是主优化关键词,都应该尽量考虑这些因素,当然,网页数、产品关键词、指数等,这是选择关键词要参考的数据。

(3) 相关联栏目关键词　百度所有的算法中,链接在里面起着重要的作用。相关联栏目关键词设置,简单理解,就是有链接关系的栏目。相关联栏目的关键词设置,对SEO优化效果的取得也是有着明显的促进作用的,因此在设置关键词的时候,必须考虑其相关栏目的关键词设置。

(4) 长尾关键词优化　长尾关键词的优化设置,是内页和栏目页需要考虑的因素。那么,长尾关键词的设置,要考虑的关键性因素是竞争小、可能搜索度大。

(5) 关键词本身的多变灵活性　关键词本身的多变灵活性,是因为网站关键词本身就是没有规定的,可能一样的站点,不同的人来设置,关键词就不一样,是由每个人或者企业考虑的因素不同,SEO人员要优化的重心不同及其行业知识技能的差异性所导致。

(6) 用户搜索习惯　在用户至上的年代,必须考虑用户的搜索习惯,这一点是毋庸置疑的。另外,关键词的布局,也要考虑不要引起用户的反感。用户搜索习惯可以通过数据整理看出。强调一下,当SEO人员在考虑用户搜索习惯的时候,最好是能脱离职业习惯,把自己完全定义为用户的角色,才能探求真相。

(7) 关键词的百度指数　选取的关键词要考虑到关键词指数,是用冷门的关键词还是热门的关键词。小型站点不要选择那些非常热门的很具竞争力的词汇,因其很难优化进首页或前三页,首页关键词要选择冷门型的关键词,且没有百度指数的。

(8) 站在客户角度选择关键词　关键词标签处定位好精准关键词并不是很容易的事情,对于SEO人员来说,关键词相当于大脑,所有的SEO工作都是围绕关键词来执行的,在选择关键词的时候,站在用户的角度选择关键词,觉得某些关键词用户肯定会去搜索,一般来说都会比较精准。千万不要站在企业、公司的角度选择一些很专业的,但是用户却不用的关键词,因为用户的思考方式和商家不一定一样。

(9) 研究分析同行网站　把自己选择的关键词在主要的搜索引擎里搜索一下,选择排名靠前的同行网站,分析这些网站元标签用了哪些关键词,看看哪些是符合自己网站的定位又没有想到的关键词。

(10) 选择有效率的关键词　所谓有效率的关键词就是用户搜索次数比较多的词,百度指数比较乐观的词汇,同时很符合你的网站的定位的词汇,而且竞争网页比较少,竞争对手也少的词汇,但是一般也比较少有这么好的词汇。有的关键词很可能竞争的网页非常多,要花很多钱、很多精力才能排前面,但实际搜索这个词的人并不是很多,使得投入产出比很低。出现这种情况,企业应该重新做详细的调查,重新选择关键词。

(11) 根据关键词工具,生成一些扩展关键词　例如站长工具里面有可以查询关键词指数的,查询的时候站长工具会相应的产生很多扩展的关键词,这些拓展关键词都是有百度指数的,不会是冷门的关键词。

(12) 根据搜索引擎提供的相关搜索,了解可供选择的关键词　比如,在百度里输入关键词,百度的搜索引擎就会有很多项目链接,整个页面的最下面会有一些相关关键词搜索,而且那些都是用户搜索比较多的相关性词汇。

(13) 高转化率的词汇第一考虑　所谓选择精准关键词就是选择高转化率的词汇。有了高转化率的词汇是SEO最重要的因素。可以先把你网站相关的高转化率词汇全部用Word文档统计下来,然后再根据上面要求筛选,按这样的步骤来保证你选择的关键词精准度。选择高转化率的关键词才能给我们的网站带来效益,低转化率的关键词只会浪费我们的流量。

5.2.5 思考与练习

(1) 请为你的学校官网确定 3 个核心关键词,并查阅学校官网在不同搜索引擎中的排名。
(2) 尽可能多地为学校官网进行关键词拓展,并选出 10 个有价值的拓展关键词。

模块 5.3　了解搜索引擎优化的方法

5.3.1　教学目标

【终极目标】能通过搜索引擎优化来提高网站的流量。
【促成目标】
(1) 能提高网站在搜索引擎中的排名。
(2) 能提高网站的点击率。

5.3.2　工作任务

【总体任务】合理布局关键词。
【具体任务】
(1) 站内优化。
(2) 站外优化。

5.3.3　能力训练

【活动一】站内优化。

(1) 网站标题和描述优化　现在百度非常重视网站标题和描述,好的标题和描述可以极大地促进关键词的排名。一般标题和描述都要包含关键词,但关键词一定不要堆积,随着百度算法的调整,关键词堆积被处罚的危险越来越大。

每个网页的标题和描述都应该不一样,如果全站一个标题,搜索引擎会认为网站存在大量重复信息,对网站排名非常不利。标题应该能准确表达文章的主要意思,好的标题直接影响用户体验,可以大大提高点击率。

(2) 网站 URL 优化　网站 URL 就是每个网页的网址。一篇文章必须只有一个网址,不良的 URL 往往增加搜索引擎抓取信息的负担,有的直接把搜索引擎拒之门外。冗长的、参数过多的网址不利于搜索引擎的抓取。URL 一般遵循如下原则:全站唯一原则,简单简洁原则。

(3) 网站导航优化　一个网站有很多页面,网站导航就是用来给用户和搜索引擎引路的,如果导航做得不好,有的页面,搜索引擎找不到,用户也找不到。好的网站导航,便于搜索引擎的抓取,网站导航还具有权重传递功能,首页权重传递给内页,内页链接首页,再把权重传递给首页。网站导航还直接影响用户体验,清晰的导航大大增强用户的好感。

网站导航一般遵循以下原则:网站导航要清晰,要面向用户体验,可以让用户快速找到自己想要的内容;严格按照栏目划分内容;利用面包屑导航,面包屑导航的作用是告诉访问者他们目前在网站中的位置以及如何返回;导航尽量采用文字,不要采用图片;导航划分要适当,不要过细。

（4）内容优化　无论搜索引擎如何变化，内容优化始终是非常重要的。搜索引擎的作用就是把最优秀的内容展现给客户。搜索引擎无论如何变化，面向用户体验始终不可变，用户的喜欢推动了搜索引擎的发展。

高质量的内容也可以增强用户体验，如果网站内容空空，对用户体验也是非常不好的。可以更新公司的新产品、行业动态、企业的研究成果、企业的创新知识、企业的活动等内容来扩展丰富企业网站内容。

（5）站内锚文字链接　锚文字链接是指在网页上含有超链接，能指向其他页面或其他内容的文字链接。锚文字实际上是建立了文本关键词与 URL 链接的关系。锚链接遵循如下规则：锚链接可以概括被链接的页面信息；锚链接应该是关键词或长尾关键词；锚链接应该突出显示。锚链接直接影响关键词的排名，对于搜索引擎来说，锚文字的作用之一就是引导作用。合理地分布站内锚文字，会使搜索引擎蜘蛛更快速地爬行网站目录，这与面包屑导航有异曲同工之妙，这也是对搜索引擎友好的一种表现。

① 结合 SEO 关键词给资讯页增加锚文字超链接。
② 每个页面锚文字控制在 1~3 个。
③ 链接的页面要与关键词相关性高。
④ 不要一直用同一个关键词链接一个 URL，尽量多用不同的锚文字，让链接看起来更自然。
⑤ 重点页面链接要特殊对待（如首页、专题页等）。

（6）图片的优化　由于搜索引擎不认识图片，因此要添加 ALT 标签。ALT 标签实际上是网站上图片的文字提示。ALT 标签内容应该与图片内容有关，正确说明图片内容，从而给予用户良好的体验。ALT 标签在 HTML 语言中的写法是这样的：<img src="图片路径" alt="图片描述"/>。图片描述最好是用简短的语句，描述这张图片的内容，如果是链接，则描述链接的作用，并带上关键词。在 ALT 标签中加入关键词是提升关键词排名的很好方法。

【活动二】站外优化。

站外优化是指网站的外部优化，包括网站的外部链接和网站的品牌推广。外部优化中链接的建立也并不是越多越好，其精髓主要体现在链接的质量和相关性上。站外优化的方法：

（1）友情链接　给网站寻找友情链接，友情链接可以为网站带来外链，还可以适当增加网站的权重，最好是同行的。对于友情链接的交换，快照不超过一个星期，收录和外链最低也要过百，最好有 PR，还要网站关键词排名靠前。

（2）论坛　一般的论坛外链分为：论坛签名，论坛发帖，论坛回帖。论坛回帖要有质量，真心回复别人的问题，适当加入自己的网站链接。

（3）问答平台　一问一答比较麻烦，做起来很繁琐，但是对于提高网站的权重，增加网站外链还是有很大帮助的。推荐百度知道、搜搜问答这两个平台，这两个平台的信息都是很多人去寻找的，也是比较及时的信息，人数相对其他的问答平台多，质量比较高。

（4）资源站　资源站就是可以发布信息的网站。在文章里面加入自己的网站链接，可以自己建立网站，也可以是在其他的网站发布文章。要写有质量、原创的文章，审核通过了，就是一个不错的外链，还有可能其他的网站直接来转载的，也会带来一定数量的外链。

（5）分类目录　一些较大的分类目录网站的权重通常都比较高。分类目录可以给网站带来权重和品牌推广两个优势。比如百度比较重视 hao123、tm312，谷歌重视 ODP，而雅虎更加重视的就是自己的雅虎分类目录。分类目录是将网站信息系统地分类整理，提供一个按类别编排的网站目录,在每类中,排列着属于这一类别的网站站名、网址链接、内容提要以及子分类目录,可以在分类目录中逐级浏览寻找相关的网站。

(6) 微博平台　有的微博也会被百度收录,排名也很高,如果有认证,既可以给网站带来流量,又可以做品牌推广。

(7) 博客平台　建立几大免费门户博客平台的博客,每天发布5篇以上的文章,不同博客最好要做到内容的相关和不同,并且做好锚文本。偶尔可以转载一下自己独立博客上的原创文章,注明出处。访问其他人的博客并进行留言或评论。

(8) 网络收藏夹　提交自己的网站到主流搜索引擎以及权重的博客搜索引擎,用网络收藏夹收藏网页可以方便进入目标页面。当网站的某个页面被网友收藏多了,搜索引擎就会关注这个页面,然后给予较高的权重,并且网络收藏夹基本不用担心被撤掉,因为是用户提交的。网站人员可以多注册些账号,多收藏,那么网站自然就收藏多了。这样的外链是单向链接,不需要给对方做链接,省去了网站许多麻烦,还可以免费推广自己网站,并且获取外链,提高网站权重,获得流量。

5.3.4　相关知识

1) 什么是 SEO

SEO 是英文 Search Engine Optimization 的缩写,中文意译为"搜索引擎优化"。SEO 是指通过站内优化,如网站结构调整、网站内容建设、网站代码优化等,及站外优化,如网站站外推广、网站品牌建设等,使网站满足搜索引擎收录排名需求,在搜索引擎中提高关键词排名,从而把精准用户带到网站,获得免费流量,产生直接销售或品牌推广。

(1) 站内优化

① META 标签优化　例如:title,keywords,description 等的优化。

② 内部链接的优化　包括相关性链接(Tag 标签)、锚文本链接、各导航链接及图片链接。

③ 网站内容更新　每天保持站内的更新(主要是文章的更新等)。

未经搜索引擎优化的网站特征:

① 网页中大量采用图片或者 Flash 等富媒体(Rich Media)形式,没有可以检索的文本信息,而 SEO 最基本的就是文章 SEO 和图片 SEO。

② 网页没有标题,或者标题中没有包含有效的关键词。

③ 网页正文中有效关键词比较少或者堆砌关键词。

④ 网站导航系统让搜索引擎"看不懂"。

⑤ 大量动态网页影响搜索引擎检索。

⑥ 没有其他被搜索引擎已经收录的网站提供的链接。

⑦ 网站中充斥大量欺骗搜索引擎的垃圾信息,如"桥页(也叫门页,过渡页)"、颜色与背景色相同的文字。

⑧ 网站中缺少原创的内容,完全硬搬照抄别人的内容等。

(2) 站外优化

① 外部链接类别:博客、论坛、B2B、新闻、分类信息、贴吧、问答、百科、社区、空间、微信、微博等相关信息网等,尽量保持链接的多样性。

② 外链组建:每天添加一定数量的外部链接,使关键词排名稳步提升。

③ 友链互换:与一些和你网站相关性比较高、整体质量比较好的网站交换友情链接,巩固

稳定关键词排名。

（3）导入链接（Inbound Link） 是指其他网站的网址链接到你的网站。搜索引擎认为，如果你的网站富有价值，其他网站会提及你；对你提及越多，说明价值越大。增加导入链接的方法：

① 向目录网站（如 DMOZ-开放目录）提交你的网址。

② 与相关、相似内容的网站交换友情链接。

③ 书写"宣传软文"，并发表在合适的站点上，软文上带着站点的链接。

④ 站点上的文章写明版权声明。

⑤ 高质量的文章，将获得转载和导入链接。

⑥ 在人气旺的论坛上发表文章和留言，并带着签名指向你的站点。

⑦ 在博客上留言，名称指向你的站点。

⑧ 参与百度知道、百度贴吧、Google 论坛等，留下站点链接。

2) SEO 步骤

（1）关键词分析（也叫关键词定位） 这是进行 SEO 最重要的一环。关键词分析包括关键词关注量分析、竞争对手分析、关键词与网站相关性分析、关键词布置、关键词排名预测。页面关键词布局及密度设置方法如下：

① 检查各个页面 title\keyword\description 是否完整，关键词有没有布局（顺序按首页—频道页—专题页—列表页—详细页）。

② 页面关键词只涉及当前页面的内容，不涉及整个网站、所在频道等内容，例如：保湿关键词只与保湿有关，而不会涉及小家电、手机等其他的类别。

③ 产品类的标题也可以作为一个比较具体的关键词，例如：产品标题：小护士清泽保湿水感晶透凝露 50 ml。

④ 站在受众的角度考虑，结合用户的一些搜索习惯，填写适当的关键词（可参照百度的相关搜索）。例如：保湿：保湿效果好的护肤品。

⑤ 不同的关键词一定要用英文下的逗号（,）隔开。例如：保湿：保湿面膜,保湿化妆品。

⑥ 关键词以 3~5 个为宜。

⑦ 检查各个页面的关键词在页面中所在的密度大小（建议在 5%），可以通过产品评论来控制。

（2）网站架构分析 网站结构符合搜索引擎的爬虫喜好则有利于 SEO。网站架构分析包括：剔除网站架构不良设计，实现树状目录结构、网站导航与链接优化。

（3）网站目录和页面优化 SEO 不止是让网站首页在搜索引擎有好的排名，更重要的是让网站的每个页面都带来流量。

（4）内容发布和链接布置 搜索引擎喜欢有规律的网站内容更新，所以合理安排网站内容发布日程是 SEO 的重要技巧之一。链接布置则把整个网站有机地串联起来，让搜索引擎明白每个网页的重要性和关键词，实施的参考是第一点的关键词布置。

① 检查网站内容的写作规范

a. 文章的首段一定要出现页面关键词，并且可以把首段出现的部分页面关键词加粗。

b. 文章的末段也要出现页面关键词，尽可能地将页面关键词安排在文章的结尾部分。

c. 页面关键词在文章的正文中要有一定的比例分布（一般情况下是 2%~8%），在不影响阅读的前提下，一些代词都可以用页面关键词来代替。

d. 页面关键词在一篇文章中表达要统一,如一篇关于"康佳 A6 手机"的文章,全文中都用统一的"康佳 A6 手机",而不要再使用"KonKa A6"或者"康佳 A6"的字样。

② 检查图片规范

a. 所有产品、资讯引用图片在上传的时候都应该加上 ALT 属性,并且 ALT 属性必须符合图片本身的内容,同时也要尽可能的包含页面关键词。如:<img src="…" alt="即时修护特润眼部精华霜(最新升级版)全能明星眼霜" width="90" height="72" /></img>

b. 每幅图片下都应该配有适当的文字说明,并且文字说明中要包含页面关键词。

c. 对于资讯类的文章来说,尽量不要放过多图片(3 张以内),如果能放网站的产品图片最好。

d. 如果产品图片需要做超链接,加上 title 标题说明。如:<a href=".." title="即时修护特润眼部精华霜(最新升级版)全能明星眼霜" target="_blank"><img src="…" alt="即时修护特润眼部精华霜(最新升级版)全能明星眼霜" width="90" height="72" /></a>

对 ALT 属性比较好的写法是描述了图片内容,又不忘嵌套进关键词,例如:

<img src="logo.jpg" alt="她秀网购物商城 logo"/>

尽量避免关键词堆砌,否则后患无穷,例如:

<img src="logo.jpg" alt="深圳手机,深圳手机商城,滑盖手机,手机"/>

(5) 与搜索引擎对话　　向各大搜索引擎登录入口提交尚未收录站点。在搜索引擎看 SEO 的效果,通过 site:站长们的域名,知道站点的收录和更新情况。通过 domain:站长们的域名或者 link:站长们的域名,知道站点的反向链接情况。更好地实现与搜索引擎对话,建议采用 Google 网站管理员工具。

(6) 建立网站地图(Site Map)　　根据自己的网站结构,制作网站地图,让站长们的网站对搜索引擎更加友好化。让搜索引擎通过 Site Map 就可以访问整个站点上的所有网页和栏目。最好有两套 Site Map,一套方便客户快速查找站点信息(html 格式);另一套方便搜索引擎得知网站的更新频率、更新时间、页面权重(xml 格式)。所建立的 Site Map 要和站长们网站的实际情况相符合。

(7) 高质量的友情链接　　建立高质量的友情链接,对于 SEO 来说,可以提高网站 PR 值以及网站的更新率,都是非常关键性的问题。

(8) 网站流量分析　　网站流量分析从 SEO 结果上指导下一步的 SEO 策略,同时对网站的用户体验优化也有指导意义。分析工具会显示人们如何找到和浏览您的网站以及您能如何改善访问者的体验。流量分析工具,建议采用 Google Analytics 和百度统计分析工具。

3) 关键词排名明显改观的 SEO 技巧

(1) 关键词位置、密度、处理　　①URL 中出现关键词(英文)。②网页标题中出现关键词(1~3 个)。③关键词标签中出现关键词(1~3 个)。④描述标签中出现关键词(主关键词重复 2 次)。⑤内容中自然出现关键词,内容第一段和最后一段出现关键词。⑥关键词密度 6%~8%,对关键词加粗或斜体。⑦H1,H2 标签中出现关键词。⑧导出链接锚文本中包含关键词。⑨图片的文件名包含关键词,ALT 属性中出现关键词。⑩做适量的出站锚文本并且包含关键词。

(2) 内容质量、更新频率、相关性　　①原创的内容最佳,切忌被多次转载的内容。②内容独立性,与其他页面至少 30%互异。③1 000~2 000 字,合理分段。④有规律更新,最好是每天。⑤内容围绕页面关键词展开,与整站主题相关。⑥具有评论功能,评论中出现关键词。

（3）导入链接和锚文本　①高 PR 值站点的导入链接。②内容相关页面的导入链接。③导入链接锚文本中包含页面关键词。④锚文本存在于网页内容中。⑤锚文本周围出现相关关键词。⑥导入链接存在 3 个月以上。⑦导入链接所在页面的导出链接少于 100 个。⑧导入链接来自不同 IP 地址。⑨导入链接自然增加。⑩锚文本多样化。

5.3.5　思考与练习

（1）写一篇文章介绍自己的学校，文章第一段含有核心关键词，并设置超链接。

（2）浏览所在学校的官方网站，给出网站优化建议。

（3）与同学进行讨论，如何增加学校官网的导入链接。

项目 6 QQ 营销

【项目简介】

本项目的工作任务是利用 QQ 这种 IM(即时通信)工具来实现对特定产品或服务的营销。项目要求学生开通并设置工作 QQ 账号,寻找潜在客户,发布信息,实施 QQ 营销。通过项目实践,让学生掌握 QQ 营销的步骤、方法和技巧。

【项目案例】

奥利奥:放飞童真一起玩

奥利奥希望与妈妈族群深度沟通以提升好感。基于妈妈们乐于用 Qzone 日志记录孩子成长的网络行为,公司开创性地打造了奥利奥童真日志,自然达成用户与品牌的对话。200 天内,用户写下了 5 300 万篇童真日志,拉动销售额过百万。

(1)营销策略 为了让奥利奥根植于妈妈们的日常生活,公司从腾讯累积数亿的用户数据中,针对妈妈人群的行为轨迹、兴趣标签进行洞察发现:用 Qzone 日志来记录和分享孩子的童真时刻,是妈妈们最爱做的功课,而一个有趣的日志产品能吸引更多人加入。

基于这一洞察,公司在 Qzone 日志中植入奥利奥品牌内容,借助于她们主动的网络日常行为,品牌实现在目标群体中的快速渗透和好感提升。

(2)执行过程 针对奥利奥的童真理念开发出有良好用户体验的定制产品"Qzone 童真时刻魔方日志",让妈妈们可以轻松记录宝贝的童言吃语和异想巧思,更可以通过"点名"功能直接和密友分享这些平凡生活中的童真乐趣,形成广泛的人际传播。

(3)实施方案

① 精准覆盖 通过精准的媒介平台组合触及妈妈人群。

② 名人效应 由姚明亲自示范撰写奥利奥魔方日志,激发参与热情,并形成话题效应。

③ Social 体验 妈妈完成魔方日志后,可以通过即时的点名分享,影响周围的妈妈用户群,形成社会化传播。

④ 销售转化 将积分兑换等促销信息植入互动环节,直接拉动销量提升。

(4)执行效果

① 互动传播 200 天活动期间,实现 12 亿次品牌曝光,4 300 万 Qzone 用户选择奥利奥模板写下 5 300 万篇"魔方日志",平均每个参与活动的 Qzone 用户完成 1.5 篇奥利奥"魔方日志",活动参与转化率高达 83%。其中,"魔方日志"好友点名分享超过 1 900 万,每 3 篇日志就有一篇被分享给了好友(图 6-1)。

② 用户精准 写下日志的用户中 54% 是女性,其中 1/2 的用户为妈妈受众。

③ 销售促进 兑换促销直接拉动销售额过百万。

QQ 营销的思维导图,如图 6-2 所示。

图 6-1 奥利奥的童真日志活动

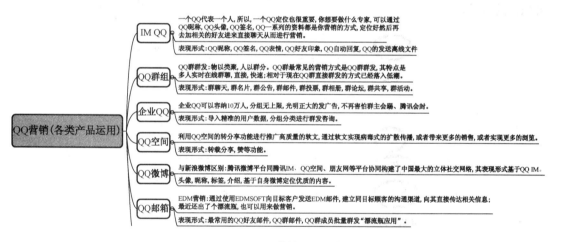

图 6-2 QQ 营销思维导图

模块 6.1 设置账号资料

6.1.1 教学目标

【终极目标】理解 IM 营销的实质。

【促成目标】

(1) 了解 IM 的特点。

(2) 了解 IM 的营销价值。

6.1.2 工作任务

【总体任务】利用工作 QQ 账号建立个人网络名片。

【具体任务】

(1) 申请 QQ 号并设置个人资料。

(2) 设置 QQ 空间资料。

6.1.3 能力训练

【活动一】申请工作 QQ 号并设置个人资料。

活动程序:

第一步:注册工作专用 QQ 账号。

打开 QQ 客户端,进入登录界面,新注册一个专门用于工作交流的 QQ 账号,如图 6-3 所示。

进入注册页面,填写相关信息,包括昵称、所在地等,完成注册,并开通 QQ 空间,如图 6-4 所示。QQ 昵称要简单易读,方便网友记住你,最好不要使用不可识读的符号。

图 6-3　QQ 登录界面

图 6-4　QQ 注册页面

第二步:修改个人资料。

注册完毕后,系统会自动分配一个 QQ 号码给你使用,重新进入登录界面,填写 QQ 账号和密码,进入个人的 QQ 客户端,双击 QQ 头像(或者右击 QQ 头像,选择"修改个人资料"),会弹出个人资料的页面,选择"编辑资料",就可以进行相关内容的设置,如图 6-5、图 6-6 所示。

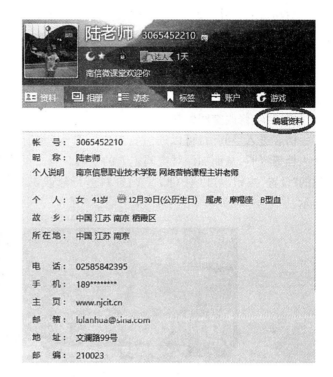

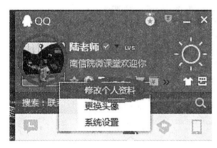

图 6-5　QQ 客户端　　　　　　　　　图 6-6　编辑个人资料

活动提示：当一个陌生人跟我们聊天时，一般来说我们首先想知道他是谁、他是干什么的。QQ 账号就是我们的网络名片，因此我们要把自己的资料完善，给人留下好的第一印象。

① 昵称　当开始工作的时候，最好是能有一个专门的工作 QQ 号，这样名字就完全修改为某某公司张三、某某公司李四，既可以亲近关系，又避免了客户没有改备注而忘记你。

② 头像　可以用自己的真实头像，也可以将其设为自己公司的 Logo，让人明白你的行业。

③ QQ 签名　可以添加网站的链接、公司的简单介绍，等等，要保持每天更新，这样才会在空间以及动态里体现出来，增加自己的曝光率。

④ 年龄地区　地区当然是自己的公司所在地，关于年龄设置，有同学可能会觉得年龄太小让人觉得太不成熟，刻意把自己的年龄写的大一点，这是一种欺骗行为，不提倡，如果不想透露自己的年龄写个 100,0，用玩笑的方式避免这种问题。

⑤ 电话　QQ 不会随时在线，要让对你感兴趣的人能够及时找到你，自然要留下自己的联系电话，如果是在业务拓展时期最好留下手机号，不流失每一个可能的客户。

⑥ 邮箱　最好是留下自己公司的邮箱，也可留下平时常用的邮箱。

⑦ 职业　职业就填写你所在的行业，可以写得宽泛一点，一个大的行业。

⑧ 毕业院校　填写真实的信息，也许有一天你的客户恰好是你的校友。

⑨ 个人主页　最好是填写自己公司的网站，其次是留下自己的博客地址，前提是你的博客是为了你的业务服务的。

⑩ 个人说明　属于个人简介，如何在有限的字符间说出自己的心声，让别人信服你，需要仔细斟酌。

【活动二】设置 QQ 空间资料。

活动目的:利用QQ空间的信息来加深读者印象。

活动程序:

第一步:进入QQ空间。

打开QQ客户端,点击头像右侧的"Qzone",进入QQ空间,如图6-7所示。

第二步:修改空间资料。

访客进入空间后,可以通过查看空间日志、相册、说说、个人档等资料,从而加深对空间主人的了解。点击页面右上角的"设置"按钮,可以对QQ空间资料进行修改,如图6-8所示。

图6-7 QQ空间按钮

图6-8 查看空间资料

点击"设置"按钮,选择"修改资料",进入空间资料的编辑页面,选择页面左下方的"个人资料",修改"基本资料"和"空间资料",如图6-9、图6-10所示。

图6-9 设置空间的个人资料

活动提示:当一个陌生人跟我们聊天的时候,除了通过QQ账号来了解他,我们还会进入他的QQ空间去了解,加深印象。

① 空间名称 可与企业名称相同。

② 空间说明 可以留下企业的主营项目及自己的联系方式。

③ 签名档 签名档是营销的重要手段,当你到其他人的空间留言,对别人发表的文章评论时,QQ签名档的作用就体现出来。你的留言要记得通知所有好友,那么在其他好友的空间里也能看到你对这篇文章的评论,增加自己的曝光率。做营销就是做细节。

项目6 QQ营销

图 6-10 设置空间资料

6.1.4 相关知识

1) 什么是 IM

IM(Instant Messaging)意为即时通信。即时通信工具是网民日常沟通的主要载体。截至 2016 年 6 月,网民中即时通信用户规模达到 6.42 亿,占网民总体的 90.4%。其中,QQ、微信是人们最常用的即时通信工具,使用率分别为 90.3%、81.6%;YY 语音、阿里旺旺、陌陌的使用率都在 20%左右,分别排在第 3~5 位。YY 语音主要适用于游戏,阿里旺旺主要适用于购物,而陌陌是基于地理位置和兴趣群组的。手机端即时通信工具使用率如图 6-11 所示。

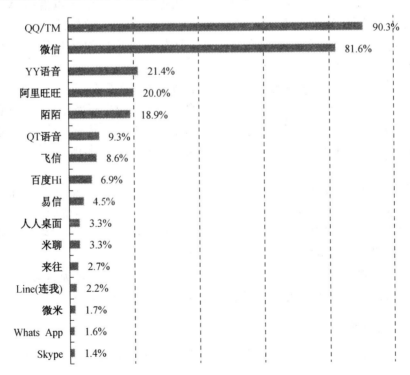

图 6-11 手机端即时通信工具使用率

为了工作交流方便,一半以上的用户上班时通过 IM 来进行业务往来。作为通信工具,IM 最基本的特征就是即时信息传递,具有高效、快速的特点,无论是品牌推广还是常规广告活动,通过 IM 都可以取得巨大的营销效果。即时通信平台有着与生俱来成为营销平台的可能:

(1) 在线咨询及时解决问题,提高交易的可能性。

(2) 充当最优接触点和最综合营销平台角色。

(3) 病毒营销的强力助推器。

2) 什么是 IM 营销

IM 营销是企业通过 IM 工具达到传播推广信息、拓展营销范围并且与潜在客户互动的一种网络营销方式。

常用的 IM 营销主要有以下两种情况:

(1) 网络在线交流 中小企业建立了网店或者企业网站时一般会有即时通信在线,这样潜在的客户如果对产品或者服务感兴趣自然会主动和在线的商家联系。

(2) 广告 中小企业可以通过 IM 营销工具,发布一些产品信息、促销信息,或者可以通过图片发布一些网友喜闻乐见的表情,同时加上企业要宣传的标志。

IM 营销是网络营销的重要手段,是进行商机挖掘、在线客服、病毒营销的有效利器,是继电子邮件营销、搜索引擎营销后的又一重要营销方式,它克服了其他非即时通信工具信息传递滞后的不足,实现了企业与客户无延迟、全方位的沟通。

3) IM 营销的优势

(1) 互动性强 无论哪一种 IM,都会有各自庞大的用户群,即时的在线交流方式可以让企业掌握主动权,摆脱以往等待关注的被动局面,将品牌信息主动地展示给消费者。当然这种主动不是让人厌烦的广告轰炸,而是巧妙利用 IM 的各种互动应用,可以借用 IM 的虚拟形象服务秀,也可以尝试 IM 聊天表情,将品牌不露痕迹地融入进去。这样的隐形广告很少会遭到抗拒,用户也乐于参与这样的互动,并在好友间广为传播,在愉快的氛围下自然地对品牌留下印象,促成日后的购买意愿。

(2) 营销效率高 一方面,通过分析用户的注册信息,如年龄、职业、性别、地区、爱好等,以及兴趣相似的人组成的各类群组,针对特定人群专门发送用户感兴趣的品牌信息,能够诱导用户在日常沟通时主动参与信息的传播,使营销效果达到最佳。另一方面,IM 传播不受空间、地域的限制,类似促销活动这种消费者感兴趣的实用信息,通过 IM 能在第一时间告诉消费者。

(3) 传播范围大 大部分人上班后,第一件事就是打开自己的 IM 工具,随时与外界保持联络。任何一款 IM 工具都聚集有大量的人气,并且以高品质和高消费的白领阶层为主。IM 有无数庞大的关系网,它们的好友之间有着很强的信任关系,企业的任何有价值的信息,都能在 IM 开展扩散传播,产生的口碑远非传统媒体可比。

有强大的用户规模作为后盾,IM 蕴含的巨大市场营销价值已经为越来越多的企业所认可,而 IM 承载的传播形式更是变得越来越丰富。未来的营销战场,IM 营销必不可少。

6.1.5 思考与练习

(1) 请申请一个工作专用的 QQ 账号,并以在校学生的身份设置个人资料。

(2) 按照在校学生的身份来装扮个人 QQ 空间。

模块 6.2 添加好友

6.2.1 教学目标

【终极目标】 学会利用 QQ 工具来开发目标市场。
【促成目标】
(1) 主动寻找并添加 QQ 好友。
(2) 在 QQ 好友中寻找潜在客户。

6.2.2 工作任务

【总体任务】 添加 QQ 好友，拓展网络人脉。
【具体任务】
(1) 将可能认识的人加为好友。
(2) 通过 QQ 群加好友。
(3) 好友管理。

6.2.3 能力训练

【活动一】 将可能认识的人加为好友。
活动目的：通过 QQ 空间找到可能认识的人。
活动程序：
进入 QQ 空间，点击页面上方的"好友"按钮，进入好友页面，选择"寻找好友"，如图 6-12 所示，在页面左侧会出现"可能认识的人"，这是 QQ 空间根据你所填写的个人资料向你推荐的好友，比如你的同学、同事等，可以将他们加为好友。

图 6-12 寻找可能认识的人

在 QQ 客户端主面板的底部单击"查找"，打开"QQ 查找/添加好友"窗口，如图 6-13 所示。QQ 为您提供了多种方式查找好友。若您知道对方的 QQ 号码、昵称、手机号码或电子邮件，即可进行"精确查找"。按条件查找中可设置一个或多个查询条件来查询用户。您可以自由选择组合"国家""省份""城市""性别""年龄""在线""有摄像头"等多个查询条件,如图6-14所示。找到希望添加的好友,选中该好友并点击"加为好友"。对设置了身份验证的好友输入验证信息。若对方通过验证,则添加好友成功,就可以与对方进行聊天。

图6-13 查找好友

图6-14 按条件查找

【活动二】通过QQ群加好友。

活动目的:将QQ群的成员加为自己的QQ好友。

活动程序:

加好友最方便快捷的方式是先加群,再将群成员添加为好友。在QQ客户端主面板的底部单击"查找",打开"QQ查找/添加好友"窗口,选择"找群",可以在搜索框中输入关键字查找符合要求的群,也可以浏览左侧的分类栏选择相应的QQ群加入进去,如图6-15所示。加群免不了被人拒绝,不用在意,调整好心态。

项目6 QQ营销

图 6-15 寻找 QQ 群

打开群页面,右击群成员,即可将其加为好友,如图 6-16 所示。每一天加群与加好友数量是有限制的,所以要选择加入那些人数多且比较活跃的群。进群之后,将自己的群名片修改为

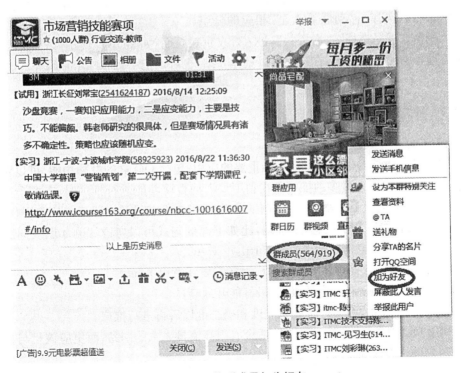

图 6-16 将群成员加为好友

与公司业务相关的内容,如"公司名称+姓名",这样自己的每一句话都是对公司品牌的曝光,多收集一些好玩的图片与表情,特别是在节日的时候发一些节日祝福图片,经常在群里露脸,一旦有人问你具体做些什么,这时你就可以顺理成章地打广告了,而又不会引起别人反感。

活动提示:①多申请 QQ 号,然后每个 QQ 号都加上足够多的与公司业务有关的 QQ 群,加群时尽可能的关注人数多的、比较活跃的高级群,这样就有了足够的可供宣传推广的目标 QQ 群。②分时段加好友。在不同分时间段,把每个群里的人(尤其是活跃分子)都加为好友,每个 QQ 号都要加尽可能多的好友。

【活动三】好友管理。

活动目的:通过分组管理进行相应的客户维护。

活动程序:

当好友积累到一定数量时,要把好友进行分类,方便沟通。打开 QQ 客户端主面板,在我的好友页面,右击空白处,在弹出页面中选择"添加分组",如图 6-17 所示。根据需要填写分组的名称,如已经合作的单位、可能会合作的企业、聊过没有兴趣的等。普通成员最多可以添加 16 个组,如果开通会员,则可以添加 30 个组。

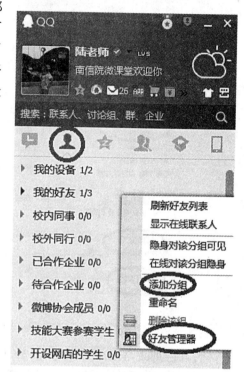

图 6-17 添加分组

选择 QQ 好友,右击其 QQ 头像,直接选择"修改备注姓名",一是为了方便沟通,同时也是防止自己忘了客户姓名,然后选择"移动联系人至"相应的分组,如图 6-18 所示。或是选择"查看资料",进入好友资料页面,如图 6-19 所示,添加备注、选择分组,备注信息容纳的字数有限,在这里可以具体介绍,也可以把手机和邮箱号码等都加到这里,不会丢失。

6.2.4 相关知识

1)利用 QQ 本身的直聊功能

QQ 的直聊功能是 QQ 最基本也是最重要的应用,包括 QQ 群的群聊功能,可以对产品或者品牌进行一对一或者一对多的推广。在利用 QQ 的直聊功能进行推广时,有两个关键性的问题需要注意:一是确定目标群体,实现精准营销;二是精心打造准备发送的广告语,尤其是在 QQ 群里,终极目标是对方不反感,不被踢,比如下面的句式可以考虑,"刚才朋友向我推荐了这个,不知道好不好,大家帮忙参考一下,http://www.****.com"。

除此之外,利用 QQ 直聊功能进行推广时还需要注意以下问题:

(1) 所用的推广 QQ 有一定的级别,最好能开通会员。

(2) 先交友、拉关系,有了一定的知名度和美誉度以后再进行推广。

(3) 利用 QQ 直聊功能进行推广,不适合有很高流量需求的网站,而更应该是与目的性极强的潜在客户进行沟通和交流。

项目6 QQ营销

图6-18 好友管理

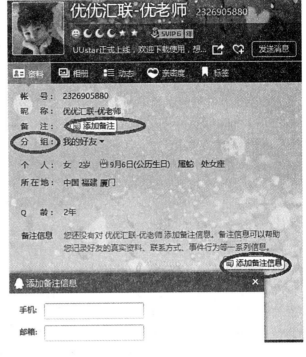

图6-19 添加备注信息

（4）在推广具体的产品时，推广用的QQ最好以专家的形式体现出来，比如我们想推广减肥产品，那么就可以去百度知道、贴吧等地进行宣传，留下以专家形象示人的QQ号，可以对目标顾客进行一对一的推广。这里的关键在于知识和经验的分享，树立权威和诚信度后，产品的推广自然会水到渠成。

与客户一对一交谈时，工作信息要熟记于心，或者同时打开工作文档（产品知识库或常见问题解答），当客户问到这些问题时直接粘贴复制。

工作信息包括：

客户管理——与买家前次沟通的情况及本次的想法打算（查看聊天记录）。

产品信息——产品规格、型号、单价、参数。

公司信息——创办年份、总资产、年销售额、年产量。

产品优势——竞争对手无法提供的优势。

联系方式——公司地址、电话、传真。

同时还要注意称呼与礼貌用语，定期发一些企业的最新动态给客户，引起其关注，保持联系，但是要注意方式方法，切勿给客户造成困扰，赤裸裸的广告已经无法让消费者留意，反而会引起别人的反感，被好友拉黑或被管理员踢出群。

2）利用QQ群进行推广

在选择推广用的QQ群时要注意三个关键问题：精准度、人数、活跃度。

（1）根据自己的业务特点找准定位 绝对不能盲目加群，要对我们的目标顾客进行分析，分析这些人会在什么样的群里交流。然后搜索群，或者按照关键字查找，或者按照相关条件查找。

搜索群的时候要注意搜得精准全面,选择的关键字和搜索条件一定要适合,并且有针对性。

比如我们准备销售的产品是一款治疗慢性咽炎的保健茶,那么第一步要分析我们的客户有哪些?教师、业务员、播音员、主持人等。很显然接下来我们在搜索群的时候,这些都是可以加入的。但是注意,加群的时候要注意群的活跃度和群人数。

(2) 首要目标是进群,然后立稳脚跟　搜索到群后下一步就是加入群,这个环节一定要看群介绍,看看群的特点是什么,根据这些填写验证信息(这样通过的几率才会大),填写的信息要尽量诚恳,通过后首先看看是不是要改群名片,需要的话马上改。

进群后要优化自己的群名片,尽量让自己的名字排在群成员中靠前的位置,QQ 的排列方式取决于你的昵称的 ASCII 码是否靠前。进群后不要急着发广告,先观察一段时间,偶尔冒个泡,慢慢地先混个脸熟。

ASCII 码前后排列顺序为:空格、!、@、♯、$、%、^、&、*、(一)、0、1、2、3、4、5、6、7、8、9、A—Z、a—z。

(3) 群内的营销推广活动

① 利用群公告　适用范围:自己建群,是群主或者管理员。注意事项:作为群主或者管理员,一定要热心,多为群成员解决实际问题,拉近跟群成员之间的关系。操作方法:群公告内可发布促销活动、特价商品、线下活动等,也可以直接放网站的名称或者网址。

② 利用群相册　适用范围:进群即可操作。注意事项:所发布的图片不能是纯广告,那样容易被删除,还可能导致被踢。操作方法:找到一些合适的图片(搞笑、时事、健康、风景、美女等),打上网站名称或者网址的水印。

③ 利用群共享　适用范围:主要是配合电子书推广,包括 Word、PPT 等格式的文档,加群即可操作。注意事项:一定要共享对群成员有价值的文档。操作方法:可共享一部分某方面的专业知识,然后在文档中表明"想获取更多信息,请到某网站(目标网站)下载(或浏览)",也可直接植入商品链接或者网站链接。

④ 利用群聊天　适用范围:加群即可操作。注意事项:绝对不能在群里成为一个被讨厌的人,要力争成为一个受人尊重的专家,提供有价值的意见和建议。操作方法:沟通,当达到一定声誉和影响力时,可以以推荐的形式,先推荐某些软文,再推荐具体的产品;也可以找专业人员做一套宣传用 QQ 表情,在群内聊天时经常发一些表情,吸引关注。

⑤ 利用群邮件　适用范围:开通了群邮件功能的 QQ 群。注意事项:群邮件是发给所有群成员的,跟一般的群发邮件区别在于,不会进垃圾箱。为了增加点开率,标题一定要设置好,内容要有价值。操作方法:群发有价值内容,内容较多时可以附件的形式群发文档;不定期发送一些跟群主题相关的信息、新闻、八卦、资源等,邮件尾端带上自己的链接,如果是资源类,就直接在压缩包中加入自己的广告;群发后,自己不定期回复(群邮件的一个功能就是只要回复,所有的群成员都能收到),提醒群成员注意。

(4) 创建自己的群　自己建立 QQ 群才能形成自己真正的客户黏性。我们可以主动加其他群的成员进自己的群,也可以去别的群里面宣传。

① 要给群起一个好名字　QQ 群的名字代表着你这个群的定位,起名字的时候可以考虑以下几点:为了能让别人通过搜索群的方式加入群,那么就需要在名字上进行优化,要包含搜索关键字;要尽量通过群的名字和群公告,告诉第一次进群的人,这个群是干什么的;群名称一定要符合要推广的网站的定位,针对目标人群。

② 有条件尽量申请 QQ 会员　QQ 会员可以享受更多的政策,可以多建群,可以建高级

群和超级群,人多才活跃,用户的黏性才高。

③ 要制定群规　作为一个网络社区,QQ 群也应该有自己的社区规则,必须对成员作出相应的规则约束。制定规则的时候考虑以下问题:我希望群成员在群里看到什么信息,不要看到什么信息;我希望群里是一种什么样的气氛,欢乐的、平静的、热闹的;我如果选择管理员的话,我希望管理员在群里做什么事情;我希望通过这个群给我带来什么样的收益。

④ 要注意群内成员的构成　不管是管理员还是群成员,我们都要看他们在群里的表现,要及时清理不活跃的成员和做广告的人,还有一些成心在里面捣乱的人。同时,还要注意群内的男女成员比例。

⑤ 要选好管理员　管理员的作用第一是活跃群;第二是负责网站推广,包括网站的活动、网站的打折信息、网站的红包的发放,等等。群一定要活跃,这也是管理员必须要做好的工作,只有活跃的群才能不断地吸引人。

⑥ 举办线下活动　举办一些线下的活动,可以增强群成员的凝聚力,并且可以保持群的生命力。

3) 利用 QQ 群进行推广的注意事项

(1) 最根本的原则是先给予再索求。不管利用 QQ 群的哪项功能进行推广,必须避免一上来就狂发广告的做法,这种做法基本是最没有效果的。

(2) 利用 QQ 群进行推广时,群内身份的目标从高到低依次是:自己建群当群主——努力成为管理员——在群里是个受人尊重的专家级人物——成不了专家也要是个积极分子——最次也得经常露个面避免被踢走——最后的选择再搞疯狂的群发。

(3) 加群前先完善自己的 QQ 信息,这样可以增加诚信度。

(4) 加群后,注意以下细节问题:新人报道要给大家打招呼,并且按照要求修改群名片;过一段时间后再修改个性签名为自己的广告;尽量想办法让自己的 QQ 排名靠前。

(5) 在别人的 QQ 群里进行推广时的两个核心问题,第一,跟群主搞好关系,使群主尽可能的成为我们的意见领袖,最好能够成为我们的合作 QQ 群。第二,专门针对活跃用户进行宣传。这一点需要对群进行一段时间的观察,看看经常有哪些人在里面聊天,然后专门针对他们推出我们的产品或者服务。

(6) 关于自己建群进行推广的核心问题,即使是自己的群,在里面发广告的时候也要注意度的问题。当有新东西的时候,作为群主都要在群里分享一下,通过这种分享,来实现宣传推广的目的。

6.2.5　思考与练习

(1) 请将可能认识的人加为 QQ 好友,并进行分组管理。

(2) 尽可能多地加入一些活跃大群,与群里活跃的群友积极互动,并加为好友。

模块 6.3　发布信息

6.3.1　教学目标

【终极目标】能通过 QQ 空间内容来影响用户。

【促成目标】

(1) 能根据客户需求编辑日志内容。

(2) 能用图片信息吸引客户的注意力。

6.3.2 工作任务

【总体任务】完善和丰富 QQ 空间的内容。

【具体任务】

(1) 发布空间日志。

(2) 建立 QQ 相册。

6.3.3 能力训练

【活动一】发布空间日志。

活动目的：通过高质量的日志软文来影响读者。

第一步：进入空间日志。

打开 QQ 空间，选择"日志"按钮，如图 6-20 所示，可以选择写日志（文字为主），还可以选择模板日志和图片日志，可视性比较强一些。

图 6-20 空间日志

第二步：写日志。

QQ 空间的日志编辑器里现已涵盖很多种实用功能，除了一般的文字编辑以外，日志里可以插入图片和表情，可以添加音乐和视频，还能使用信纸，如图 6-21 所示。

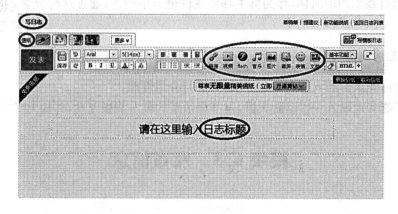

图 6-21 日志编辑器

第三步：在日志中插入图片。

进入日志编辑器页面,找到"图片"图标,点击"插入图片",如图 6-22 所示。插入方式有 4 种:从相册中选择图片;从电脑中上传图片;使用网络图片,复制图片原地址插入;拼图上传(最多 9 张图)。另外,我们还可以使用截屏按钮,截屏后直接粘贴到日志编辑器里面。

图 6-22　插入图片

第四步:在日志中插入音乐。

进入日志编辑器页面,点击绿色的"音乐"图标,进入音乐添加编辑页面,如图 6-23 所示。音乐添加方式有 4 种:从空间音乐收藏中直接选择;从本地上传(从电脑中上传音乐,绿钻专属);使用网络链接(网络音乐地址链接);搜索音乐库。在插入音乐时,一定要勾选自动播放,这样好友进入自己的音乐日志时日志配的音乐会自动播放,不会和自己的空间背景音乐起冲突。

图 6-23　插入音乐

第五步：在日志中插入视频。

进入日志编辑器页面，点击"视频"图标，进入视频添加编辑页面，如图 6-24 所示，添加方式有本地上传和网络链接两种方式。由于视频文件一般都很大，上传比较慢，推荐使用网络链接方式来添加视频。

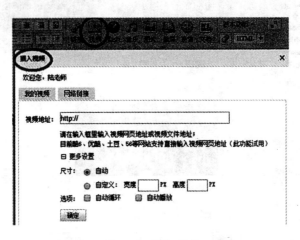

图 6-24　插入视频

第六步：发表日志。

日志编辑完成后就可以发表了，发布之前还可以进行一系列的设置，包括日志分类、通知好友查看、定时发布、附带签名档、日志置顶等，如图 6-25 所示。

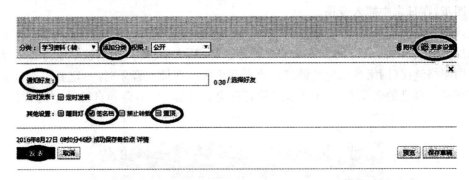

图 6-25　发表日志

活动提示：企业可以利用 QQ 空间日志的转载功能来进行品牌推广，但前提是有高质量的软文，通过软文实现病毒式的扩散传播，或者带来更多的销售，或者实现更多的浏览。在利用 QQ 空间的转载功能进行推广时，主要有以下几个关键点需要注意：

① 成功的关键是高质量的软文，软文一定要能给看到这些文章的人带来真正的价值，这样看到的人才会转载，从而实现病毒式扩散。

② 很多时候，列表式的软文被转载的几率要更大一些。

③ 如果有能力的话，可以做一些宣传网站或者产品的有价值的视频，视频类的软文在 QQ 空间里被传播的可能性也会较高。

【活动二】建立 QQ 相册。

活动目的：利用精美的图片来感染读者。

第一步：创建相册。

进入 QQ 空间，选择"相册"按钮，进入相册首页，选择"创建相册"，如图 6-26 所示。

图 6-26　创建相册

第二步：填写相册信息。

相册信息包括：相册名称、相册描述、相册主题、查看权限等，如图 6-27 所示。新建相册进行设置时，为了让更多的人可见，应该设置成允许转载和分享，允许圈人，同时，全部都设置成所有人可见。

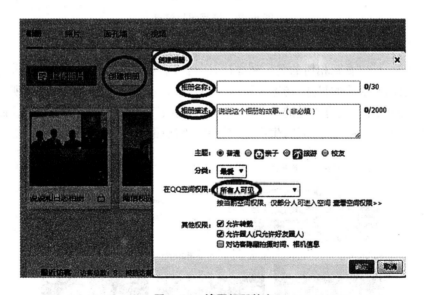

图 6-27　填写相册信息

第三步：上传照片。

上传照片时，可以一张一张传，也可以批量上传，还可以在照片上添加水印和空间地址，如图 6-28 所示。在上传的照片中加上网站的水印，是进行网站宣传推广的重要手段。

图 6-28 上传照片

第四步:添加照片信息。

上传完照片后,要添加照片名称和照片描述,如图 6-29 所示。可以统一添加(每张照片的信息一致),也可以单独添加(每张照片的信息个性化),应该重点关注每一张照片的名称和描述等,这是进行宣传推广的重要阵地。

图 6-29 填写照片信息

第五步:查看相册。

查看相册时,可以看到相册的名称和描述,还可以看到每一张照片的名称,当鼠标移动到照片上时,就会出现照片的描述,访客还可以对照片进行点赞或评论,如图 6-30 所示。很多人对别人空间里的照片都是有兴趣的,这是一个很好的推广资源,一定要善于利用。照片应该进行细致分类,比如专门的产品图片、生产过程图片、生活照片等。

图 6-30 查看相册

6.3.4 相关知识

1) QQ空间的使用现状

最近半年使用过社交应用的用户中,QQ空间的使用率高达84.5%,遥遥领先于其他应用。社交网站有两个主要功能:一方面是认识更多的人;另一方面就是维系当前的熟人关系。调查结果显示,用户在社交网站上使用较多的功能依次为上传照片、发布/更新状态、发布日志/日记/评论、分享/转发信息、看视频/听音乐,这些内容的使用比例都在60%以上。

从用户经常访问的社交网站类型来看,QQ空间一枝独秀,超过50%的网民经常访问QQ空间,其他社交网站用户的忠诚度相对较低。QQ空间营销的三大阵地:鼠标移到你的QQ时;查你的QQ资料时;准备与你聊天时。只要有好的文章、好的内容,你的空间就不愁没人来看,日志也会被很多人转载,这时候就知道自己的努力没有白费。

2) QQ空间的内容

(1) 日志 写日志的注意事项:①内容:成功分享、技术资讯、行业新闻、常见问题解答、视频讲座、公司动态等;②标题:新、奇、特、问题式、结果式、娱乐型、好处型等;③关键词;④超链接;⑤图片或视频;⑥文字;⑦收尾、联系方式、相关文章;⑧页面装饰、发表、推荐到QQ好友分享。

写日志贵在坚持,当然刚开始的时候,不可能每天都有原创产生,多去看营销高手的文章并转发,转发时别忘了标题新颖以及加入自己产品的元素进去。

(2) 相册 除了私人照之外,别忘了加入企业的旅行照片、联欢会照片,还有企业产品的图片。上传图片越多越清晰越好,公司证书、产品、厂房、宿舍、车间、设备、员工风采等,让别人了解你的产品或服务(诚实,可靠),增加信赖感。

(3) 说说 随时随地发布新鲜事,类似微博,增加自己的曝光率。

(4) 好友动态 对转发你的日志的好友,表示感谢;对别人发的日志进行评价;对别人的图片、照片等表示赞赏,因为你的签名档会被不同的人看到。

(5) 网络热点 看看是否有和自己的产品服务挂钩的热点,在传播热点的同时加入自己的品牌、链接,潜移默化地影响别人,作为热点的关注度和转载率很高,很利于自身的营销。

(6) 好友生日 发祝福,没有人会对祝福厌恶,增加曝光的同时给人留下好的印象。

6.3.5 思考与练习

(1) 写一篇图文并茂的日志来介绍自己的学校。
(2) 尝试写模板日志,主题是校园生活。
(3) 创建一个与校园相关的相册,上传本校的美图。

项目7　微信营销

【项目简介】

本项目的工作任务是利用微信这种IM(即时通信)工具来实现对特定产品或服务的营销。项目要求学生开通并设置个人微信账号和微信公众号,寻找潜在客户,发布信息,实施微信营销。通过项目实践,让学生掌握微信营销的步骤、方法和技巧。

【项目案例】

小米微信客服9∶100万

新媒体推广如何会少了小米的身影？"9∶100万"的粉丝管理方式是指小米手机的微信账号后台客服人员有9名,其中3名是微信运营及活动策划,另外6名是微信售后。这9名员工最大的作业是每天回复100万粉丝的留言。每天早上,当9名小米微信运营作业人员在电脑上翻开小米手机的微信账号后台,看到用户的留言,他们一天的作业也就开始了。

其实小米自己开发的微信后台可以主动抓取关键字回复,但小米微信的客服人员仍会进行一对一的回复,小米也是通过这样的办法大大提升了用户的品牌忠诚度。相较于在微信上开个店铺,对小米这样的品牌微信用户来说,做客服显然比卖掉一两部手机更让人期待。

当然,除了提升用户的忠诚度,微信做客服也给小米带来了实实在在的好处。微信同样使得小米的营销、CRM成本开始降低,昔日小米做活动一般会群发短信,100万条短信发出去,便是4万块钱的本钱,微信做客服的效果可见一斑。

图7-1　小米手机的微信公众号

每天早上,当9名小米微信运营工作人员在电脑上打开小米手机的微信账号后台时,总是有上万条用户留言在那里等着他们,这些留言稀奇古怪,有人会问如何购买小米手机,也有人会问刷机用线刷还是卡刷好。小米自己开发的微信后台将这些留言中的一部分自动抓取出来,例如留言中出现"订单""刷机""快递"等字眼时,这些用户会被系统自动分配给人工客服,小米的微信运营人员会一对一地对其微信用户进行回复。这些通过微信联系的粉丝极大地提高了对小米的品牌忠诚度,有多达40%~50%的小米微信粉丝会经常参与小米微信每月一次的大型活动。微信的运用,大大拉升了小米的销量。

微信营销的思维导图如图7-2所示。

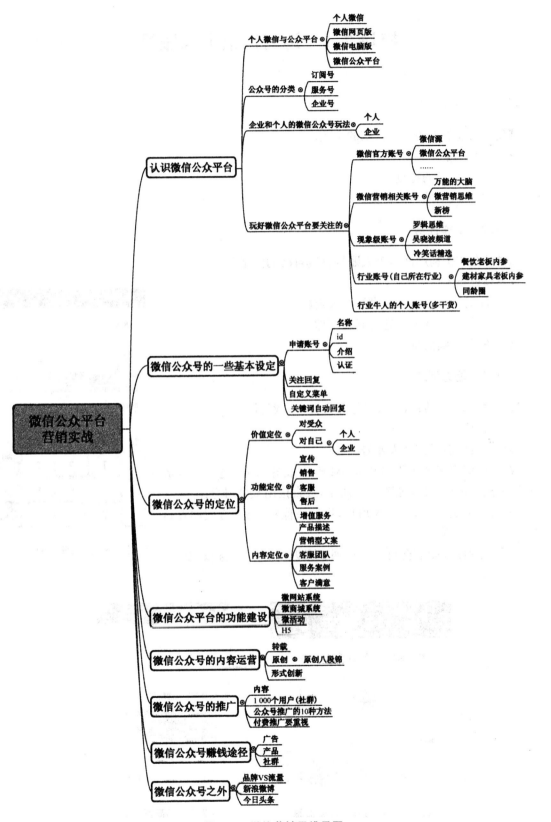

图 7-2 微信营销思维导图

模块 7.1　运营微信个人账号

7.1.1　教学目标

【终极目标】理解微信营销的实质。
【促成目标】
(1) 了解微信的特点。
(2) 了解微信的营销价值。

7.1.2　工作任务

【总体任务】利用微信个人账号打造自己的网络名片。
【具体任务】
(1) 注册个人微信号并设置个人资料。
(2) 添加微信好友并进行好友管理。
(3) 发朋友圈信息。

7.1.3　能力训练

【活动一】注册微信个人账号并设置个人资料。
活动程序：
第一步：注册微信个人账号。

在手机应用市场里下载微信 APP，安装并打开，进入登录界面，用手机号进行注册，如图 7-3 所示，或直接用 QQ 号登录。

进入注册页面，填写个人信息，设置头像和昵称，方便朋友认出你，如图 7-4 所示。

完成注册后，微信会自动进行通讯录匹配，帮你找到好友，如图 7-5 所示。

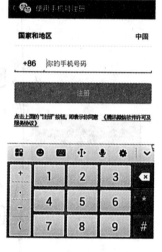

图 7-3　微信注册界面

图 7-4　填写微信注册信息

图 7-5　匹配通讯录

第二步:设置微信个人资料。

进入微信界面,点击右下角的"我",进入个人微信主页,点击个人微信头像或昵称,进入微信个人信息的编辑页面,就可以进行相关内容的设置,包括头像、昵称、微信号、地址、性别、地区、个性签名,如图 7-6 所示。微信号是账号的唯一凭证,只能设置一次,微信号仅支持字母、数字、下划线或减号,以字母开头。

图 7-6 编辑微信个人资料

【活动二】添加微信好友并进行好友管理。

活动目的:利用微信来拓展人脉。

活动程序:

第一步:直接添加微信朋友。

点击微信右上角"＋",在弹出的页面中选择"添加朋友",输入想搜索的微信号、QQ 号或手机号,然后点击查找即可,还可以使用"雷达加朋友"添加身边的人为好友,或者扫一扫身边的人的二维码添加好友,如图 7-7、图 7-8 所示。

图 7-7 微信添加朋友

图 7-8 微信添加朋友的方法

第二步:面对面建群后加好友。

在参加线下会议或聚会时,可以使用"面对面建群"这种方法来添加好友,如图 7-9 所示。先建微信群,再把群里的朋友加为好友。

图 7-9 面对面建群

第三步：利用微信的"附近的人""摇一摇"功能来添加朋友。

打开微信个人主页最下方的"设置"按钮，点击"通用"按钮，进入"功能"设置，如图 7-10 所示。

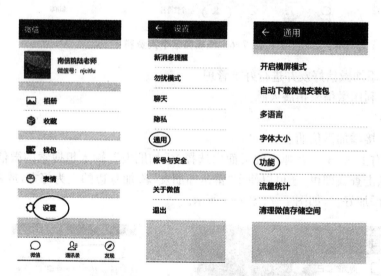

图 7-10 微信功能设置

开启"附近的人"功能，可以根据位置信息查看 1 000 m 以内使用此功能的人，并可以相互招呼。开启"摇一摇"功能，可以找到同时摇的朋友，互加朋友聊天，如图 7-11 所示。

第四步：微信好友管理。

打开微信通讯录页面，选择"标签"按钮，点击"新建标签"，通过给微信好友添加标签来进行分类管理，例如"同学""同事""同行""学生""家长"等，如图 7-12 所示。通过标签可以标明你的好友属于什么群体，可以进行针对性的互动交流，当你在发朋友圈的时候有一个"谁可以看"功能，可以选择相应的标签好友才能看到你的微信朋友圈。

【活动三】发布朋友圈信息。

活动目的：利用朋友圈展示个人动态信息。

图 7-11 微信"附近的人"和"摇一摇"功能

图 7-12 添加好友标签

活动程序：

第一步：设置朋友圈相册封面。

打开微信"发现"页面，点击最上方的"朋友圈"按钮，进入朋友圈页面，点击朋友圈封面主图，可以进行封面图片的更换，如图 7-13 所示。进入朋友圈，首先看到的就是封面主图，这是进行个人信息展示的绝佳位置，也可以植入企业和产品的信息，例如在图片中加上企业 Logo 的水印。

图 7-13　更换朋友圈相册封面

进入朋友圈，点击页面右上角的相机图标，就可以发布照片或小视频了，在朋友圈添加文字描述（图文、纯文字、分享信息），最多可输入 1 500 个汉字，照片最多可以上传 9 张，如图 7-14 所示。朋友圈里的照片只有微信好友才能看到和评论。

图 7-14　朋友圈发布照片

在朋友圈发送照片时还可以选择分组可见,该照片只有分组内的好友才能看到,分组外的好友无法查看,如图 7-15 所示。这样可以针对不同的好友发送不同内容的朋友圈信息,避免朋友圈刷屏,对他人造成干扰。

图 7-15　设置朋友圈分组可见

7.1.4　相关知识

1) 什么是微信

微信(WeChat)是腾讯公司于 2011 年 1 月 21 日推出的一个为智能终端提供即时通信服务的免费应用程序,微信支持跨通信运营商、跨操作系统平台使用,是一款通过网络快速发送语音、视频、图片和文字,支持多人群聊的手机聊天软件。微信软件本身完全免费,使用任何功能都不会收取费用,使用微信时产生的上网流量费由网络运营商收取。

截至 2016 年 12 月,网民中即时通信用户规模达到 6.66 亿,占网民总体的 91.1%。其中微信是人们最常用的即时通信工具之一,使用率达到 81.6%。

2) 微信的功能

(1) 聊天　支持发送语音短信、视频、图片(包括表情)和文字,是一种聊天软件,支持多人群聊。

(2) 添加好友　微信支持查找微信号添加好友(具体步骤:点击微信通讯录最上面的"新的朋友"或者微信界面右上角的"+"号→添加朋友→搜号码,然后输入想搜索的微信号码,然后点击"查找"即可),查看 QQ 好友添加好友,查看手机通讯录和分享微信号添加好友,摇一摇添加好友,二维码查找添加好友和漂流瓶接受好友等 7 种方式。

(3) 群发助手　通过群发助手把消息发给多个人。

(4) 朋友圈　用户可以通过朋友圈发表文字和图片,同时可通过其他软件将文章或者音乐分享到朋友圈。用户可以对好友新发的照片进行"评论"或"赞",用户只能看相同好友的评论或赞。

(5) 通讯录同步助手　开启后可上传手机通讯录至服务器,也可将之前上传的通讯录下载至手机。

(6) 摇一摇　是微信推出的一个随机交友应用,通过摇手机或点击按钮模拟摇一摇,可以匹配到同一时段触发该功能的微信用户,从而增加用户间的互动和微信黏度。

(7) 漂流瓶　通过扔瓶子和捞瓶子来匿名交友。

(8) 附近的人　微信将会根据您的地理位置找到在附近同样开启本功能的人（LBS 功能）。

3）什么是微信营销

微信作为时下最热门的社交信息平台，也是移动端的一大入口，正在演变成为一大商业交易平台，其对营销行业带来的颠覆性变化开始显现。微信营销是网络经济时代企业或个人营销模式的一种。用户注册微信后，可与周围同样注册的"朋友"形成一种联系，订阅自己所需的信息，商家通过提供用户需要的信息，推广自己的产品，从而实现点对点的营销。微信营销主要体现在移动客户端进行的区域定位营销，商家通过微信公众平台，结合微信会员管理系统展示商家微官网、微会员、微推送、微支付、微活动，形成了一种线上线下微信互动营销方式。

微信营销基于强关系网络，如果不顾用户的感受，强行推送各种不吸引人的广告信息，会引来用户的反感。商家要善用微信这一最流行的互动工具，让商家与客户回归最真诚的人际沟通，才是微信营销真正的王道。

随着用户行为全面向移动端转移，移动营销将成为企业推广的重要渠道。移动营销企业中，微信营销推广使用率达75.3%，是最受企业欢迎的移动营销推广方式。目前，微信营销推广主要有三种方式：微信朋友圈广告主要服务于财富500强企业，微信公众账号推广与微店运营则更适合中小微企业。

2014年8月28日，微信支付正式公布"微信智慧生活"全行业解决方案。具体体现在以微信公众号＋微信支付为基础，帮助传统行业将原有商业模式"移植"到微信平台。微信提供的闭环式移动互联网商业解决方案中，涉及的服务能力包括：移动电商入口、用户识别、数据分析、支付结算、客户关系维护、售后服务和维权、社交推广等。这也预示着微信再次加大商业化开放步伐，为合作伙伴提供连接能力，助推企业用户商业模式的移动互联网化转型。微信支付现已渗透进入传统行业，如微信打车、微信交电费、微信购物、微信医疗、微信酒店等，已为医疗、酒店、零售、百货、餐饮、票务、快递、高校、电商、民生等数十个行业提供标准解决方案。

7.1.5　思考与练习

（1）请以在校学生的身份设置个人微信资料，尽可能多地添加微信好友。

（2）在朋友圈发布与校园生活相关的图文信息，向微信好友展示校园风采。

模块7.2　运营微信公众号

7.2.1　教学目标

【终极目标】学会利用微信公众号来开展营销活动。

【促成目标】

（1）开通微信公众号并吸引粉丝关注。

（2）利用微信公众号推送企业和产品信息。

7.2.2 工作任务

【**总体任务**】开通微信公众号,提升品牌影响力。

【**具体任务**】

(1) 申请微信公众号(以个人订阅号为例)。
(2) 设置微信公众号。
(3) 编辑图文信息。

7.2.3 能力训练

【**活动一**】申请微信公众号(以个人订阅号为例)。

打开微信公众平台官网:https://mp.weixin.qq.com/ ,点击右上角"立即注册",如图7-16所示。

图 7-16　微信公众平台登录页面

选择账号类型,个人只能选择订阅号注册,如图 7-17 所示。

图 7-17　选择账号类型

填写邮箱及公众号登录密码,勾选同意,点击"注册",如图7-18所示。

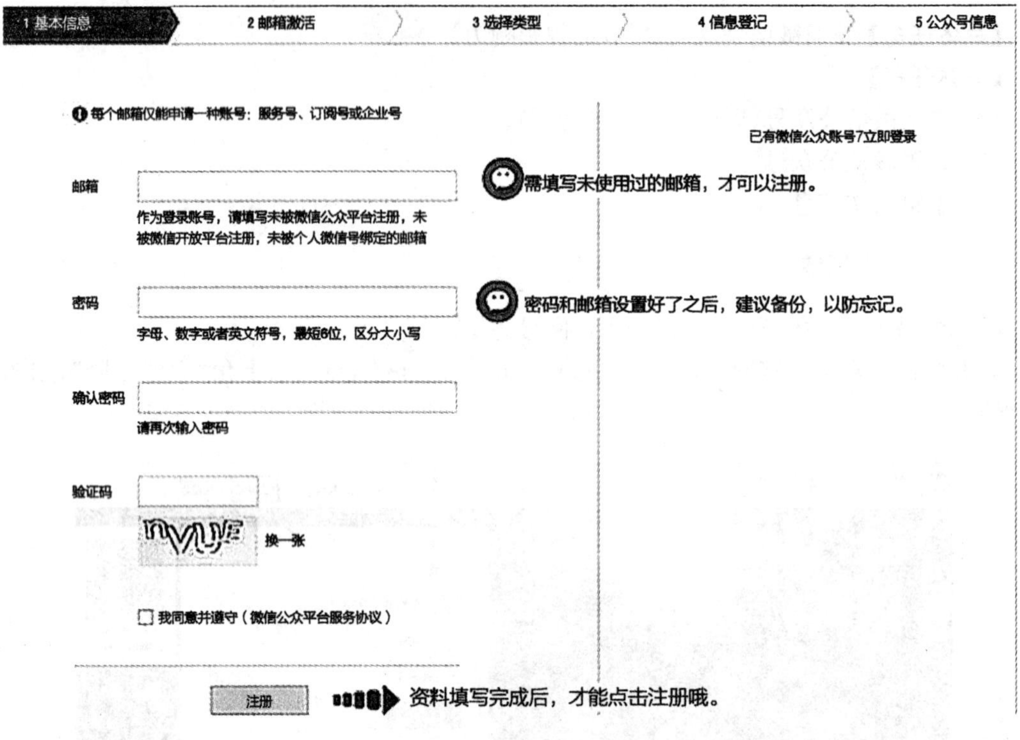

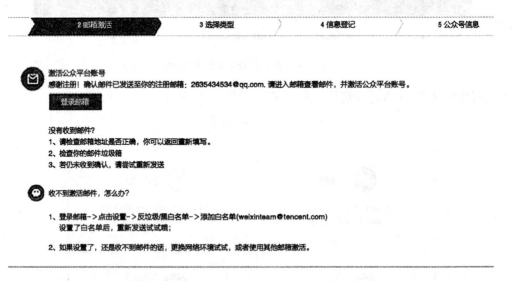

图7-18 填写注册信息

登录您的邮箱,查看激活邮件,点击邮箱里面的链接来激活公众号,如图7-19所示。

图7-19 账号激活

了解账号区别,选择账号类型,个人只能选择订阅号注册,如图7-20所示。

进行信息登记,选择订阅号类型之后,填写身份信息,如图7-21所示。进行身份验证时,需要用绑定了运营者本人银行卡的微信扫码,扫码的微信号将成为该微信公众号的管理员。

图7-20 选择账号类型

图7-21 信息登记

填写公众号的信息,包括公众号名称、功能介绍,选择运营地区,如图7-22所示。

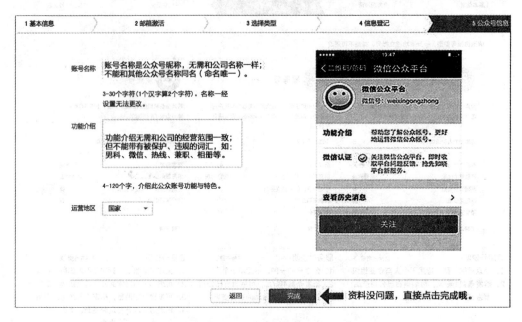

图 7-22 填写微信公众号的信息

个人类型提交即注册成功,可直接使用公众平台,如图 7-23 所示。

图 7-23 注册成功页面

【活动二】设置微信公众号。

打开微信公众平台官网:https://mp.weixin.qq.com/,使用注册过的邮箱进行登录,登录时需要管理员打开微信进行扫码确认,如图 7-24 所示。

进入公众号的管理后台,点击页面右上角的公众号头像或名称,就可以进入公众号设置页面,如图 7-25 所示。

进入公众号设置,账号详情主要功能包括头像、二维码、名称、微信号、功能介绍等,如图 7-26 所示。其中,头像一个月内可以修改 5 次;公众号名称可设置 3~30 个字符(1 个汉字算 2 个字符),名称不需要和公司/组织名称一致,但是公众号名称不能与其他账号名称重复,名称一年内可以修改 2 次;微信号设置后不可修改;功能介绍一个月内可以修改 5 次。

图 7-24 扫码验证登录

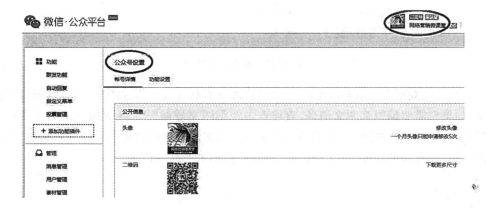

图 7-25 公众号的管理后台

图 7-26 公众号设置

【活动三】编辑图文信息。

登录微信公众平台（https://mp.weixin.qq.com），选择左侧菜单栏的"功能→群发功能→新建群发消息"按钮，根据需要填写文字、语音、图片、视频、录音等内容，如图7-27所示。

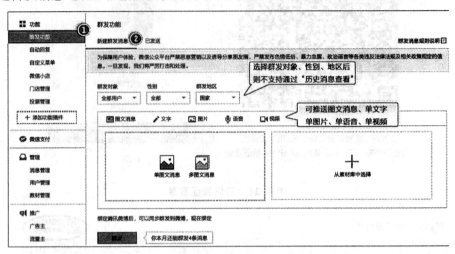

图7-27　新建群发消息

进入微信公众平台，选择左侧菜单栏的"管理→素材管理→新建图文消息"按钮，即可编辑单图文，如果您需要编辑多图文消息，直接点击左侧图文导航"＋"可增加一条图文消息，最多可编辑8条图文内容，如图7-28、图7-29所示。图文消息是可以把您需要发布给粉丝的相关资讯进行编辑、排版的功能，可展现您的活动内容、相关产品资讯等。

图7-28　新建图文消息

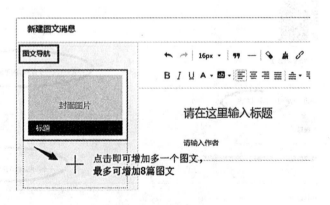

图7-29　图文导航

输入标题（必填项），不能为空且长度不超过64字（不支持换行以及设置字体大小），如图

7-30所示。

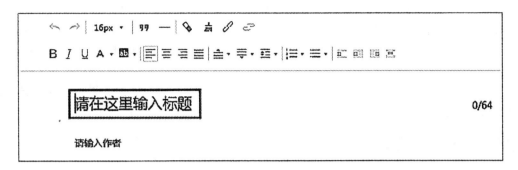

图 7-30 输入标题

目前设置图文消息正文内容没有图片数量限制,正文里必须要有文字内容,图片大小加正文的内容不超过 20 000 字即可。可设置字体大小、颜色、背景色、字体加粗、斜体、下划线;可以通过居中、居左、居右、段落间隔功能调整正文内容;可通过浮动功能把图片设置到需要的位置;在右边的导航栏有多媒体功能,支持添加图片、视频、音乐、投票等内容;可以把编辑好的图文在左边导航中进行上下移动的操作,调整图文顺序,如图 7-31 所示。正文图片支持上传 BMP、PNG、JPEG、JPG、GIF 格式;正文图片大小不能超过 5MB;大图片建议尺寸:900 像素×500 像素,但上传后图片会自动压缩为宽 640 像素(高压缩为对应比例)的缩略图,在手机端可点击查看原图。

图 7-31 撰写正文

添加原文链接,可以填写一个外部文章的网页地址链接下发送给订阅用户,只支持填写网页地址,若填写文字、数字等非网页地址,会提示链接不合法。设置了原文链接地址,图文消息下发给粉丝后,粉丝通过手机登录微信接收到消息后,在正文中点击"阅读全文"即可跳转到您设置的网页链接,即可连接原文链接,如图 7-32 所示。

图 7-32 原文链接

图文消息封面必须上传图片,支持上传 BMP、PNG、JPEG、JPG、GIF 格式,封面图片大小在 5MB 以内,大图片建议尺寸:900 像素×500 像素,但上传后图片会自动压缩为宽 640 像素(高压缩为对应比例)的缩略图,在手机端可点击查看原图,如图 7-33 所示。

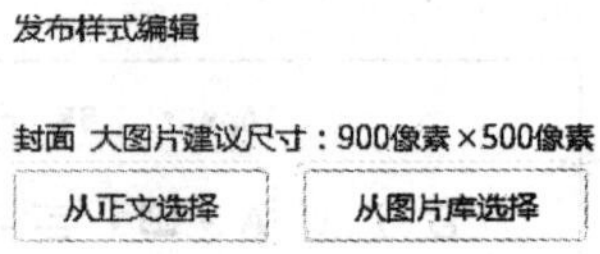

图 7-33 上传封面图片

在编辑单图文消息时,可以选填摘要内容,不能超过 120 个汉字或字符;填写摘要后在粉丝收到的图文消息封面会显示摘要内容;若未填写摘要,在粉丝收到的图文消息封面则自动默认抓取正文前 54 个字,如图 7-34 所示。

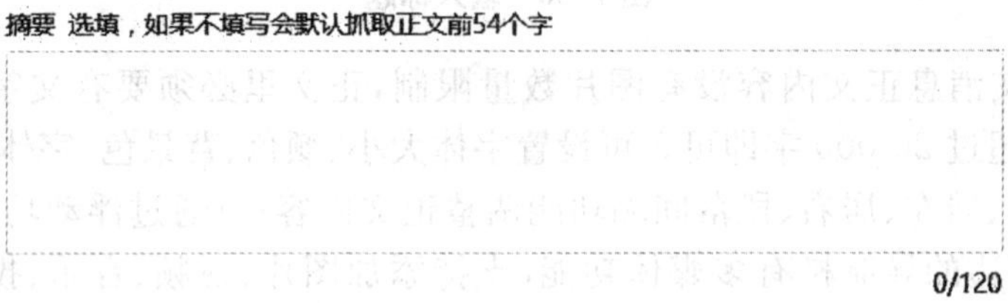

图 7-34 图文信息的摘要

单图文消息与多图文消息的示例,如图 7-35 所示。

图 7-35 单图文消息与多图文消息的示例

【活动四】微信公众平台统计分析。

(1)用户增长分析 在微信公众平台→统计→用户分析→用户增长,即可查看粉丝人数的变化,如图 7-36 所示。

① 昨日关键指标模块:针对昨天的关注人数变化,以及与前天、7 天前、30 天前进行对比,体现为日、周、月的百分比变化。

② 关键指标详解趋势图:可选择 7 天、14 天、30 天或某个时间段的关注人数变化,也可以选择按时间对比。

③ 指标说明

a. 新关注人数:新关注的用户数(不包括当天重复关注用户)。

b. 增长来源统计:可按照全部来源、搜索公众号名称、搜索微信号、图文消息右上角菜单、名片分享、其他来源查看新关注人数(其他来源:通过二维码关注)。

c. 取消关注人数:取消关注的用户数(不包括当天重复取消关注用户)。

d. 净增关注人数:新关注与取消关注的用户数之差。

e. 累积关注人数:当前关注的用户总数。

图 7-36　用户增长分析

(2) 用户属性分析　在微信公众平台→统计→用户分析→用户属性,即可查看当前公众平台粉丝的分布情况,如图 7-37 所示。微信公众平台所有用户会按性别、语言、省份的分布情况进行统计。

① 性别分布:按男、女和其他分类(指粉丝微信里的设置)。

② 语言分布:按简体中文、繁体中文、英文、未知分类(指粉丝手机上设置的语言类型)。

③ 省份分布:按省份、未知城市分类(指粉丝微信注册 IP 归属地)。

④ 终端分布:查看用户使用的手机终端。

⑤ 机型分析:针对使用的手机机型展示排名 TOP10。

(3) 图文分析　在微信公众平台→统计→图文分析→图文转发,即可查看图文页及原文页阅读人数和次数,如图 7-38 所示。

① 送达人数:图文消息群发时送达的人数。

② 图文页阅读人数:点击图文页的人数(不包括重复点击),包括非粉丝人数。

③ 图文页阅读次数:点击图文页的次数(同一粉丝重复点击计算在内),包括非粉丝的阅读。

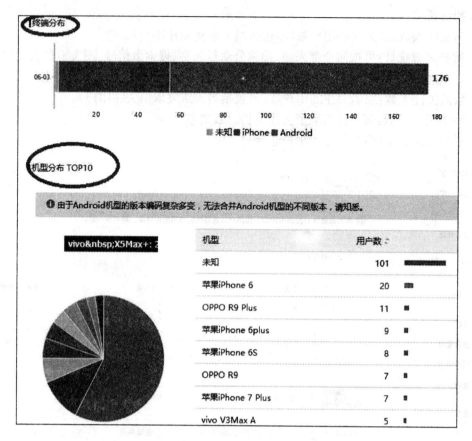

图 7-37 用户属性分析

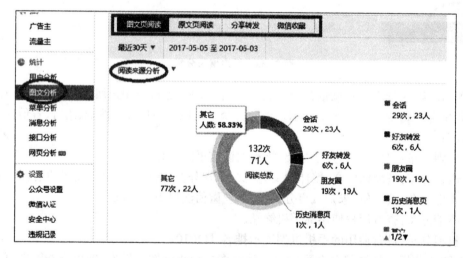

图 7-38 图文分析

④ 图文转化率＝图文阅读人数/送达人数。

⑤ 原文页阅读人数：点击原文页的人数（不包括重复点击），包括非粉丝。

⑥ 原文页阅读次数：点击原文页的次数（同一粉丝重复点击计算在内），包括非粉丝的阅读。

⑦ 原文转化率＝原文页阅读人数/图文页阅读人数。

⑧ 分享转发人数：转发或分享至朋友、朋友圈、微博的用户数（不包括重复转发分享），包括非粉丝分享或转发。

⑨ 分享转发次数：转发或分享至朋友、朋友圈、微博的总次数，包括非粉丝的分享或转发。

温馨提示：

图文页，是指粉丝收到消息后点击"查看全文"进入的图文消息页面。

原文页，是指粉丝进入图文消息页面后点击"阅读原文"链接至原文地址。

7.2.4 相关知识

1）微信公众号的类型

（1）订阅号和服务号的区别　微信公众平台现在已分成订阅公众号和服务公众号两种类型。服务号旨在为用户提供服务，订阅号主要为用户提供信息和资讯。公众号只有一次机会可以选择成为服务号或订阅号，选择之后不可修改，因此需要慎重选择。例如【好易家食品】就是服务号，可以为用户提供相关产品销售等服务。【豆瓣】就是订阅号，给用户提供信息和资讯。一旦申请成功，就不能更改名称。就算企业定位改变，好易家食品也不能改名成为好易家装修。

① 服务号注册成功后拥有基础接口功能（可二次开发）和自定义菜单功能：自定义菜单更能丰富用户体验，增强用户黏性，也体现了服务的特点，同样的服务号也需要额外的服务器资源，而且稳定性和响应速度比订阅号的更好，互动也会更频繁一些。

② 对话框显示：服务号可以直接出现在对话框，订阅号则只能出现在订阅号的文件夹中，需要点开才能看见。也就是说，后台群发信息时，服务号的用户会收到微信窗口弹出，而订阅号的用户不会收到即时消息提醒，只有打开订阅号文件夹时才看得到。

③ 推文数量：服务号每个月（30 天内）只能发 4 条群消息，订阅号可以一天（24 h 内）发一条。

④ 申请主体：服务号一般申请者是企业或组织，订阅号一般是个人或媒体、组织。申请需要提供相应的证明材料（服务号需要法人身份证、营业执照等，订阅号相对简单）。

⑤ 微信认证和微信支付：服务号无需微信认证就可以拥有自定义菜单功能，可以申请微信支付（开店、红包之类的活动）。而个人的订阅号不能进行认证，没有自定义菜单。企业的订阅号需要交 300 元的微信认证费用后开通自定义菜单功能，但没有高级接口功能。

（2）定位　要搭建服务号或订阅号，首先确定建立公众号的定位。什么是定位？你所要服务或推送内容的目标群体，他们的年龄区间、职位、社会层次、收入水平、具体需求等一系列考虑。申请账号时，定位清楚了再决定你公众号的名称，也就是提前做你的微信 SEO。

如果做电商平台卖产品或服务，建议选择服务号，花点时间构建出完整的服务体系。

如果只想要做企业宣传，品牌宣传，或者普及美食西餐等生活常识，建议选择订阅号，做一个以内容为基础的运营工作，把它当做一个传播的窗口，慢慢再带入你的品牌传播。

如果是个电商体又想做品牌工作，两者可以同时申请，但是需要注意，根据服务号与订阅号的属性特点系统性、针对性地搭建内容与菜单。

定位的根本是你的目标群体。目标在哪里，定位就在哪里。比如你的订阅号名称为【美食牛排】，定位是美食类，用户会根据美食等关键词搜索到公众号，而你却经常发一些与目标客户无关紧要的文章，那么你的粉丝不是精准粉或掉粉率高是必然的。

（3）推送时间　服务号一个月只能推文 4 次，因此很多人会选择平衡的一周一推法，而订阅号根据传递信息的不同而不同。Wemedia联合创始人方雨曾建议:"服务号星期三或者星期五的下午,数据推送是最好的,订阅号最好是二、四、五推送,一个星期三条,那推送的时间一般是早上的八点或者晚上九点以后推送会比较合理。"

其实不同的公众号不能一概而论,建议对于服务号:观察后台在一般情况下(没有做活动或大动静时)什么时候的用户最活跃,比如微信商城的下单浏览量在晚上8点20分开始达到当天最高点,那么晚上8点左右推文效果是会比较理想的。

对于订阅号:若是心灵鸡汤等定位的订阅号,最好是睡前推,夜晚气氛够足。若是职场干货或励志篇最好放在早上起床至上班阶段或者深夜,起床后大家往往会喜欢给自己打打气充充电而不是着急购物,而深夜睡前也是获取资讯的好时间。

2)公众号运营

(1)用户(User)

① 用户阶段:一个公众号从无到有,对于用户数量和质量上可以分为三个阶段:种子用户期、初始用户期、增长用户期。处于不同用户时期,运营的重心也不同。

a. 种子用户期:公众号刚建立后,第一批关注的人是最值得信赖、影响度和活跃度都非常高的粉丝。一般是公司同事、亲朋好友、合作伙伴等。怎么样让种子用户配合接下来的活动推广就显得尤为重要。

b. 初始用户期:通过种子用户朋友圈转发,微信群分享,QQ群传播等积累一定的粉丝。

c. 增长用户期:过了初始用户期,该是大力发展粉丝阶段。这时候推广方法力度要更大,见效要快。目标应该制定得更高点。比如说从3 000粉丝到1万粉丝,2个月时间。这个阶段有时候需要用到一定付费部分。

② 用户类型:用户一般分为以下几类:

a. 积极热情型:基本上推任何活动文章都会点赞、提建议等。

b. 冷静观望型:低频的互动,也不取消关注,选择感兴趣的内容打开。

c. 概率用户型:最不可控,可能是偶遇关注的一类人,推文掉粉的那批人。

我们重点取悦的对象,很明显就是前两种,再考虑如何把握住概率用户。

③ 用户运营:所有的新媒体人都必须擅长用户运营。

首先就是聊天,是在适当的响应时间内(响应速度)说适当的话(互动方式)。例如三只松鼠,他们把客户称为"主人",自己是小松鼠。不是单单口头上说一句主人就叫好互动,而是贯穿于生产销售的整个环节。无论你是逗比风骚还是满腹经纶,还是松鼠的"主人疯",总之要树立一个形象,你的互动会显示出你的风格。不管什么风格都好,印象深刻的就是好风格。

接下来,要学会分析和管理用户,给用户贴标签,便于分组,便于精准化管理和推送,偶尔做做用户调查,问答互动以及聊天,其实都是在做用户分析和管理工作。

最后针对微电商公众号用户运营提出一些特殊的必杀技。在用户下单前、下单时、下单后的互动都可以增加粉丝黏性。下单前,可以主动推荐一些对用户来说更靠谱更实惠的产品(搞清楚这个客户痛点在哪,不要盲目推销);下单时,活动范围内可减免的可以与客户协商,让他觉得有利可图;下单后,告知客户相关的产品使用说明或者温馨提示。例如,客户购买牛排后,主动发一个牛排制作小视频链接,或者告知牛排储藏方法,都不失为明智之举。

④ 用户分析:分析是检验运营结果最好的手段。微信后台自带有用户增长分析:新关注人数、取消关注人数、净关注人数、累计关注人数;用户属性分析:性别、语言、省份、城市、终端、机型,根据这些分析可以获知你的用户属性。

比如:99%的用户都是女性,那么你的文章理所应当写一些女性感兴趣的话题;分析每次发文章取消关注人数的变化趋势,以此总结你的文章内容或者文章定位等;99%的用户都是用苹果6,那么你上传图片的大小、排版就应该主要以这个机型为准。

(2) 内容(Content)　内容和活动都是为了用户服务,我们不断地变换主题、热点追踪、更换形式都是为了尽量满足不同用户的需求,不停的组织互动、策划活动也都是为了不停地去引导那些积极分子,调动冷静观望的用户,以及尽可能大概率地捕捉到概率用户。

① 内容选择:每天具体推送什么内容,内容上的安排要有逻辑,不断地重复能让用户记住平台的特质。从内容运营的角度来说,找到重复的元素,如首图、正文开头部分、正文结尾部分等,对于传播和留存用户是很重要的。一篇文章的"保鲜度"一般是3天,过了3天后若平台没有好的文章接力,粉丝直降是毋庸置疑的事。

② 单图文和多图文的选择:在推送形式上,确定选用单图文还是多图文。单图文的好处是每天可以让目标用户集中精力读一篇最高质量的文章,但要因平台不同而灵活变化。对于资讯类的公众号,单图文的推送难免会显得单薄。单图文和多图文的选择依赖平台特性与目标用户。

③ 二维码:原生的二维码实在没有什么新意,缺乏辨识度。二维码在一篇正文中还是占到了一定位置的,所以更要与众不同,具有新意,经常更换,现在常见的表现方式有长按和指纹(变相长按识别)。二维码的标签可以设计成固定一个样式,重复使用,这样才有品牌感。

④ 标题:微信图文标题的起名非常重要,毕竟标题党存在还是有一定道理的。

a. 如何体:最基本模式,一目了然全文阐述了个什么问题,读者从标题就能判断是不是自己想要的内容,如何体和即得收益相结合,会更加挠到受众痛点。例如:

《技术型营销人必看:Airbnb 早期是如何用 Growth Hack 获得更多用户的?》

《现代营销人进阶之路:如何从零开始成为营销技术专家(Marketing Technologist)》

《如何发邮件请求帮助,并获得超高回复率?》

b. 合集型:合集的好处,往往在于它的归纳总结性强,一篇抵单独看5篇。数字的堆积也给人冲击感和饱腹感。如果还有个好的结构,合集型文章读起来更轻松。例如:

《Airbnb 告诉你如何用鸡肋换鸡腿:三种分享型经济的典型案例》

《【盘点】重磅推荐!来自 Adweek 2014 年度 Digital,Television,Magazine 榜单》

c. 带负面词汇的标题:比如:《4个常见错误》《5件你应该避免的事》。这些负面词汇往往让人警醒,想一探究竟,见不贤而内自省,通过一些错误的案例来获得启示。例如:

《如果你的简历石沉大海,看看这8个秘籍》

《关于故宫博物院你所不知道的那些事儿》

d. 加一些修饰词:修饰词的作用是让定义更明确、独特,增加读者的情感强度。例如:

《最好最新的案例库都在这里了|Hunt By SocialBeta》

e. 带有急迫感:《你还没尝试过的》《最新推出的》……人人都有探索精神,兼具反击验证的心理缺口,会立马想验证下我到底尝试过没有? 最新推出的东西我知道了吗? 而且,让标题充满急迫感,也是召唤行动的一种表示。你会不会想赶快去验证下这个视频自己看过吗? 真的有趣吗? 万能模式:动词+所得利益。例如:

《【案例】这么有趣的航空安全须知视频,你看过吗?》

《学会这些英文单词,你就可以在广告圈混了!》

f. 赋予珍贵资源被读者独家抢占到的感觉:看到这样的标题,读者会觉得你给的信息,他

能得到,别人得不到。而且,获取这个独有的信息后,读者会更愿意作为传播源,向别人散布知识。例如:

《FaceBook 内部员工工作指南》

《Google 程序员薪资探秘》

《【李叫兽】如何写微信公众号文章:文章流畅耐读的奥秘》

g. 解释性标题:专访的关键词赋予了文章独特性,也向读者传递价值和探秘感,再加上数字和如何体来补充事实和知识性说明。例如:

《学生团队如何取得 35W 销售额:专访南京大学欧莱雅义卖团队 Mr. Miss》

h. 嵌入专业性词汇:专业词汇能展现文章的专业价值,还能吸引到精准的受众。新锐或高精尖的概念,吸引到 1 个专业优质受众,也比 2 000 个无关阅读量的收益大。例如:

《【资源】HTML5 工具篇:10 个营销人也能轻松使用的在线编辑平台》

i. 善用双关语和俏皮话,增加趣味性:双关语+网络热词是种很好的搭配,它们互相弥补新颖创意与过度流行间的不平衡。例如:

《当〈权力的游戏〉遭遇"蠢蠢的死法",连最悲催的"领便当"也变得萌萌哒》

《Instagram 上 50 位 KOL 晒同款女裙照片,裙子迅速售罄,但 FTC 说违规了》

j. 传递能简单习得和立马速成的感觉:人人都很忙的,没有时间和意愿去复杂钻研。例如:

《一篇文章读懂营销本质变迁从广告到 SDi》

《7 步教你玩转 Logo 设计》

k. 福利帖:标题表明,读这篇文章有福利。一种是直接打上福利的标签,还有一种是隐喻,使用"指南""面面观""入门读物"。例如:

《2014 年度礼物榜单——献给不会送礼物星人的福利帖!!!》

《【招聘福利】高端职位专场:新媒体和营销类职位》

《【指南】关于视觉营销利器 Cinemagraph,营销人应该知道的概念、案例和最佳实践》

《春节充电:36 篇社交媒体和数字营销人荐读文章(职场篇)》

l. 代入本地化和渠道特性:知名地标或者有特色的地点也能带动更大地区的狂欢。例如:

《三里屯从此多了一家价格很奇葩的酸奶公司》

《庆丰小吃是如何做电商的》

m. 借热点东风:流行是一时的,可以借热点的东风来造势,但原本的内容才是本质。《权力的游戏》第五季热播时,Uber 纽约立马推出"铁王座试乘"服务,是很好的借热点营销,同样,标题也可以借热点来起。例如:

《世界那么大,你哪都别去了,时趣,要你》

《别去优衣库试衣间了,直接来××的床》

n. 标题具体化:当内容太多,无法将所有概念都提取到标题里,或者标题太泛泛而不动人的时候,就要选取文中的亮点来制作标题了。例如:

《除了 Toms 鞋,你知道还有哪些 One for One 的品牌?》

《会跳舞的红绿灯:让等待的时光也美丽的 6 个创意场景》

⑤ 引导关注:在很多微信订阅号的内容正开头部分常常看到有"点击上方即可关注"的引导关注按钮,这种方法在最开始的时候使用还是不错的,但现在大家对微信都比较熟悉了,加

不加不重要,重点还是你的内容要足够吸引人,与其在微信的开头部分加上引导关注这样能凸显智商的标识,不如用一些让用户记住的重复元素代替。

⑥ 微信公众号后台的图文分析:文章标题决定图文阅读人数,文章内容质量决定转发量(包括好友转发和朋友圈转发),而且标题和内容互相影响。除了公众号直接推送的界面之外,朋友圈是内容传播最重要的用户来源渠道(根据2015企鹅智库大数据调查)。可见一个吸睛的标题和质量超高的内容,对文章阅读量的影响力极其重要。这也是为什么很多大号的文章阅读量远高于粉丝数的原因。

做公众号一定要有长远的眼光,长远支持,用长跑型的耐力和决心去做,立竿见影的效果只能是做梦,在资源匹配合理的情况之下,至少3个月以上才能起到效果,慢的话一般要半年。所以,大家要明白的一点就是,微信公众号短期达到效果是完全不可能的。

(3) 推广　运营、内容、推广是并肩齐进的,做好推广绝非易事。对于很多微信运营者,内容优、策划优、活动优,但是公众号关注人数太少,不够形成大规模转发分享怎么办?如何选择推广方式要根据预算、预期活动效果等因素综合决定。下面列出常见的推广方式:

① 广告推广:付费推广,在各大媒体上,线上线下可以触及到客户的地方进行宣传。线下可以是地铁、轿梯等,线上为广点通、QQ群、微信、微博、知乎、贴吧等。通过广告砸出一二万的粉甚至更多,然后再利用自己的原创内容和服务维系粉丝。但前提是有预算!处于增长用户期的公众号,这个推广的方式绝对值得一试。

② 大号推广:找到与自己目标用户群体吻合的大号,用大号发软文推广吸粉也是一种方式。这种推广方式更适合活动推广,找跟你的粉丝属性比较吻合的大号,例如,好易家食品服务号是做西餐微电商的,那么可以找本地号、美食号、职场号等大号作为助力推文。值得注意的是,现在很多公司和团队商业化运作之后,这种推广的水分也越来越大。一些早期靠粉丝数做起来的大号,实际上靠的是各种广告费过活(微信头条××元、副条××元),也许此号的粉丝早已对各种广告不再敏感,或账号死粉太多。

③ 粉丝社群:通过聚集起一批同类用户,提供某种服务或价值的组织,你卖个萌,哪怕你发个红包也会有人响应。

④ 互推:也叫联合推广。简单说就是你的公众号帮我推一篇,我帮你推一篇。可以通过一些活动以及内容上的联动来做,最好是找目标群体一致的公众号,否则硬推效果一般。当然,互推是在公平对等(你的粉丝数比我多一倍,那我放次推,你放主推)、诚信做人的基础之上进行的,最好找朋友或者信赖的人。

⑤ 活动策划:活动吸粉相对来说比较容易,电商平台的策划往往会根据节日、特殊定位来营造气氛。

⑥ 地推:在种子用户期和初始用户期,地推是最简单粗暴的方式了,成本相对较低,最直接有效。如果你们有线下门店或者体验店,那么根据人流量,每天保持增加一定数量人数是没问题也是必须的,不然很容易就丧失斗志和信心。如果没有线下实体店,那么就组建一个1~5人的地推小团队,选择好目标人群出现密集的地点,准备点小礼品换粉丝还是可以得到相对精准的粉。线下获取粉丝的信任度、互动程度都会更好,而且更容易成为你的铁粉。

3) 团队

(1) 团队架构　组建团队总的原则还是要根据公司发展的阶段来灵活调整。如果一般的小项目、小公司或者传统公司转型做移动新媒体推广,那么2.5人配置是比较理想的——1个运营、1个文案、0.5个美工。

首先必不可缺的一定要有一个运营者,这个运营者需要了解并部署整个新媒体运营部门的工作情况,协调公司内外部的资源。而现在大部分的情况是微信小编要承担运营规划的重任,还有一种情况是,新媒体运营人员也承担着内容、设计等各种工作。

运营负责整体规划,监督并执行工作,而且连推广及活动策划、数据分析一并兼任了。文案负责内容产出和微信平台上的设置维护,以及一些用户运营的工作也要兼任了。最后的0.5指的是美工设计,一般公司都有设计,那么共用就好了,或者团队有比较全能型的运营或者文案,可以把这0.5的工作任务自己搞定。

一些阶段性的设计工作以及技术开发工作(比如最近很火的H5),甚至活动策划工作,可能由于专业性比较强,但是又不用一直养着这么一个人,那么可以选择阶段性的外包,或者利用资源解决问题。这里必须说,技术开发和外包策划都需要足够的资金预算。

如果是大企业或者是重视新媒体方向的公司,那么最好分工明确:运营部门负责操盘整个大局,战略规划;下一级分为推广部、策划部、文编部、设计部、技术部,各部门根据需求配置人员;最后就是线下推广的业务人员,做大后可以成立独立的商务部门。

(2) **激励与考核** 对于微信团队,团队考核与个人考核并肩齐重;对于个人,激励要大于严苛的指标,但是不代表没有KPI。下面列出一下简单的考核参考,不同性质的公众号考核的重点也应该不一样。

① 微信运营:近期活动策划完成质量、用户分析、图文分析、日报、周报、月报、用户互动率等。
② 线上推广:新增粉丝数、累计粉丝数、推广图文游戏点击率、推文点击率转化率等。
③ 文案内容:推文粉丝流失率、用户打开率、原文页阅读率、分享转发率等。
④ 设计美工:按时交图率、图片质量团队满意度等。
⑤ 技术开发:后台维护、游戏点击率、接口调用率、失败率和平均耗时等。
⑥ 线下推广:新增粉丝数、工作时间、直接营销数等。

4) 微信运营相关软件

(1) **数据分析软件** 微信平台或者授权的第三方平台都有自带的数据分析,要懂得怎么从数据分析中提取出你需要的信息,而这是很多运营人员缺失或者忽视的点。

(2) **图片视频处理软件** 对于图片处理,美图、在线GIF编辑器、二维码美化软件、Photoshop这几个软件强烈建议要会应用。基本的美学知识很重要,运营很多时候是要跟美工打交道,告诉他们你需要什么样的场景,想要什么样的图片,这个时候,如果你懂得这些,沟通起来会比较方便。视音频处理软件有格式工厂、会声会影。以下软件工具根据兴趣和能力适当掌握就好:AI(矢量)、DW(网页编辑器)、XMind(思维导图软件)、UEditor(在线 HTML 编辑器)、Fireworks(网页作图软件)等。

(3) **微信图文排版软件** 135微信编辑器、96微信编辑器、易点微信编辑器等。
(4) **微场景制作软件** 易启秀(推荐)、MAKA、兔展、初页等。
(5) **第三方平台**:有赞商城(电商必备,偏重微电商)、HOMYi(新颖,偏重活动)、微盟等。

7.2.5 思考与练习

(1) 以个人名义申请一个微信订阅号,学做自媒体人,打造个人品牌。
(2) 学习发布图文消息,介绍校园生活,展示学生风采。

项目8 微博营销

【项目简介】

本项目的工作任务是通过微博平台实现对特定产品或服务的营销。项目要求学生在新浪微博开设账号,寻找潜在客户,发微博,实施微博营销。通过项目实践,让学生掌握微博营销的步骤、方法和技巧。

【项目案例】

美丽说的微博推广

美丽说官方微博不断发出吸引女孩子注意的优质内容,并把这些内容通过更多时尚服饰、化妆类女性微博账号精准传播出去,用内容打动女性目标用户,获取目标用户共鸣,进而吸引她们进行注册。

1) 具体执行

(1) 微博内容策划以情感导向为主,鲜少直接推荐服饰。

(2) 制作大量服饰、鞋帽、妆容等美图,配合文案发出。

美丽说的合作目标是从微博上找到尽量多的女性用户,微博上从来就不缺年轻的爱美女性,如何找到她们并抓住她们?只需要两步:一是产生正确的内容;二是找到准确的受众。

美丽说官微从未发过一次"有奖注册"类信息,依靠的只是最简单质朴的方式,每天发布20条左右的优质内容,其中涵盖女性用户最关心的潮流服饰搭配、最酷饰品、最流行妆容等,并运用各种女性关心的账号把这些内容高频次地传播出去。

微博营销=准确的受众×正确的内容。

正确的内容——微博绝不是商家的叫卖场,而是品牌展览馆;微博绝不是产品的说明书,而是情感共鸣录。

准确的受众——微博传播绝不是仅靠大号,广播种还需深耕作;微博传播诀窍只有三点:精准、精准、再精准。

美丽说和微博经过10个月的合作,从微博上筛选出来700多万优质女性注册用户,并带来了200万官微粉丝增长的附加价值。

微博是一个高效率的信息传播平台,抓住这一本质,把企业想要传达的信息精准地传达给目标受众,才能发挥微博营销的最大功效。

2) 成功总结

(1) 产生正确的内容　把握微博特点,持之以恒,长久持续更新能够打动时尚爱美年轻女性的优质内容,吸引目标受众注意。

(2) 找到准确的受众　坚持微博精准传播,每日把美丽说官微优质内容定期传播出去,依靠众多覆盖年轻女性人群的精准大号不断转发信息,让美丽说的微博内容持续潜移默化影响女性粉丝,吸引她们注册美丽说。

美丽说的微博内容,如图8-1所示。

图 8-1 美丽说的微博内容

微博营销的思维导图,如图8-2所示。

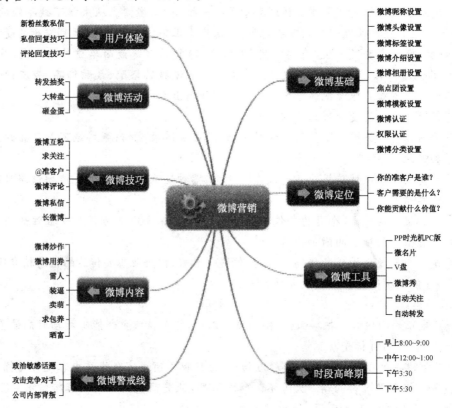

图 8-2 微博营销思维导图

模块 8.1　设置微博账号

8.1.1　教学目标

【终极目标】理解微博营销的实质。

【促成目标】

(1) 了解微博的特点。

(2) 了解微博的营销价值。

8.1.2　工作任务

【总体任务】在新浪微博平台上开通账号进行营销活动。

【具体任务】

(1) 申请微博账号。

(2) 设置微博账号信息。

(3) 建立微博矩阵。

8.1.3　能力训练

【活动一】申请新浪微博账号。

活动目的:利用新浪微博这个平台为自己的学校进行品牌宣传。

活动要求:掌握微博账号的开通流程。

活动分工:学生 3~5 人一组。

活动器材:计算机、互联网、手机。

活动内容:以学院、招生工作人员、教师、学生、教育行业专家等身份分别开设微博账号,每人担任一个角色开展微博营销。

活动程序:

第一步:进入微博首页。

图 8-3　微博首页

打开微博首页(http://weibo.com/),可以新注册一个微博账号,也可以使用第三方账号(如淘宝账号、QQ账号等)直接登录微博,如图8-3所示。

第二步:注册微博账号。

在注册微博时,我们一般进行的是个人注册,用手机号或邮箱进行注册,只需按页面提示填写相关信息,最后点击"立即注册",如图8-4所示。

图8-4 注册微博账号

活动提示:如果您已有新浪账号,如新浪博客、新浪邮箱(×××@sina.com、×××@sina.cn),您直接登录微博就可以使用,无需单独开通。如果您还没有新浪账号,则请您按照以下步骤进行微博账号的注册(微博登录页面点击"立即注册"进入注册页面):

(1)邮箱注册　输入常用邮箱地址,设置密码、昵称,填写相应个人资料即可。注册微博后需要激活操作,用户可以点击"立即激活"进入注册邮箱,点击邮箱中的激活链接即可。

(2)手机注册　输入手机号码,设置密码、昵称及个人资料后,填写的手机号码会接收到验证码,输入验证码后即可注册成功。

注册成功后,还需要完善一下个人信息,包括昵称、出生日期、性别、所在地、兴趣爱好,如图8-5、图8-6所示。

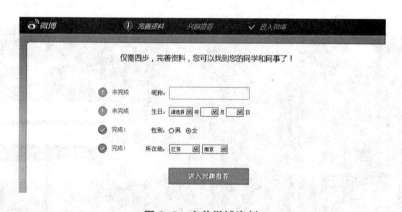

图8-5 完善微博资料

图 8-6 选择兴趣推荐

活动提示:个人信息填写得越详细,越容易找到志趣相投的人。新浪微博平台会根据你的个人信息向你推荐你可能感兴趣的人,同城的、年龄相仿的、有共同爱好的,等等,这也是一种寻找潜在客户的方法。

在机房上课的同学,大多使用的是校园局域网,可能在注册时会遇到电脑提示注册过于频繁的情况,这有可能是在你当前使用的网络 IP 下已经注册过多个账号,若您需要再次注册新的微博账号,建议您更换网络环境或者更换 IP 地址后进行注册。若您并没有注册其他账号就出现了此提示,则有可能是同一网络环境内有其他人注册过多个微博账号。你可以用在手机上下载和安装的微博 APP 完成微博的注册。

【活动二】设置微博账号信息。

活动目的:利用新浪微博这个平台提高学校的知名度。

活动要求:掌握微博账号的设置。

活动分工:学生 3~5 人一组。

活动器材:计算机、互联网、手机。

活动内容:以学院、招生工作人员、教师、学生、教育行业专家等身份分别完善微博账号信息,多方面展示学校风采。

活动程序:

第一步:进行微博账号的设置。

在微博页面的右上角,找到"设置"按钮,进入"账号设置— 我的信息"页面,即可看到当前账号内的各项信息,包括登录名、手机号、昵称、个人资料、教育信息(填写教育信息,能帮助你在微博上快速找到许久不见的老同学)、职业信息(填写职业信息,能帮助你在微博上更好地发展自己的职业圈,可以找到同事或同行)、个人标签(最多设置 10 个标签,系统可以根据这些标签为你推荐)、收货地址(如果在微博上中奖了,可以寄送奖品的地址)、个性域名(你的微博就是你的个人网站,设置一个好记的域名,方便你向你的朋友推荐),如图 8-7 所示。

图8-7 微博账号的设置

活动提示：设置或修改的昵称，请在4～30个字符，支持中英文、数字、"_"和减号。为了方便昵称被搜索，建议不要将昵称设置得过于复杂。

昵称是你在新浪微博中使用的虚拟姓名，当别人浏览你的微博时，他只能看到你的昵称，而不会看到您的登录名。昵称在注册后，可以随时更改。昵称是可以被访客看到的，建议起个能叫得出口的名字，少用稀奇古怪的字符，起个简单并且有个性的昵称，便于让人记住。也可以使用自己的真实姓名，说明你是个值得信任的人，在虚拟的世界里，多了一份真诚。

填写个人资料的好处：可以让初次接触你的朋友更好地了解你，比如个人简历、联系方式，有些可以选择不公开，当然了，公开得越多，别人就可以越深入地了解你。如果是企业官微，可以介绍一下企业的主营业务或是招牌产品，也可以是近期要开展的活动情况等。在简短的个人资料中，说明自己的同时，也选择适当的时机，填入要优化的关键词，提升搜索引擎抓取的几率。个人资料的内容与微博保持好的相关性，不仅能提升搜索引擎抓取，而且，也不会让你的听众感到厌烦。

微博中个人标签的填写，也可以填入要优化的关键词，提升搜索引擎抓取几率，同时也能增加和你有共同标签或共同兴趣的粉丝加关注。

第二步：设置头像。

若要设置或更换微博头像，请在"账号设置→头像"中设置，请上传小于5MB的JPG、GIF、PNG格式的图片。可以使用存在电脑里的本地照片直接上传，还可以用摄像头进行自拍，如图8-8所示。头像可以选择自己的真实头像，这样可以让网友产生信任。

活动提示：如果是企业微博，头像最直观地体现了企业文化，可以用清晰的

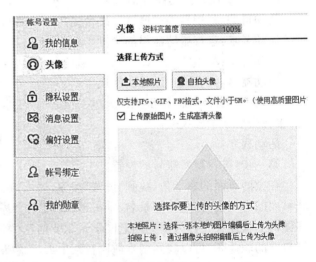

图8-8 设置头像

企业 Logo,也可以尝试用企业的形象代言人、吉祥物甚至企业员工等,要简单清晰,容易让用户记忆,也可以尝试"拟人化",能更好地拉近你和粉丝间的常规距离。

8.1.4 相关知识

1) 什么是微博

(1) 微博的定义　微博(Weibo),即微型博客(MicroBlog)的简称,也是博客的一种,是一种通过关注机制分享简短实时信息的广播式的社交网络平台。

微博是基于社交关系来进行信息传播的媒体平台,兼具媒体和社交属性。传统媒体时代,信息内容的传播主要是大众传播,多数人从少数信息源获得信息。在微博这样的社会化媒体出现之后,信息内容的传播是通过人与人之间的"关注""被关注"网络、节点式的一层层传播开来。我们可以关注企业,也可以关注个人;可以关注名人,也可以关注平凡人;可以关注熟人,更多关注的是陌生人,人人都是自媒体。这种传播方式覆盖面广、速度快,同时有信任关系的存在,信息的被接受程度比较好。在内容维度上,微博正在从早期关注的时政话题、社会信息,更多地向基于兴趣的垂直细分领域转型。

从对微博功能的使用情况来看,73.9%的用户通过微博关注新闻/热点话题,这意味着新浪微博已经成为一个大众舆论平台,成为人们了解时下热点信息的主要渠道之一;61.6%的用户主要看热门微博;59.6%的新浪微博用户关注感兴趣的人;57.9%的新浪微博用户在微博上看视频、听音乐;52.8%的人在微博上分享、转发信息。由此可见,各种需求均可以在新浪微博上得以满足,新浪微博成为他们生活中一个主要的沟通交流平台。

(2) 微博的发展　最早也是最著名的微博是美国 Twitter。2006 年 3 月,博客技术先驱 Blogger 创始人埃文·威廉姆斯(Evan Williams)创建的新兴公司 Obvious 推出了大微博服务。

Twitter 在国外的"大红大紫",终于令国内有些人坐不住了。从校内网起家的王兴于 2007 年 5 月创建了中国第一家带有微博色彩的社交网络——饭否网。

2009 年 8 月,中国门户网站新浪推出"新浪微博"内测版,成为门户网站中第一家提供微博服务的门户网站,微博正式进入中文上网主流人群视野。

2010 年,国内微博迎来春天,微博像雨后春笋般崛起,四大门户网站(新浪、腾讯、网易、搜狐)均开设了微博。从 2010 年年底到 2011 年 6 月,中国微博用户从 6 331 万增至 1.95 亿,增长 2 倍多。微博在网民中的普及率从 13.8%增至 40.2%。截至 2013 年 6 月,中国微博用户规模达到 3.31 亿,网民使用率达到了 56%,微博达到了全盛时期,仅微博每天发布和转发的信息就超过 2 亿条。

伴随着微信、易信等即时通信工具的诞生,微博逐渐开始衰落。2014 年的下半年,腾讯、网易先后关闭了微博业务,搜狐微博在市场上几乎没有了声音。2014 年 3 月 27 日晚间,新浪微博网页 Logo 悄然换新,原来的新浪微博已经改为"微博"二字。在国内的微博平台中新浪微博一枝独秀,提到微博基本就是指新浪微博。

(3) 微博的特点　微博提供了这样一个平台,你既可以作为观众,在微博上浏览你感兴趣的信息;也可以作为发布者,在微博上发布内容供别人浏览。微博最大的特点就是:发布信息快速,信息传播速度快。

微博作为一种分享和交流平台,其更注重时效性和随意性。微博可以在任何时间、任何地点即时发布信息,其信息发布速度超过传统纸媒及网络媒体。微博的内容简短,限定为 140 字左右,也可以发布图片、视频等,门槛较低,人人都可以随时随地在微博上展示自己,标志着个人互联网时代的到来。新的传播工具也造就了无数的草根英雄,从默默无闻到新的话语传播者,往往只在一夜之间、寥寥数语。

2) 什么是微博营销

(1) 微博营销的定义 以微博这种网络交流平台为渠道,通过微博客的形式进行推广,以提升品牌、口碑、美誉度为目的的活动,就叫微博营销。

近年来,微博发展迅猛,越来越多的人利用碎片时间浏览、发布或评论微博,微博也越来越多地融入到中国人的工作与生活中。越来越多的企业认识到微博的极大价值。利用微博,企业可以将其中的潜在用户转换为实际用户,还可以与现有客户或合作伙伴方便地进行在线交流互动,挖掘更多的商业机会。通过微博,企业还可以了解外界的评价,向外界展示你的理念、品牌、产品或服务的渠道。既可以发现对你有利的信息并加以放大,也可以发现对你不利的信息,及时进行沟通化解。

(2) 微博营销的作用 许多企业开设了官方微博,并将微博与企业营销的其他渠道有机地结合起来,如图 8-9 所示。企业开通微博的主要目的是品牌建设,其次是媒体公关、客户关系管理、销售、招聘等等。

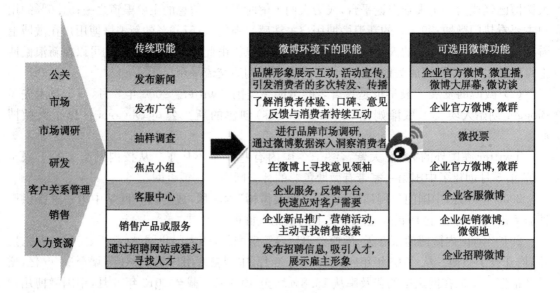

图 8-9 微博在企业营销中的职能

① 微博成为品牌推广与公关活动的主阵地:微博让一些原来并不太出名的企业品牌迅速扩大了影响力,例如@新周刊、@快书包及@海底捞等迅速走红。另外,许多大企业开设了相应的微博矩阵,以中国电信为例,其就开设了@中国电信、@中国电信客服、@中国电信网上营业厅等一批账号,品牌曝光量大大增加。对于微博公关,"3·15"晚会上数家被曝光的企业当天晚上都在微博上迅速做出回应,这些都表明微博已经成为中国企业公关的最快道歉平台。

② 微博成为新模式的销售渠道:对于 B2C 的企业,微博不再只是品牌推广的重要阵地,更成为了某些企业的重要销售渠道。2012 年 12 月,红极一时的小米率先与新浪微博达成同盟,在微博平台上进行直接商品预订,这无疑是产品销售的又一次创新。此次活动中,预约转发达 233 万次,@小米手机粉丝超过了 150 万,预约达 130.3 万个,5 万台手机 5 min14 s 即卖完。

③ 微博成为新形式的客服平台　如果说微博营销是对潜在客户的挖掘,那么微博服务则是提升客户体验的重要手段。作为自媒体平台,很多人会通过微博进行吐槽,这时微博服务就显得尤其重要。

在这方面,国内几大电信运营商做得不错,中国电信(@中国电信客服)、中国移动(@中国移动10086官方微博)、中国联通(@中国联通客服)纷纷都开设了客服微博,形成集团客服+各省市客服的微博矩阵。这种创新为用户提供了更快的信息快递、更人性化的沟通、更个性化的服务以及更好的客户体验。

(3) 创建微博矩阵　企业开展微博营销需要建立微博矩阵。微博矩阵是指在一个大的企业品牌之下,开设多个不同功能定位的微博,与各个层次的网友进行沟通,达到360°塑造企业品牌的目的。

① 以企业名称注册官方微博一个,主要用于发布官方信息。

② 企业领袖微博一个,对外凸显企业领袖个人魅力。该微博的操作需要相当谨慎,因为有可能会产生负面作用,例如唐骏事件。

③ 对于同时开发多个产品的企业,还应该针对每个主要产品发布一个产品官方微博,用于发布产品的最新动态;还可以充当产品客服的作用。

④ 官方的客服也可用以个人名义创建微博,用来解答和跟踪各类企业相关的问题。

⑤ 企业内部多个专家可以用个人名义创建专家微博,发布对于行业动态的评论,逐步将自己打造为行业的"意见领袖"。

微博账号尽量进行认证,这样可以获得粉丝的信任,认证后机构账号后面会显示蓝V,个人账号后面是橙V,还能防止其他人假冒企业的名义发布虚假信息。

8.1.5　思考与练习

(1) 你所在的学校是否开通了官方微博并建立了微博矩阵?目前的微博矩阵是否健全?如何完善学校的微博矩阵?

(2) 请关注知名企业的官方微博、企业家的微博以及企业产品的微博,学习和总结微博营销的经验。

(3) 请思考,如何利用微博对你们的学校进行招生宣传?

模块8.2　寻找潜在客户

8.2.1　教学目标

【终极目标】学会在微博平台上进行客户挖掘。

【促成目标】
(1) 主动寻找潜在客户。
(2) 让潜在客户主动关注微博。

8.2.2　工作任务

【总体任务】根据微博的定位来进行吸引粉丝关注。

【具体任务】
（1）关注可能认识的人。
（2）通过微博搜索寻找潜在客户。
（3）发起微活动吸引粉丝。

8.2.3 能力训练

【活动一】关注可能认识的人。

第一步：在微博上寻找同学。

在微博页面的右上角，找到"设置"按钮，进入"账号设置→我的信息"页面，即可看到当前账号内的各项信息，填写教育信息时，从小学到大学都可以填写，填完会出现推荐同学，如图8-10所示。这样能帮助你在微博上快速找到许久不见的老同学。

图 8-10　在微博上寻找同学

第二步：在微博上寻找同事。

在微博页面的右上角，找到"设置"按钮，进入"账号设置→我的信息"页面，即可看到当前账号内的各项信息，填写职业信息时，会出现推荐同事，如图8-11所示。这样能帮助你在微博上更好地发展自己的职业圈。

图 8-11　在微博上寻找同事

第三步:通过标签找同类人。

在微博页面的右上角,找到"设置"按钮,进入"账号设置→我的信息"页面,即可看到当前账号内的各项信息,添加个人标签,比如一些描述职业、兴趣爱好等方面的词语,让更多人找到你,让你找到更多同类,最多设置10个标签,如图8-12所示。系统可以根据这些标签为你推荐感兴趣的人。

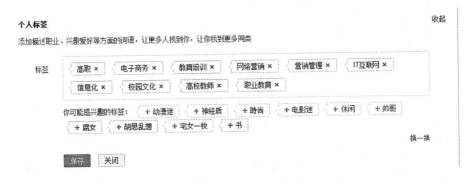

图 8-12 添加个人标签

第四步:主动邀请好友关注。

在微博页面的右上角,找到"设置"按钮,进入"账号设置—我的信息"页面,即可看到当前账号内的各项信息,设置个性域名,你的微博就是你的个人网站,设置一个好记的域名,方便向朋友推荐,如图8-13所示。

活动提示:要主动关注你的目标用户,一般用户在得到新关注(即获得新粉丝)之后,都会回访一下对方的微博,看看新增的粉丝是哪些人,发表了哪些内容。这里告诉你一个小窍门,你可以多关注那些粉丝比较少的人,因为他们也许是新成员,将心比心,他们也会因为你的关注而感动,从而成为你的粉丝。

图 8-13 设置微博个性域名

并非所有用户都会回访或者互粉自己的新粉丝,这种情况下就需要我们主动出击了。经常转发用户的微博,并在转发的同时写一些有价值、有深度的评论,不用几次就会引起用户的注意。用户会觉得自己得到了尊重,自己发表的东西有人懂得欣赏,自己又找到了一个志同道合的朋友。这时,用户会主动关注你,成为你的粉丝就是水到渠成的事情了。这种方法看起来虽然简单,但只要坚持做,用心去评论别人的信息,最终是能取得非常好的效果的。

【活动二】通过微博搜索寻找潜在客户。

活动目的:通过搜索关键字寻找潜在客户。

第一步:通过标签寻找潜在用户。

进入微博首页,在页面上方点击"发现"按钮,进入"发现"页面,在左侧的菜单里点击"找人"按钮,进入该页面后,在右上角出现一个"标签导航页",点击进入,如图8-14所示。

微博上的用户都会根据自己的特点或者喜好为自己的微博贴上不同的标签,如图8-15所示。这些标签都是用户自身设定的,最能体现出个人的特点。根据这些粉丝的特点,我们就可以对他们进行年龄、身份、职业、爱好等方面的归类。如果我们的目标用户正好和某一类人群重合,则这类微博用户就是我们的目标用户,我们就可以关注他们。

图 8-14 微博找人页面

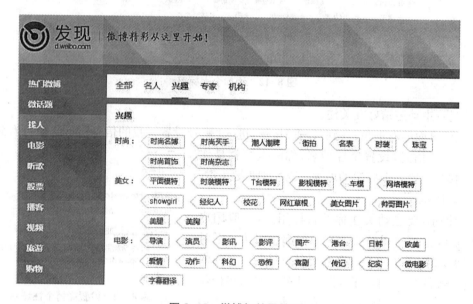

图 8-15 微博标签导航页

第二步:通过微群寻找潜在用户。

进入微博首页,在页面上方的搜索栏直接搜索"微群",找到"新浪微群"应用,如图 8-16 所示,点击进入。

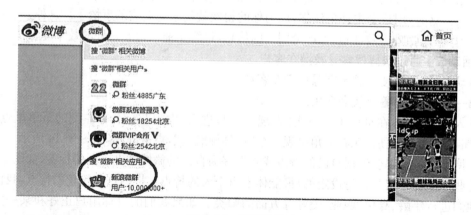

图 8-16 搜索微群

打开微群应用的页面,点击新浪微群下面的"立即使用",如图 8-17 所示。

图 8-17　微群应用

进入新版新浪微博微群页面,在这里可以点击"创建微群",如图 8-18 所示。

活动提示:大家在创建微群的同时,还可以加入自己感兴趣的微群,有利于大家交友哦! 微群就像 QQ 群一样,是一群人因为某个共同的特点或者话题聚到一起,进行交流和互动的地方。如果微群的主要话题和你的产品有比较紧密的结合点,那么微群里的用户也是你的目标用户。微群为大家提供了一个围绕某个话题交流和讨论的场所,群内的成员也往往都

图 8-18　创建微群

是对这一话题关注的人。如果我们能常常发一些用户关注的内容,经常和群内的用户进行交流讨论,帮助用户解决问题,甚至成为群内的名人,那么群内的用户也会慢慢转变成我们的粉丝。

第三步:通过微博内容搜索寻找潜在用户。

在微博的搜索框中查找关键词,如你的产品的关键词、你的行业的关键词、你的地域的关键词、你的市场的关键词、你的公司的关键词、你的品牌的关键词、你的企业领导人的关键词、与行业首领相关的关键词、相关话题的关键词等。查找后,就会出现相关的微博内容以及评论者,他们很有可能就是你潜在的客户。

【活动三】发起微活动吸引粉丝。

活动目的:通过活动让潜在客户主动来关注。

第一步:创建活动。

目前只有认证加 V 用户才能通过微博活动平台发起活动,发起活动的唯一入口是:电脑端微博→个人主页→管理中心→营销推广→活动中心→创建新的活动。

第二步:发布活动(以有奖转发为例)。

① 选择活动类型:目前活动中心提供了三种活动形式:幸运转盘、限时抢、有奖转发,其中有奖转发的传播效果最好,参与度很高,适用于刚刚建立官微,需要吸引大量粉丝关注,或是产品首发,需要大量宣传的情况,如图 8-19 所示。

图 8-19　选择活动类型

② 选择"有奖转发":填写活动的基本信息,如图 8-20 所示,包括活动标题、活动话题(最好跟当下的热门话题有关,对推广很有帮助)、活动时间(要设置为 24 h 以后的时间,因为要给系统预留 24 h 的审核时间)、宣传图片、参与资格(刚开始的时候最好不要限制太多)。

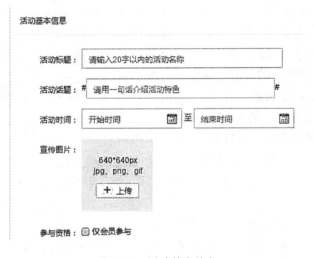

图 8-20　活动基本信息

③ 填写需要用户转发的内容:包括文字和图片,如图 8-21 所示,活动上线后,这个内容不能删除,一旦删除不能恢复,即使删除了微博,这个抽奖活动还得继续完成。

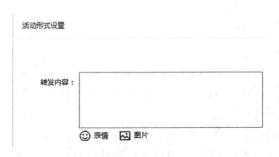

图 8-21　微博转发的内容设置

④ 设置奖品:如图 8-22 所示,包括奖品名称、数量、类型(可以是实物奖品,也可以是虚拟奖品)、奖品图片,设置完一等奖,就会出现二等奖的设置,依此类推。

图 8-22　奖品设置

⑤ 审核:活动信息填写完之后就可以提交审核,如图 8-23 所示,还可以选择增值服务"关注后参与",所有参与转发的用户就会自动成为你的粉丝。

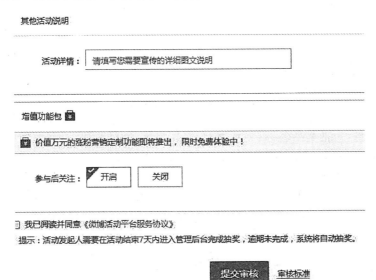

图 8-23　提交审核

活动提示:通过活动平台发布的,活动标题、活动话题、活动详情、转发内容、活动图片等内容中如果含有以下信息,均不予通过审核:

a. 要求关注发起人、@好友(例如中奖粉丝必须关注@××并转发本微博、@ 3 个好友等)。

b. 竞争平台的链接、二维码、公众号。

c. 其他附加中奖条件(例如需要关注微信账号、必须分享到微信等)。

d. 自定义抽奖(例如人工抽奖、人工根据转发数量抽奖等)。

e. 奖品需要用户到付、需要用户提供身份证号等敏感信息。

第三步:微博活动开奖。

活动结束后,登录 PC 版"微博→管理中心→营销推广→活动中心→已结束",找到活动,点击"去开奖"(只有在活动结束后才有此按钮)即可!

如果活动结束后7天内,活动发起方没有去点击"去开奖"按钮,则系统会自动抽取。

抽奖完成后,系统会自动给中奖者下发中奖私信,私信中会包含填写收货地址的链接,中奖者需要在7天内点击私信链接填写收货地址,逾期未填写者,发起方有权不发放奖品。

用户填完收货地址后,活动方可登录PC版"微博→管理中心→营销推广→活动中心→已结束",找到活动,点击"中奖名单"查看收货地址。

补充说明:没有加V的用户,可以尝试使用微博抽奖平台,门槛很低,只需要发布抽奖活动微博并@微博抽奖平台。这个是官方的抽奖工具,可以智能过滤垃圾粉,抽奖规则、结果完全公开,保证抽奖过程的公正性。该平台对全用户开放,并对抽取次数无限制,支持@好友、同时关注多个用户、关键字筛选等多种抽奖规则设置。

登录PC版"微博→管理中心→营销推广→抽奖中心"选择要抽奖的微博,点击"抽奖",如图8-24所示。

图8-24 微博抽奖平台

设置抽奖信息,包括奖品名称、奖品类型、奖品数量、@好友数、过滤垃圾用户、公示微博式样,还可以选择增值服务,如图8-25、图8-26所示。

图8-25 设置抽奖信息

设置完抽奖信息后,点击"开始抽奖",抽出中奖用户→查看抽奖结果→公示中奖用户→待用户完善收货信息→发放奖品,如图8-27所示。

在微博的营销推广工具中,抽奖活动或者是促销活动都是非常吸引用户眼球的,能够实现

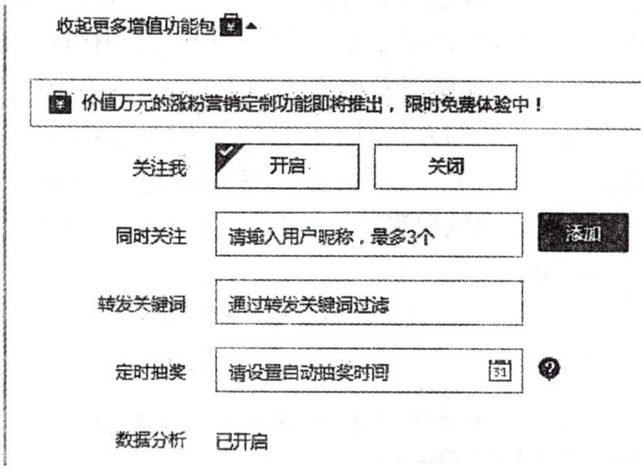

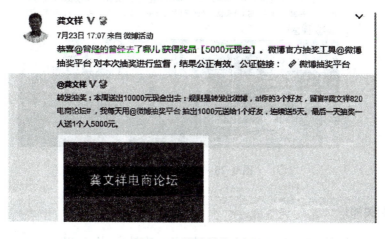

图 8-26 抽奖平台的增值服务

图 8-27 微博抽奖案例

比较不错的营销效果。微博活动平台与微博抽奖平台的使用区别如表 8-1 所示。

表 8-1 微博活动平台与微博抽奖平台的区别

项目类型	微博活动平台	微博抽奖平台
使用对象(哪些人可以用)	加 V 用户(蓝 V 和橙 V)	所有微博用户
发起活动方式(怎样发起活动)	电脑端微博→管理中心→营销推广→活动中心	电脑端或者手机端微博直接发布活动微博并且@微博抽奖平台
是否需要备案	不需要单独备案,审核通过后视为备案	必须备案(备案方式请私信@微博抽奖平台)
活动抽奖方式	PC 微博→管理中心→营销推广→活动中心→开奖(活动结束后)	PC 微博→管理中心→营销推广→抽奖中心→去抽奖(活动发起后)
系统是否会自动开奖	活动结束后如果 7 天之内活动方没点击"开奖",则系统自动开奖	系统不会自动开奖,但是发起方必须在活动发起后 15 日内开奖
自己能否挑选中奖用户	不能	不能

抽奖活动可以规定，只要用户按照一定的格式对营销信息进行转发和评论，就有中奖的机会。奖品一定要是用户非常需要的，这样才能充分调动粉丝的积极性。如果是促销活动，一定要有足够大的折扣和优惠，这样才能够引发粉丝的病毒式传播。促销信息要配合精美的宣传图片。如果能够请到拥有大量粉丝的人气博主帮你转发，会使活动的效果最大化。

如果不借助微博提供的营销工具，也可以做一些活动来吸引粉丝，一般来说就是关注账号，转发活动微博并@好友，就可以领取奖励。如图8-28所示，一家新开的店，借助大V的转发，获得很高的曝光量，引发用户参与。

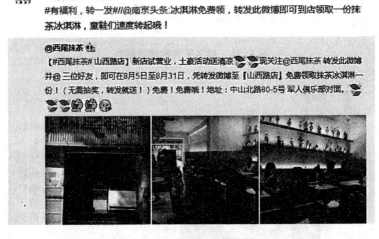

图8-28 微博活动案例

8.2.4 相关知识

微博联系人中，同学、现实生活中的朋友、同事占比最高，均在60%以上；其次是亲人、亲戚、明星，55%以上的微博用户会关注。

与一般的社交网络不同，微博除了熟人关系链的在线交互外，还有基于生人网络弱关系链和虚拟空间相关性的社交关系模式。在微博中，我们除了与现实生活中的朋友进行互动外，还会关注明星大V、垂直行业V用户，形成一个非常庞大的追随网络。同时也会因为对某一话题的关注，而迅速走到一起，从而造成很大的传播效应，这也是微博具有社交媒体属性的一个重要基因。

移动互联网时代，在社交平台上结识新朋友已经成为常态。调查结果显示，40.4%的社交用户使用社交应用的目的是认识更多新朋友，45.2%的社交用户联系人中有网上认识的朋友。陌生人社交其实一直贯穿于人类社交行为中，在移动互联网时代，这种需求通过陌生人社交应用产品被引导和释放。定位为认识新朋友的社交平台通过引入可识别的身份和个人标签，建立接近真实的社交场景，让有相似社会经历的用户能够对位匹配，极大地发挥弱关系的价值。

社交应用的基础在于人与人之间的关系和交互，这样的关系可能是亲戚、朋友、同事、同学等亲近关系，也可能是兴趣爱好相同或经历类似的感情共鸣关系，还可能是有信任感的意见领袖。电商企业通过这些关系中的部分人推荐或分享传播购物信息，将带动整个社交圈子里的人对企业和产品的认知和信任，最终转化为销售。

当前网民分享购物信息的比例较低,导致通过购物分享传递购物信息的力度不大。在商家的推动下,在部分意见领袖及关系亲近者的参与下,越来越多的网民开始认可并分享购物信息。

微博用户中,有10.5%的人会关注企业账号,他们关注企业账号的目的,主要是了解企业发展动态(79.9%),其次是了解促销信息(68.5%)。微博用户都是以休闲的心态来看微博,因此,微博企业账号的内容要尽量轻松幽默,这有利于增加品牌的亲和力。另外,配以图片和视频对提高微博质量也有较大作用。企业的官方微博是企业的品牌形象所在,有特征、有个性的企业账号才能更好地体现企业文化。

8.2.5 思考与练习

(1) 请在微博上寻找你的同学和老师并主动关注,并发送私信给对方,请求互粉。
(2) 新学期开始了,请为你所在学校的微博账号设计一个活动,吸引新同学来关注。

模块8.3 发布微博

8.3.1 教学目标

【终极目标】 通过微博内容来影响粉丝。
【促成目标】
(1) 正确地发布微博。
(2) 巧妙地借用热门话题。
(3) 与优秀微博用户进行互动。

8.3.2 工作任务

【总体任务】 发布优质微博内容吸引粉丝关注。
【具体任务】
(1) 撰写原创微博。
(2) 参与热门话题讨论。
(3) 转发优质微博。

8.3.3 能力训练

【活动一】 撰写原创微博。
活动目的:学会从不同角度来撰写微博,提升学校的知名度。
活动要求:以不同身份来发表微博。
活动分工:学生3~5人一组。
活动器材:计算机、互联网、手机。
活动内容:以学院、招生工作人员、辅导员、教师、学生、教育行业专家等身份发表不同的微博内容,组员之间相互评论和转发。

活动程序：

在微博首页上方的发布框中编辑想发送的内容，不超过140个字，点击"发布"即可。**微博还支持添加表情、图片（一次最多添加9张图片，俗称"九宫格"）、视频、话题等，如图8-29所示**。微博还可以添加音乐，在发布框"更多"按钮下选择"音乐"按钮，即可添加系统为您推荐的歌曲或您赞过的歌曲，同时还可在搜索框中搜索想要添加的音乐。

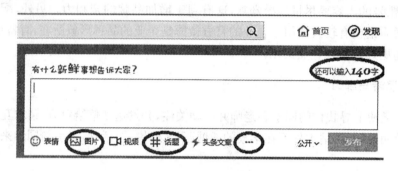

图8-29 微博输入框

如果希望增强话题的吸引力，让更多对话题感兴趣的微博网友关注自己的微博，**在设置话题词时需要使用新鲜亮眼、亲切有趣的词语或短句，吸引网友们探讨**。例如：#欠你一句对不起#、#各地霸气街名#、#一句话吐槽身边的奇葩#。

假如您想让朋友看到您的消息，可以在发微博的时候用@+对方的微博昵称或者备注名称，这样您朋友在登录微博的时候就会收到@提醒，查看提醒就可以看到您发布的消息。（温馨提示：只要知道对方的微博昵称即可@对方，无论对方是不是您的关注对象哦。）

一条图文并茂的微博会引发用户的关注，还会获得点赞、评论或转发，增加了**传播效果**。微博示例如图8-30所示，微博内容里含话题、表情、图片，可读性大大增强。

图8-30 微博示例

便于阅读和转发的微博具有以下特点：
(1) 简短　热门微博比140字更短，通常为100～120字。
(2) 配图要精美　尽量是9张，九宫格形式。
(3) 高转发率三要素　一个@、一个#、一个链接。
(4) 链接位置　将链接放在微博的1/4处点击率最高。
(5) 微博内容　提问形式，使用争议话题，尽量另类有趣。

【活动二】 参与热门话题讨论。

活动目的：结合热门话题增加曝光量。

活动程序：

在微博页面的右侧导航栏设有"热门话题"模块，会有专业编辑将最新最热的话题推荐给大家，如图8-31所示。

热门话题代表的是人气旺，而且当下发生的一些事，如果你感兴趣，不妨参与到热门话题的讨论中去，选择自己感兴趣的话题，点击进入就可以就此话题发表你对该话题的看法了，如图8-32所示。

图8-31　热门话题

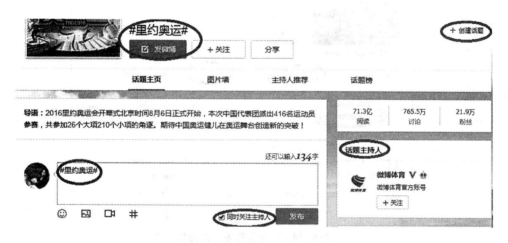

图8-32　参与热门话题讨论

热门话题一般是由微博平台的官方直接发起的，他们往往拥有第一手的信息资料，而我们要做的，就是根据当前的事件，发表自己一针见血的评论。如果你的评论足够精辟雷人，就一定会吸引许多眼球。另外记得一定要在热门的关键词两边加上"#"号，也可以在发表观点的时候@与你有共同观点的微友。

【活动三】 转发优质微博。

活动目的：转发优质微博来吸引粉丝。

活动程序：

主动搜索与企业产品或品牌相关的微博信息，进行转发、评论并加以引导。还可以摘录用户（第三方）的对产品或企业的评价作为文案，第三方口吻，粉丝更容易接受传播，如图8-33、图8-34所示。

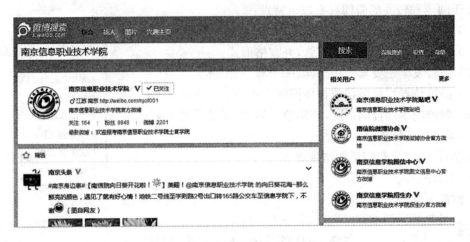

图 8-33 用关键词搜索优质微博

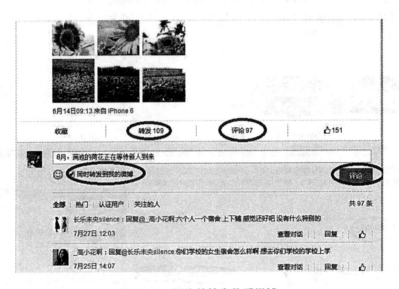

图 8-34 评论并转发优质微博

8.3.4 相关知识

1) 微博内容的选择

一个微博要想拥有更多的粉丝,最重要的一条就是要有优质的内容。精准的微博营销内容要进行受众分析、地域分析、性别分析、喜好标签分析、职业分析。

微博可写的内容非常多:①自己每天做了哪些事情、到了哪些地方;②自己身边的见闻,包括一些新鲜事和趣事;③参与某个热门话题的讨论;④转载网上有价值的新闻或信息;⑤分享一些经验或资源;⑥发布一些经典语录或幽默笑话;⑦相关行业的评论。微博要勤更新,保持一个较高的曝光率。

一个高质量的微博,一定要让其他用户通过你的微博感受到一个真实的你,只有这样才能赢取用户信任。单纯的企业信息或者营销信息的发布平台,是非常不受欢迎的。在发布企业的营销信息时,建议大家在措辞上不要太直接,产品推荐、促销发布、文案应该故事化、拟人化、网络化或趣味化。要尽可能把广告信息巧妙地嵌入到有价值的内容当中。这样的广告因为能够为用户提供有价值的东西,而且具有一定的隐蔽性,所以转发率更高,营销效果也更好。像小技巧、免费资源、趣事都可成为植入广告的内容,都能为用户提供一定的价值。

2) 微博的维护

企业微博的运营是长期的,在进入微博领域的时候,尽量要体现人情味,话题中尽量使用第一口吻以增加与受众的亲切感。对于重点推广的文章,一定要填写详细的摘要,然后添加文章的短链接地址。

(1) 邀请企业的客服人员进行微博维护,对外回复一些产品技术问题,可以起到快速反应、即时解决的效果,提高客户满意度。

(2) 邀请企业的咨询和售前顾问进行微博维护,可以解决一些潜在客户的疑问,努力把潜在客户发展成为现实客户。

总之,微博已经成为企业及机构营销渠道组合中的重要力量,功能不可小觑。企业要用好微博不仅需要用心,而且还需要用脑——前者主要是指要积极地与粉丝诚恳交流;后者主要指的是发帖及评论等都要体现价值。

3) 微博内容的优化

(1) 优化选取热门关键词　做微博关键词优化的时候,微博内容要尽可能地以关键字或者关键词组来开头,并且加上"#话题#"。尽量地利用热门的关键词和容易被搜索引擎搜索到的词条,增加搜索引擎的抓取速率,但这些内容也是要和你推广的内容相关,要考虑到你的听众,如果一味地为了优化而优化,那就得不偿失了。

(2) 微博主线设定　但凡主线明朗的微博都有成功的效果,目标粉丝增长速度快,同时也能让人一眼明确你的微博思路,有利于微博传递层数的增加。

(3) 关键词选取要适当　从搜索引擎优化的角度来说,微博的信息是非常重要的,搜索引擎会把微博的信息纳入到搜索结果中来,它们的索引算法也会根据微博的内容,选取信息作为标题,而此时这些内容的关键词选择也就更重要了,只有找到好的关键词,才能更好地做好微博的搜索引擎优化。

8.3.5　思考与练习

(1) 以在校学生的身份发布原创微博,介绍校园风景、学习环境、生活设施、课余生活、师生风采等。

(2) 学生在学校里关注的热点有哪些?可以借助微博平台发起哪些热门话题让学生来参与讨论?

项目9　博客营销

【项目简介】

本项目的工作任务是通过博客这种网络应用形式，实现对特定产品或服务的营销。项目要求学生在特定的网络平台开设博客，装修博客首页，撰写博文，实施博客营销。通过项目实践，让学生掌握博客营销的步骤、方法和技巧。

【项目案例】

博洛尼"抢沙发"送真沙发

"沙发"在网络上是"so fast"的谐音，是指对某一个帖子第一位回帖的人，意思是此人行动速度如此快。2007年6月13日，博洛尼沙发总经理蔡明在自己的博客上发起了"读蔡明博客 抢总价值40万博洛尼真沙发"活动，如图9-1所示。博主在6月17日、19日、21日的3天时间内通过新浪博客发出3篇有奖博文，每篇有奖博文的第1、100、200、300位回帖者均可获得博洛尼沙发一套。短短半个月，仅新浪博客阅读人数超24万，整个活动期间博客流量超过500万，相当于对500万人进行了一次该品牌沙发的知名度宣传，当年该企业销售翻了三番。

图 9-1　2007年抢"沙发"送沙发

2008年奥运期间,博洛尼再次推出抢"沙发"活动,8月9日至8月23日,每天中国队夺得第一枚金牌后1h内,将发布有奖博文!第1、2 000、4 000、6 000、8 000、10 000位回帖者将获得博洛尼圣罗兰双人位沙发一套!如当天中国队金牌数达到5枚,将赠送5款沙发!第12 000、14 000、16 000、18 000、20 000楼送出,如图9-2所示。

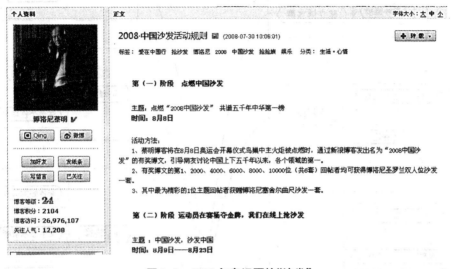

图 9-2　2008年奥运再抢"沙发"

案例解析:2007年博洛尼送出了价值40万元的沙发,赢回了价值不知翻了几倍的品牌增值,人们提到"网络沙发"就会想到博洛尼,随之而来是人们通过图文并茂的博客认识了极具冷峻、前卫气质的蔡明和富有时尚、极具品位的家具品牌"博洛尼"。而2008年再次发起的"网络沙发营销"活动,送出的是价值百万的沙发,却通过重复营销、重复炒作、重复宣传,让这个品牌的口碑再一次确立——沙发,每年"抢"一次,送出的是沙发,递增的却是人们对博洛尼品牌的认识和忠诚度。

博客营销的思维导图,如图9-3所示。

模块9.1　设置博客账号

9.1.1　教学目标

【终极目标】理解博客营销的实质。
【促成目标】
(1)了解博客的含义。
(2)了解博客的营销价值。

9.1.2　工作任务

【总体任务】在新浪博客上开通账号进行营销活动。
【具体任务】
(1)开通新浪博客。

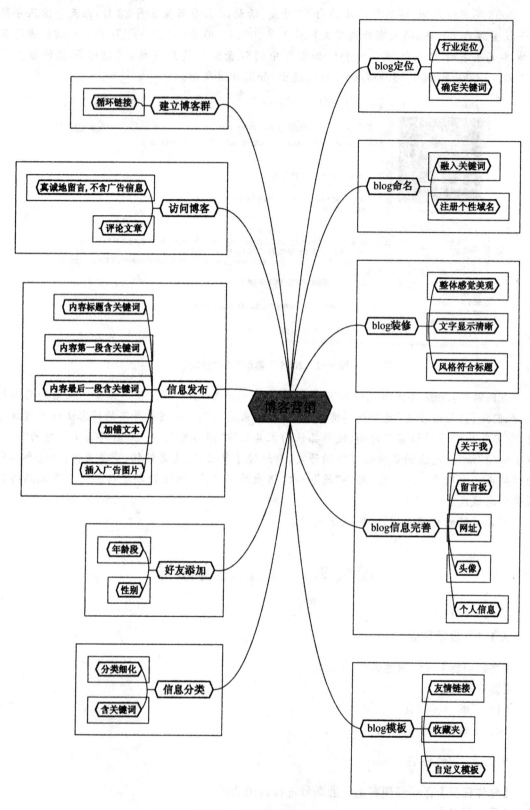

图 9-3 博客营销思维导图

(2) 设置博客账号。

9.1.3 能力训练

【活动一】开通新浪博客。

活动目的:利用新浪博客这个平台为自己的学校进行品牌宣传。

活动要求:掌握博客账号的开通流程。

活动分工:学生 3~5 人一组。

活动器材:计算机、互联网。

活动内容:以学院、招生工作人员、辅导员、教师、学生、教育行业专家等身份分别开设博客账号,每人担任一个角色开展博客营销。

活动程序:

第一步:开通新博客。

如果你拥有新浪邮箱或者新浪微博号,可用该账号直接登录。如果你没有新浪任何账号的话,请你到博客首页(http://blog.sina.com.cn/),点击"开通新博客"的按钮,如图 9-4 所示。

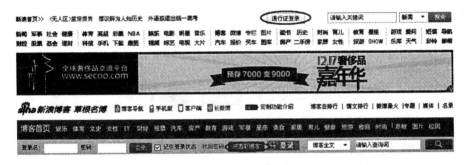

图 9-4 开通新博客

第二步:注册新浪账号。

在开通博客时,可以点击注册页上的"用常用邮箱注册"链接,只需按页面提示填写相关信息,最后点击"提交",如图 9-5 所示。如果有新浪微博账号,可以直接登录。

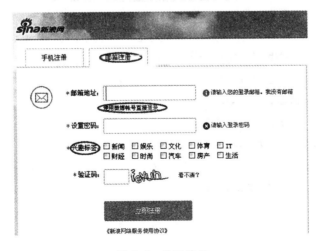

图 9-5 注册账号

活动提示：可以根据企业所在行业或企业目标客户的兴趣爱好，在兴趣标签处进行勾选，新浪网会向你推荐相关文章，让你了解行业最新动态。

第三步：验证邮箱，激活新浪账号。

注册之后，需要验证邮箱，激活新浪账号，进入"验证邮箱"页面时，系统已向你的邮箱内发了一封邮件。你只需登录邮箱，通过邮件中的验证链接，完成验证，如图9-6所示。

图 9-6 验证邮件

第四步：完成开通。

当邮箱验证成功后，会进入"开通新浪博客"页面，填写你的博客名和个性域名，并输入个人资料后，点击"完成开通"，如图9-7所示。

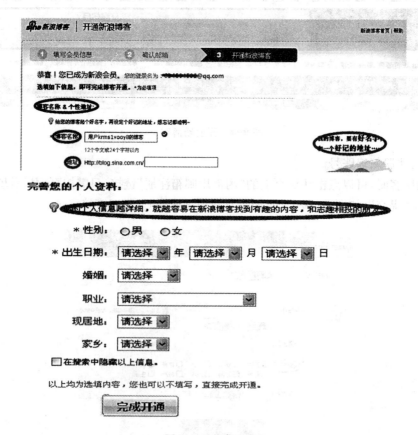

图 9-7 完成开通

活动提示：

(1) 博客名称　确定你的博客主题，起一个有特色的名字，最好是易记而且能够体现你个人特长或者聚焦你个人博客内容的名字，让人一见就记住、一看就知道。

如果你是企业工作人员，可以直接用自己的名字，这样很真实，能够取得别人的信任。

如果是建立企业官方博客，可以用公司品牌名称、产品名称、行业名称、目标人群名称等，这些都是企业的关键词，这样博客便于被搜索引擎收录。

博客名称不同于企业官方网站的名称。企业网站通常不得不使用公司的正式名称，但无论是企业博客还是个人博客，博客名称都不适合太正式，而应该选择一个轻松独特的名称。

博客营销账号的配置：①企业家、老板博客；②企业员工博客；③企业官方博客；④"领袖"博客；⑤用户博客。

(2) 完善个人资料　个人信息越详细，越容易找到志趣相投的人，新浪网站也会根据你的个人信息向你推荐你可能感兴趣的人。这也是一种寻找潜在客户的方法，如同城的、同乡的、同行的、年龄相仿的，等等。

【活动二】设置博客账号信息。

活动目的：利用新浪博客这个平台树立学校品牌形象。

活动要求：掌握博客账号个人中心的设置。

活动分工：学生3～5人一组。

活动器材：计算机、互联网。

活动内容：以学院、招生工作人员、辅导员、教师、学生、教育行业专家等身份分别完善博客账号信息。

活动程序：

第一步：进行博客账号的快速设置。

在博客开通成功页面，可以看到"快速设置我的博客"按钮，如图9-8所示。

图9-8　快速设置

点击"快速设置我的博客"按钮，进入"整体装扮"页面，选择一个你喜欢的风格。如果页面上的4个风格你都不喜欢，可以点击"换一组看看"，更换另一组模板进行选择。选择好风格后，点击"确定，继续下一步"，进入下一个页面，如图9-9所示。

进入"加关注"页面，系统给你推荐了部分精品博客，点击"完成"，即可将他们加为关注，今后可以在第一时间了解他的动态，如图9-10所示。

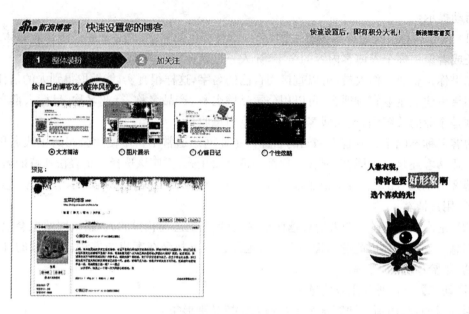

图 9-9 整体装扮

图 9-10 加关注

通过以上简单的几步,你的博客已设置成功了,如图 9-11 所示。

第二步:设置昵称和头像。

昵称是你在新浪博客中使用的虚拟姓名。当别人浏览你的博客信息时,他只能看到你的昵称,而不会看到你的博客登录名。昵称在注册后可以随时更改。

图 9-11 设置成功页

输入你的新昵称,起个简单并且有个性的昵称,便于让人记住。然后点击"浏览"按钮,从电脑中选择一张图片作为头像。这时,选中的图片会出现在页面中,拉伸蓝色方框,对画面构图进行调整。修改完成后点击"保存"即可,如图 9-12 所示。

图 9-12 设置昵称和头像

活动提示:昵称是可以被访客看到的,建议起个能叫得出口的名字,少用稀奇古怪的字符,便于访客记住和传播。头像可以选择博主的真实头像,这样容易让访客信任,如果是企业官方博客,可以使用企业品牌 Logo 作为头像。

第三步:完善个人资料。

点击"个人中心",选择"个人信息",即可进入到个人资料填写页面,如图9-13所示。

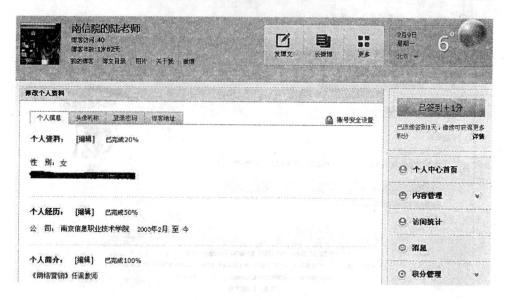

图 9-13 修改个人信息

活动提示:填写个人资料的好处是可以让浏览你博客的朋友更多地了解你。比如,你的照片、学历、简历、联系方式,有些可以选择不公开,当然了,公开得越多,别人就可以越深入地了解你。个人信息包括:

(1) 基本信息　包括你的生日、所在省份等信息。(备注:如果你不想在博客中显示生日,可以选择在生日输入框之后的"不显示我的生日")

(2) 个人经历　填写你的学习及工作简历。

(3) 个人简介　可以填写一些自我介绍,字数需要控制在100字之内。

(4) 隐私设置　进入朋友搜索,选择"别人可以在进入朋友搜索中找到我"。

第四步:设置个性域名。

博客的个性域名是你博客的唯一网址,一旦开通将不可更改,建议你在注册时精心选择一个好记的名字,如企业品牌的英文名或拼音,尽量短一些,便于记忆,如图9-14所示。

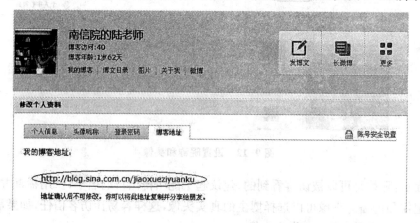

图 9-14 设置个性域名

9.1.4 相关知识

1) 什么是博客

(1) 博客的定义 "博客"(Blog)的字面含义是"网络日志"。《市场术语》中对博客这样描述：一个博客就是一个网页，它通常是由简短且经常更新的 Post 所构成；这些张贴的文章都按照年份和日期排列。博客的内容根据个人喜欢，可以是有关公司、个人的新闻或是日记、照片、诗歌、散文，甚至科幻小说发表或张贴。在网络上发表博客的构想始于 1998 年，但到了 2000 年才真正开始流行。起初，Bloggers 将其每天浏览网站的心得和意见记录下来，并予以公开，来给其他人参考和遵循。

(2) 博客的特征

① 个人性：博客没有上司领导，没有公司束缚，没有内容主题的要求，也没有文体限制，甚至没有工作要求，博客纯粹是一个自由状态的人的自发行为。个人性的行为，个人性的角度，个人性的思想，个人性的爱好和兴趣，博客文体是吸引博客本人和读者的力量源泉。以"个人大脑"作为网络搜索引擎和思想发源地，依然是任何技术无法实现的极致！你的家人、你的朋友、你的读者以及所有关心、关注你的人，只要来到你的博客，就可以对你的生活、工作和思想，有着最真切、最全面的了解，是所有其他通信手段都无法替代的。

② 即时性：博客是一种习惯，就像学生时代写日记一样，博客应该成为每天的"必修课"。经常(甚至每天)更新，不断积累，是博客文体有别于其他个人文章、著作的关键。这种即时性，才可以及时记录个人的行为、信息和思想。因为即时，所以新鲜，因为新鲜，所以独特。将博客作为习惯，也使别人阅读博客成为习惯。

③ 开放性：在网络，你知识渊博的衡量标准，就是你奉献的程度。博客是要把自己最珍贵、最有价值的收获都奉献出来。"吃的是草，挤的是牛奶"，是博客的写照。当然，你把这种开放，当做一种喜爱个人表现也可以，能使别人受益的"个人表现"应该提倡和鼓励！心胸不够开阔、思想不够活跃的人，很难成为合格的博主。

④ 拿来主义：博客的优势就是不断搜索提炼信息，不断学习和思考。博客的确需要很"博"，但是博客最根本的信念就是："别人比我知道得更多"，因此博客文体最重要的特点就是链接，链接是博客最有力的武器，没有链接就没有活力。

⑤ 交互性："读者比我知道得更多，比我能够表达得更多"，博客与读者的交流是关键，没有互动交流的博客也没有生命。博客(作者)是博客网站的核心，而围绕着博客与博客、博客与读者、读者与读者间多重交互的沟通是关键。当博客不是给读者简单的奉献，同时自己也从读者那里得到极大的收获。

⑥ 可信度：要成为一名受人欢迎的博客，必须以自己超一流的水平建立长期的权威性。正是因为对你的信任，许多人将博客网站作为自己每天补给信息与思想的第一站，没有这种可信度保证，这样的博客就是平庸的博客。要争取注意力，博客世界的竞争一点也不比传统领域轻松。

(3) 博客的价值 在网络所有的表现方式中，博客与个人主页最接近，但是又有着本质提升，在博客世界，作者可以通过链接别人的文章来表达思想，可以站在别人的肩膀上。自己就是编辑，自己完全主导，拥有自己的读者，忠诚度高，交互性强，不但降低了发表的门槛，也降低了知识获取的门槛，降低了权威的门槛。

博客主要有以下 6 个方面的商业价值：

① 将企业变得人性化：由于博客较之传统的商业网站更随意、更无拘无束，因此你可以用个人化的口吻来描述你的业务，让客户从中感觉到更多的人的因素，从而觉得你确实会关心他们的真实需求。博客不是企业布道的地方，它更多的是一个论坛，一个让思想交流碰撞、让兴趣得以分享的地方。

② 提高客户服务的质量：FAQ（"常见问题解答"）是博客营销的一大用武之地。客户问，你来答，还可以在上面及时更新一些使用指南之类的有用信息。

③ 为你的目标市场提供所需信息：产业新闻、新产品发布、采访稿、针对重大主题的个人观点等都是可以放到博客上的题材。博客出色的分类功能使访问者可以方便地搜寻到自己感兴趣的信息。内容好、更新快的博客，会帮你树立本领域专家的形象，会加强读者对你的信赖和忠诚，而这些人很可能就是你的下一个客户。

④ 带动其他网站的流量：除了在博客上添加相关网站的链接，还可以利用关键词及链接，显著提高博客以及相关网站在搜索引擎上的排名。

⑤ 提升产品的销量：每当有新产品推出，可以在博客上发布消息，指引访问者前去销售页面购买，或者直接通过博客交易。

⑥ 用广告创造额外收入。

2）什么是博客营销

（1）博客营销的定义　博客营销可以说并没有严格的定义，简单来说，就是利用博客这种网络应用形式开展网络营销。具体而言，博客的性质决定了博客营销是一种基于个人知识资源（包括思想、体验等表现形式）的网络信息传递形式。因此，开展博客营销的基础问题是对某个领域知识的掌握、学习和有效利用，并通过对知识的传播达到营销信息传递的目的。

博客营销本质在于通过原创专业化内容进行知识分享，争夺话语权，建立起信任权威，形成个人品牌，进而影响读者的思维和购买。博客并不是直接发布产品介绍，也不是发布公司新闻，而是获得话语权，建立权威地位后偶尔提一下某个产品或服务，在潜移默化中影响用户的购买决定。博客要发挥作用，必须首先被人信任，首先成为一个品牌，在行业中具有影响力，掌握话语权。有影响力的博客，不管说什么话，都会有人相信。

（2）博客营销的优势

① 细分程度高，定向准确。

② 互动传播性强，信任程度高，口碑效应好。

③ 影响力大，引导网络舆论潮流。

④ 与搜索引擎营销无缝对接，整合效果好。

⑤ 有利于长远利益和培育忠实用户。

（3）博客营销的不足

① 见效慢，时间长。

② 博客需要维护成本较大。

（4）博客营销的商业价值。

① 博客可以直接带来潜在用户：国内的门户网站几乎都有博客平台，比较出名的是新浪、搜狐、网易、凤凰等。这些网站往往拥有大量的用户群体，有价值的博客内容会吸引大量潜在用户浏览，从而达到向潜在用户传递营销信息的目的，用这种方式开展网络营销，是博客营销的基本形式，也是博客营销最直接的价值表现。

② 博客营销的价值体现在降低网站推广费用方面：网站推广是企业网络营销工作的基本

内容,大量的企业网站建成之后都缺乏有效的推广措施,因而网站访问量过低,降低了网站的实际价值。通过博客的方式,在博客内容中适当加入企业网站的信息(如某项热门产品的链接、在线优惠券下载网址链接等),达到网站推广的目的,这样的"博客推广"也是极低成本的网站推广方法,降低了一般付费推广的费用,或者在不增加网站推广费用的情况下,提升了网站的访问量。

企业博客可以用以展示企业形象,推广企业产品,处理危机公关,促进企业文化建设,加强客户关系,等等,功能多,涵盖面广。与传统的企业网站相比,企业博客更关注企业的市场营销、互动协同以及全员参与等需求,是"活"的、有生命力的"2.0企业网站",其流量可以达到传统企业网站的10倍之多,更为重要的是,企业博客具有资源积累、口碑传播和可持续发展的特点,是一个综合系统,集成了众多最新的网络应用,如博客营销、RSS营销、病毒式传播、SNS商务社区、信息发布、协同办公、客户服务,等等,从而形成了一个低成本、易用、持续更新的企业自身的社区化电子商务平台。

③ 博客文章内容为用户通过搜索引擎获取信息提供了机会:多渠道信息传递是网络营销取得成效的保证。通过博客文章,可以增加用户通过搜索引擎发现企业信息的机会,其主要原因在于,访问量较大的博客网站比一般企业网站的搜索引擎友好性要高,用户可以比较方便地通过搜索引擎发现这些企业博客内容。这里所谓搜索引擎的可见性,也就是让尽可能多的网页被主要搜索引擎收录,并且当用户利用相关的关键词检索时,这些网页出现的位置和摘要信息更容易引起用户的注意,从而达到利用搜索引擎推广网站的目的。

④ 博客文章可以方便地增加企业网站的链接数量:获得其他相关网站的链接是一种常用的网站推广方式,但是当一个企业网站知名度不高且访问量较低时,往往很难找到有价值的网站给自己链接,通过自己的博客文章为本公司的网站做链接则是顺理成章的事情。拥有博客文章发布的资格增加了网站链接主动性和灵活性,这样不仅可能为网站带来新的访问量,也增加了网站在搜索引擎排名中的优势,因为一些主要搜索引擎把一个网站被其他网站链接的数量和质量也作为计算其排名的因素之一。

⑤ 可以实现更低的成本对读者行为进行研究:当博客内容比较受欢迎时,博客网站也成为与用户交流的场所,有什么问题可以在博客文章中提出,读者可以发表评论,从而可以了解读者对博客文章内容的看法,作者也可以回复读者的评论。当然,也可以在博客文章中设置在线调查表的链接,便于有兴趣的读者参与调查。这样扩大了网站上在线调查表的投放范围,同时还可以直接就调查中的问题与读者进行交流,使在线调查更有交互性,其结果是提高了在线调查的效果,也就意味着降低了调查研究费用。

⑥ 博客是建立权威网站品牌效应的理想途径之一:作为个人博客,如果想成为某一领域的专家,最好的方法之一就是建立自己的博客。如果你坚持不懈地写博客,所营造的信息资源将为你带来可观的访问量,在这些信息资源中,也包括你收集的各种有价值的文章、网站链接、实用工具等,这些资源为自己持续不断地写作更多的文章提供很好的帮助,这样形成良性循环,这种资源的积累实际上并不需要多少投入,但其回报却是可观的。

对企业博客也是同样的道理,企业博客表现为商业、广告型的博客。广告型博客的管理类似于通常网站的Web广告管理。商业博客分为CEO博客、企业博客、产品博客、"领袖"博客等。以公关和营销传播为核心的博客应用已经被证明是商业博客应用的主流。坚持对某一领域的深度研究,并加强与用户的多层面交流,对于获得用户的品牌认可和忠诚提供了有效的途径。

⑦ 博客减小了被竞争者超越的潜在损失:2004年,博客在全球范围内已经成为热门词汇

之一,不仅参与博客写作的用户数量快速增长,浏览博客网站内容的互联网用户数量也急剧增加。在博客方面所花费的时间成本,实际上已经从其他方面节省的费用所补偿,比如为博客网站所写作的内容,同样可以用于企业网站内容的更新,或者发布在其他具有营销价值的媒体上。反之,如果因为没有博客而被竞争者超越,那种损失将是不可估量的。

⑧ 博客让营销人员从被动的媒体依赖转向自主发布信息:在传统的营销模式下,企业往往需要依赖媒体来发布企业信息,不仅受到较大局限,而且费用相对较高。当营销人员拥有自己的博客园地之后,可以随时发布所有希望发布的信息!只要这些信息没有违反国家法律,并且信息对用户是有价值的。博客的出现,对市场人员营销观念和营销方式带来了重大转变。博客有自由发布信息的权利,如何有效地利用这一权利为企业营销战略服务,则取决于市场营销人员的知识背景和对博客营销的应用能力等因素。

在营销的初始阶段,用博客来传播企业信息,首要条件是拥有具有良好写作能力的博主,博主在发布自己的生活经历、工作经历和某些热门话题的评论等信息的同时,还可附带宣传企业,如企业文化、产品品牌等,特别是当发布文章的博主是在某领域有一定影响力的人物,所发布的文章更容易引起关注,吸引大量潜在用户浏览,通过个人博客文章内容为读者提供了解企业信息的机会。

从事博客写作的是个人,但网络营销活动是属于企业营销活动。因此博客营销必须正确处理两者之间的关系,如果博客所写的文章都代表公司的官方观点,那么博客文章就失去了其个性特色,也就很难获得读者的关注,从而失去了信息传播的意义。但是,如果博客文章只代表个人观点,而与企业立场不一致,就会受到企业的制约。因此,企业应该培养一些有良好写作能力的员工进行写作,他们所写的东西既要反映企业,又要保持自己的观点性和信息传播性,这样才会获得潜在用户的关注。

(5) 博客营销的形式

对于企业来说,目前博客营销的基本形式主要表现为以下三种:

① 利用有影响的个人博客来进行网络营销:利用个人博客进行网络营销注重口碑,借助的就是专业博客的口碑效应。专业博客往往是所在圈子中的意见领袖,他们的一举一动往往被其他人模仿和追逐。个人博客完全可以用"中立"的观点来对自己钟爱的产品进行推广。这种产品的推广不同以往企业信息发布及广告,个人博客完全可以从消费者角度考虑产品的品质、实用性、适用性等诸多方面,在第一时间对产品进行描述,产生"口碑效应"。这样客观上可以使产品更易获得更多客户的认同。同时个人博客可以部分替代企业广告投入,减少直接广告费用。

② 利用第三方博客平台的文章发布功能开展网络营销活动:公司内部建立博客写作团队进行定期写作,宣传企业营销计划、企业的产品质量以及售后服务等,把博客营销纳入到企业营销战略体系中,从而不断提高大众对品牌的认知,增进对外交流,获得客户反馈。采用此种形式开展营销活动的企业首先要做的事情就是选择一个或几个适合本企业的博客托管网站。一般来说,应选择访问量比较大以及知名度较高的博客托管网站。

国内的第三方博客平台如中国博客网、博客网、赛我网等都为企业开辟了专门的博客频道。国内的门户网站几乎都有博客平台,比较出名的是新浪、搜狐、网易、凤凰,还有QQ空间、百度空间,另外还有专业的财经博客,如和讯博客,企业可以自行在这些博客平台上开设自己的博客,也可以委托公关公司在这些平台上开设博客。

③ 利用企业自身的网站建立企业博客频道,开展网络营销活动:将企业博客作为企业对

外宣传的平台和窗口,自建博客频道不是简单地在原来电子商务网站中增加一个"博客"功能,而是独创性地将"博客"的概念与电子商务有机地结合在一起,其内容多是关于企业的相关信息,如企业的新闻及外界的报道、新品的展示、对外的活动、专题营销活动以及其他访问者与企业之间的互动,包括产品使用的感受、建议、评论、合作伙伴间的快速互动等。通过自建企业博客这种方式,可以使企业与消费者之间实现充分的互动。

总之,企业博客营销是借助各种手段来影响顾客的购买选择以及与顾客进行及时的沟通。以上三种博客营销的应用模式适合于不同的企业。基于成本和时间等方面的考虑,利用第三方博客平台无疑是一个有效的捷径,但是这一模式适合于那些小企业,因为该模式要借助其他第三方平台,对企业的自主品牌形象可能会造成一定的影响。而对于那些品牌忠诚度很高的大企业,最好还是采取自建博客平台的模式,有利于建立企业完整的品牌形象,与企业的整个市场营销规划相吻合。

3)第三方博客平台的选择

(1)中国博客市场现状 2009年6月,中国互联网络信息中心发布的《2008—2009博客市场及博客行为研究报告》显示,截至2009年6月底,拥有个人博客或个人空间的用户规模已经达到1.81亿,博客空间的规模已经超过3亿。由用户群体来看,我国博客表现出十分显著的年轻化特征,30岁及30岁以下的博客使用者占到总数的86.1%以上,白领阶层的用户比例较高。

拥有强大品牌影响力的门户网站、以即时通信工具作为主要入口的博客空间、蓬勃发展的SNS网站博客,成为读者阅读时的优先选择。腾讯、新浪、搜狐、网易等传统综合性网站在博客服务方面进行了积极推广,这个时期成为博客的重要发展阶段,如图9-15所示。同时,综合门户也大大受益于自身的博客频道,随着博客数量的增多和博主创作内容的丰富,博客频道在门户网站的内容体系中的地位变得十分重要。博客的影响力,早已超出了作为个人、甚至作为自己所在行业的原有范围,开始引起主流媒体的强烈关注。同时,专业博客、专家博客越来越成为博客运营商关注的热点。部分博客逐步形成了较为固定的博客群落,社区化趋势愈加明显。

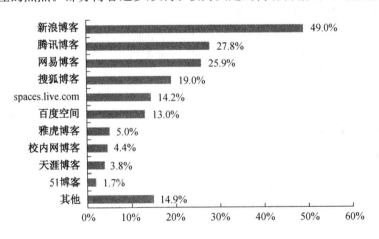

图9-15 2009年博客网站市场占有率

截至2013年6月底,我国博客和个人空间网民数量为4.01亿,较上年底增长2 839万。网民中博客和个人空间的使用率为68.0%,较上年底上升了1.9个百分点。

近几年博客活跃群体已由早期的草根化向精英化转变,博客内容也由通俗化向专业化转变。由于经营此类博客成本较高、专业知识要求也更高,导致普通网民主动发布博客的积极性下降,自身的互动转移到了微博、社交网站上,利用碎片时间进行交流沟通和自我展示,因此博客网民数近年来增长乏力。

(2) 第三方博客平台的比较　博客营销在网络营销中算是一种较为优秀的手段,主要是从增加外链方面来考虑。但是,国内的博客众多,有独立博客也有平台博客。独立博客,一般来讲其收录问题不大,但对平台博客,则要进行比较和选择。

① 百度空间:空间是百度自己的产品,而且,业内认为,在百度开设一个空间,在收录和外链方面,百度会给予自家产品一个高权重。但实验的结果并非如此。在流量导入方面,百度还算公正(基本上是以作者本人的主博客为主,很少会导入到百度空间)。如果要选择百度空间作为博客营销的一种,那么营销初期最好是先发布文章,不要留下任何链接,当养到一定阶段之后再留链接较好。原因是一开始就在空间里留链接很容易被百度封掉。而养一段时间,尤其是有了一定的文章积累之后,再留下外链,这时候的百度,不会对你留下的外链进行质疑,自然就不会做关闭处理。

② 新浪博客:新浪博客以名人博客为主,这也意味着,普通人在新浪写博客,也就是给名人做陪衬。如果说我们看中新浪博客的高权重,在新浪开设一个博客也未尝不可,只是,收录相对较慢,权作留外链之用。新浪博客跟百度空间一样,初期如果留外链,很容易被封掉。

③ 搜狐博客:搜狐博客的权重不高,收录效果也不咋的,但对留外链方面不算严苛,既使新开的博客也可以留外链。

④ 网易博客:网易博客可谓三大门户博客中的佼佼者。第一,收录较快;第二,搜索引擎貌似给予网易博客较高的权重,在结果显现时,均给予了网站链接(当然有一定的前提,即博客写作时间较长,有了一定的知名度)。

此外,和讯博客、天涯博客在试验中,无论是收录速度还是搜索给予的权重都相对较高,可以作为博客营销的一个阵地。

在进行博客营销时,可针对性地选择一些博客,重点维护,而对效果不佳的博客,如果有时间可以进行维护,没时间的话可以放弃。

如果需要将平台博客在搜索中的友好度从大到小做个评估,其排列顺序是:第一梯队:和讯博客、网易博客、天涯博客;第二梯队:新浪博客、搜狐博客、百度空间。和讯及网易博客从品牌影响力来讲均不算大,至少没有新浪博客大,但在收录方面,和讯博客和网易博客表现均比新浪博客优秀。

9.1.5　思考与练习

(1) 博客营销适用于哪些行业?

(2) 请关注知名企业家以及担任企业代言人的明星的博客,学习和总结博客营销的经验。

(3) 请你和你的同学为你们的学校进行博客营销的策划。

模块 9.2　装修博客首页

9.2.1　教学目标

【终极目标】学会美化博客页面。

【促成目标】
(1) 选择合适的博客模板。
(2) 合理安放博客组件。

9.2.2 工作任务

【总体任务】 根据博客的定位来进行博客页面的装修。
【具体任务】
(1) 设置博客风格。
(2) 设置博客组件。
(3) 添加自定义组件。

9.2.3 能力训练

【活动一】 设置博客风格。
活动目的:对不同定位的博客进行页面风格的选择。
活动要求:学会选择合适的博客模板。
活动分工:学生 3~5 人一组。
活动器材:计算机、互联网。
活动内容:以学院、招生工作人员、辅导员、教师、学生、教育行业专家等身份分别选择不同的博客模板。
活动程序:
第一步:设置博客页面风格。
在登录后,进入你的博客,在"首页"标签上点击导航右侧的"页面设置",如图 9-16 所示。

图 9-16 博客首页

在"风格设置"页面,为博客网站选择一个合适的模板,如图 9-17 所示。
除了新浪提供的近 300 种风格,还可以自己动手制作个性页面风格,点击"页面设置"栏的

图 9-17 博客风格设置

"自定义风格",如图 9-18 所示。

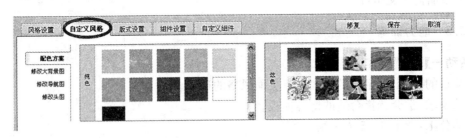

图 9-18 博客自定义风格设置

活动提示：
(1) 配色方案　可对博客的底色进行设置。有"纯色"及"炫色"两个选项。
(2) 修改大背景图　对博客的背景图进行修改(支持大小不超过 600KB 的 JPG、GIF、PNG 图片上传)。
(3) 修改导航图　修改博客导航图(支持大小不超过 600KB 的 JPG、GIF、PNG 图片上传)。
(4) 修改头图　修改博客头图(支持大小不超过 600KB 的 JPG、GIF、PNG 图片上传)。
(5) 自定义页面风格需要一定的动手能力,可以多多尝试。
备注：全部修改完毕后,请一定要点击"保存"按钮。
第二步：设置博客版式,如图 9-19 所示。

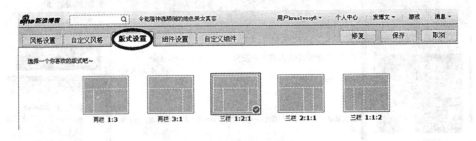

图 9-19 博客版式设置

活动提示：据统计,58%的博客使用三栏或多栏的布局,42%的博客使用两栏的布局。相对于三栏,两栏布局看起来更清晰一些,而且内容展示区域一般会明显一些,这样能提供比较好的可读性。三栏布局的结构是很灵活的,不过一般是一个内容栏＋两个侧栏,有的是内容栏在中间,有的是内容栏在左边,但是很少有内容栏在右边的。

第三步:设置博文显示方式,如图 9-20 所示。

图 9-20　博客博文显示的设置

活动提示:在登录状态下,点击博客上方导航栏右侧的"页面设置"按钮,点击博文显示框右侧上方的"设置"按钮,对博文的显示做设置。

(1) 显示全文　在自己的博客首页上,显示全部文章内容。

(2) 显示摘要　文章只显示摘要,摘要长度是 1 000 个英文字母或 500 个汉字。如果有图片,摘要长度受图片尺寸影响。点击"阅读"或者"点击此处查看原文"才可以看到全部文章内容。

(3) 用分类筛选　在博客中,只显示这一分类的文章,其他文章做隐藏。

【活动二】设置博客组件。

活动目的:对不同定位的博客进行博客组件的选择。

活动要求:学会合理安放博客组件。

活动分工:学生 3~5 人一组。

活动器材:计算机、互联网。

活动内容:以学院、招生工作人员、辅导员、教师、学生、教育行业专家等身份分别选择不同的博客组件。

活动程序:

第一步:添加博客基础组件,如图 9-21、图 9-22 所示。

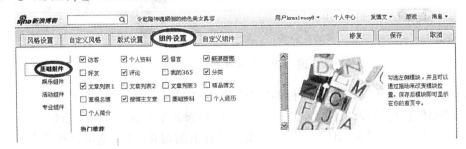

图 9-21　添加博客基础组件

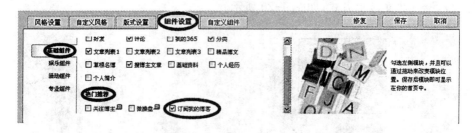

图 9-22　添加博客基础组件——热门推荐

第二步：添加博客娱乐组件，如图 9-23 所示。

图 9-23　添加博客娱乐组件

第三步：添加博客专业组件，如图 9-24 所示。

图 9-24　添加博客专业组件

第四步：添加博客活动组件，如图 9-25 所示。

图 9-25　添加博客活动组件

活动提示：在"页面设置"第四个标签"组件设置"中，博客系统为提供了几十个组件，只需在想添加的组件前打勾，该组件就会以模块嵌入方式，被添加到首页左侧上方的位置。

在删除组件时，可以在"组件设置"中将组件名称前的勾选去除；也可以在首页中，点击该组件模块标题处的"隐藏"。

温馨提示:为了保证博客首页浏览速度和美观,系统只允许在首页上最多放置 25 个组件模块。

【活动三】添加自定义组件。

活动目的:对不同定位的博客添加自定义组件。

活动要求:学会添加列表组件和文本组件。

活动分工:学生 3～5 人一组。

活动器材:计算机、互联网。

活动内容:以学院、招生工作人员、辅导员、教师、学生、教育行业专家等身份分别添加自定义的博客组件。

活动程序:

第一步:添加列表组件。

点击"添加列表组件"后会弹出列表模块对话框,此模块多用于制作友情链接使用,如图 9-26、图 9-27 所示。

图 9-26 添加自定义列表组件

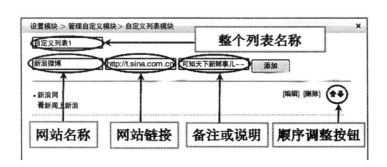

图 9-27 在添加自定义列表组件中添加网站链接

第二步:添加文本组件。

点击"添加文本组件"后会弹出文本模块对话框,此模块多用于制作个人博客公告使用,如图 9-28 所示。

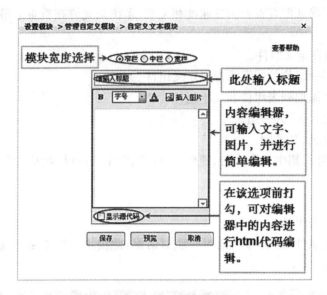

图 9-28　添加自定义文本组件

你还可以在博客页面上添加邮件列表订阅插件,供用户订阅。订阅插件是一段 HTML 文本,用户可通过订阅插件登记邮件地址,如图 9-29、图 9-30、图 9-31 所示。

图 9-29　从 QQ 邮件列表中获取订阅插件

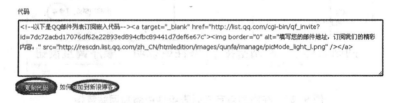

图 9-30　复制订阅插件代码

在自定义文本模块中,勾选"显示源代码",并把代码粘贴到图示位置,点击"保存",如图 9-32 所示。

图9-31 添加文本组件——订阅插件

第三步:博客组件的移动,如图9-33所示。

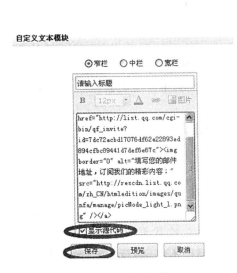

图9-32 粘贴源代码

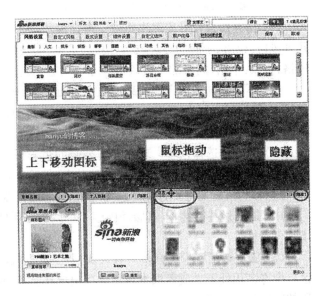

图9-33 组件的移动方式

活动提示:调整博客各模块位置的方法为:在"页面设置"界面浮出后,可以对博客的各模块进行"上下移动""鼠标拖动"以及"隐藏"操作。

(1)上下移动 在模块的标题处可以看到小箭头图标,点击向上箭头,模块即会向上移动,点击向下箭头,模块即会向下移动。

(2)鼠标拖动 在模块的标题处鼠标会变成"十"字状,此时按住鼠标左键,可看到模块蓝色缩略图,将其拖放到希望的位置即可(当然不能将它拖出博客框架之外)。

(3)隐藏模块 如果不希望某个模块在首页显示,那只需点击模块标题处的"隐藏"即可。

小提示:博客头图上的博客地址也是可以用鼠标拖动的,方法仍然是将鼠标放到博客地址处,当鼠标变成十字状时按住鼠标左键,将其拖动到希望的位置即可(当然不能将它拖出博客框架之外)。

9.2.4 相关知识

1) 页面设计要考虑用户感受

在激烈的竞争之中,可用性强的、独特创新的网站设计成为网站长期发展的必要条件之一。对于一个网站来讲,网页视觉设计直接影响到用户体验度。你发布网站是希望某些人停下来参观它,而这些人就是你的读者。你越了解你的读者,你的网站影响力就会越大。你的读者是否有个慢猫,那你最好注意网页的大小;他们希望听到音乐片断,你就要想想网页上的音乐格式。你的读者是纺织工人,那么血红色和黑色最好不要选择;或者他们是骨灰级游戏玩家,你就要避免用柔和的颜色和图案了。一个好站点的定义:通过典雅的风格设计提供给潜在读者高质量的信息。

终端客户接收了网站传递给他们的信息概念:看到暖色,他们会感觉这个企业是很有亲和力的,容易沟通的;看到大量的矢量风格的网站插图时,他们会感觉这个企业是潮流派的、有个性的、有活力的。作为网站真正的使用者,他们比任何人都知道自己需要什么。

2) 博客页面的风格与排版

(1) 博客版面设计应突出重点　遵循简洁、大方、美观、实用的原则,版面设计大致有以下几种风格:稳重、宁静的传统风格;简练、单纯、明快的随意自然风格;色彩艳丽缤纷的浪漫个性风格;精致、华丽、高雅的古典风格。

(2) 不要动画满天飞　如果网页上到处是动画,一打开网页,映入眼帘的是动画满天飞,这其实是博客设计的一大误区。过多的满天飞的动画会影响人们正常地检索有用的板块,是不可取的。

(3) 要合理选择色彩　现在家庭装修的色彩设计早已摆脱了大红大紫、深燥色彩的模式了。素、淡、雅应该是时尚主流,在此基础上,偏冷点或偏暖点都可以,但不宜过冷或过暖。另外,在色彩的搭配上也要合理。总之,要让人感到舒服。

(4) 适当做些链接,丰富版面内容　可以适当做些友情链接,扩大信息量,丰富版面内容,增加可读性。

(5) 版块数量宜少不宜多　有人认为,主页上版块越多越好,这其实是版面设计的一个误区。把许多用处不大或者根本没用的版块放在上面,使版面拥挤不堪,甚至喧宾夺主,真正有用的版块很难找,华而不实。

(6) 要重点突出日志版块　博客主要是用来写日志的,在主页上要突出日志版块,要把它放在显眼的位置,要占有较大的面积,要让人一打开主页马上就能看到文章版块。另外,留言版块也要放在比较好找的位置,因为这个版块用得也比较多。

一个专业博客页面总的风格应该是:简明大气,不花哨。为了促进博客阅读率,在博客首页必须要考虑放置的内容有:

(1) 文章分类　分类非常重要,便于读者通过分类看你的文章,建议放在左侧,因为最符合读者使用资源管理器的习惯。

(2) 最新评论　建议放在右侧,而且是放在位置最好的地方。一个博客如果评论多且热烈,会鼓励读者去看,而且激发新读者对你博客的兴趣。

(3) 友情链接　这个一定要放,而且应该放在比较醒目的位置。知名博客的友情链接是一种资源,甚至有人愿意付费获得。

(4)订阅工具条　在博客有了一定流量之后,一定要考虑放置订阅工具条,因为这可以使很多习惯用 RSS 的人进行订阅。通过 RSS 阅读器,不需要访问你的博客地址就可以阅读你的最新文章,这样对读者来说很方便。

(5)其他可以考虑放置的内容　个人信息、博客信息、博客搜索(如果博客文章多,而且很多是知识性的,对读者就很方便了)、日历信息(可以换成广告位),还可以放一些博客流量统计工具,当然这也是需要博客具备一定流量才有意义。

此外,如果博客支持标签页功能的话,建议多设置一些标签页,一些个性化的元素,例如把你的饭否、你的豆瓣、你的个性 Google 页面、你的鲜果、你的好看簿等这些都放进去。

3) 博客文章列表显示方式

文章的质量是博客的生命,质量决定一切。如果文章质量不好,其他的设计再好也没有用。如果文章质量好,其他的设计不好,也会有读者访问。如果文章好,其他设计也好,可以锦上添花!

很多博客文章列表可以设置是显示文章的标题还是显示全文,或者显示一部分文字。

建议博客文章列表显示标题和一部分文字,这部分文字字数在 80~120 字就足够了。如果你的开头足够吸引人,那么大家当然有兴趣点击看正文,而且显一部分藏一部分也有一种"千呼万唤始出来,犹抱琵琶半遮面"的效果,会产生一种更强的吸引力——当然前提还是内容要好。

4) 国外优秀博客的页面设计统计

① 大的博客需要多栏布局,通常三栏就够了(58%)。

② 页面布局要居中(94%)。

③ 布局要有固定的宽度(按像素计算)(92%)。

④ 固定布局的宽度介于 951~1 000 像素之间(56%)。

⑤ 整个站点布局的 58% 用来呈现主要内容。

⑥ 使用 CSS 布局(90%)。

⑦ 背景用亮色,文字用暗色(98%)。

⑧ 最常见的(不一定是最具备用户友好性的)行长是介于 80~100 个字符之间。

⑨ 在正文中使用 Verdana, Lucida Grande, Arial 和 Georgia(90%)。

⑩ 正文的字号介于 12~14 像素之间(78%)。

⑪ 大标题用 Arial 和 Georgia 体(52%)。

⑫ 大标题的字号介于 17~25 像素之间。

9.2.5　思考与练习

(1) 以在校学生的身份来设计博客页面,向准备报考本校的学生展示在校学生的风采。

(2) 以学校教师的身份来设计博客页面,向准备报考本校的学生展示在校教师的风采。

模块 9.3　撰写博文内容

9.3.1　教学目标

【终极目标】能通过博客文章来影响读者的选择。

【促成目标】
(1) 能正确地发表博客文章。
(2) 能准确地对博客文章进行分类。
(3) 能合理利用图片信息。

9.3.2 工作任务

【总体任务】发布图文并茂的博客文章来介绍自己的学校或专业。
【具体任务】
(1) 撰写带有超链接的博客文章。
(2) 博客文章的分类管理。
(3) 上传博客图片。

9.3.3 能力训练

【活动一】发表博文。
活动目的：学会从不同角度来撰写博文介绍学校。
活动要求：以不同身份来发表博文。
活动分工：学生3～5人一组。
活动器材：计算机、互联网。
活动内容：以学院、招生工作人员、辅导员、教师、学生、教育行业专家等身份发表不同的博文内容。
活动程序：
第一步：发表博文。
如果你是在新浪博客首页登录的，点击右侧的"发博文"按钮，如图9-34所示。

图9-34 从新浪博客首页登录发表文章

如果你是从个人博客首页进行登录的，点击"发博文"按钮，如图9-35所示。
进入到文章编辑页面，输入文章的标题和内容。输入完毕之后，点击"发博文"按钮就可以将文章发布了，如图9-36所示。

项目 9 博客营销

图 9-35 从个人博客首页发表文章

图 9-36 发表博文

活动提示：什么是标签？文章标签是一种由您自己定义的，比分类更准确、更具体，可以概括文章主要内容的关键词。

加入标签有什么用？通过给文章定制标签,可以让更多人更方便准确地找到自己感兴趣的文章。可以为每篇文章添加一个或多个标签,发表成功后,可以打开文章内的标签,看到新浪博客内所有和你使用了相同标签的文章。不仅如此,如果你文章内使用的某个标签恰巧在首页上推荐,用户打开这个标签时,就会在结果页面上看到你的文章。

有两种填写标签的方法:可以在标签栏里手动填写标签,还可以点击标签栏右侧的"自动匹配标签",系统可以根据你的文章内容为你自动提取标签,如图 9-37 所示。

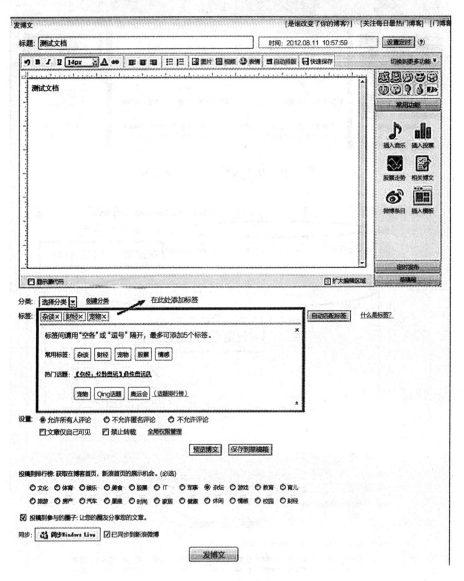

图 9-37 博文标签

活动提示:手动输入标签后点击"空格"或"逗号"可自动生成标签。每篇文章最多可以使用 5 个标签,每个标签最多 10 个汉字。标签过长可能会影响页面美观,建议尽量使用短一些的词组作为文章标签。

第二步:在博文中添加链接。

在博文中选中关键字,点击"超链接"按钮,插入超链接,进行网站推广,如图 9-38、图 9-39

所示。

图 9-38 在博文中添加超链接

图 9-39 发布后的带有超链接的博文

活动提示：网站推广是企业网络营销工作的基本内容。博客文章可以方便地增加企业网站的链接数量，帮助推广企业网站。

当一个企业网站知名度不高且访问量较低时，往往很难找到有价值的网站给自己链接。通过在自己的博客文章为本公司的网站做链接是顺理成章的事情。通过博客的方式，在博客内容中适当加入企业网站的信息（如某项热门产品的链接、在线优惠券下载网址链接等），达到网站推广的目的，这样的"博客推广"也是极低成本的网站推广方法，降低了一般付费推广的费用，或者在不增加网站推广费用的情况下，提升了网站的访问量。

拥有博客文章发布的资格，增加了网站链接主动性和灵活性，这样不仅能为网站带来新的访问量，也增加了网站在搜索引擎排名中的优势，因为一些主要搜索引擎会把一个网站被其他网站链接的数量和质量也作为计算其排名的因素之一。

【活动二】博文分类管理。

活动目的：学会给博文分类，让人们从不同角度来认识学校。

活动要求：发表博文并进行正确分类。

活动分工：学生 3～5 人一组。

活动器材：计算机、互联网。

活动内容：建立学院介绍、专业介绍、校园生活、最美教师、最美学生、就业前景等不同的博文分类。

活动程序：

第一步：创建博文分类。

进入博文目录的页面，点击左侧"博文管理"按钮，创建新分类并保存，如图9-40所示。

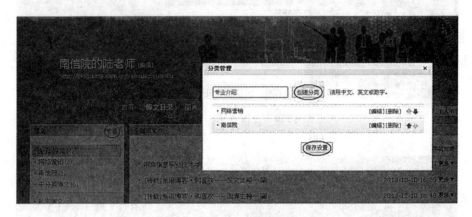

图9-40 创建新的博文分类

在发表博文的页面也可以进行博文的分类管理，如图9-41所示。

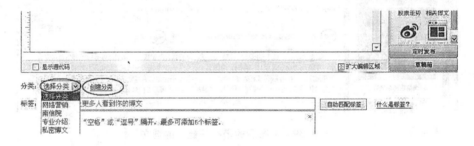

图9-41 发博文时进行分类管理

进入博文目录的页面，点击博文标题右侧的更多按钮，选择修改分类并确定，如图9-42所示。

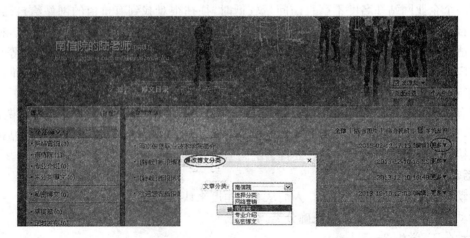

图9-42 修改博文分类

【活动三】博客相册管理。

活动目的:学会用图片来介绍学校。

活动要求:建立校园相册专辑,上传校园图片。

活动分工:学生 3~5 人一组。

活动器材:计算机、互联网。

活动内容:建立校园风景、学习环境、生活设施、课余生活、学长风采等相册专辑并上传图片。

活动程序:

第一步:上传图片。

点击博客图片页面,选择右侧的"发照片"按钮或者下方的"上传图片"按钮,如图 9-43~图 9-47 所示。

图 9-43　上传图片

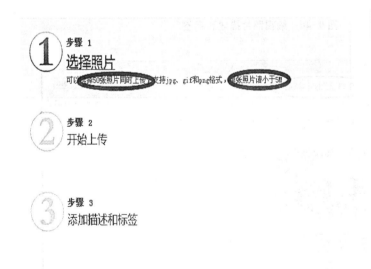

图 9-44　上传图片三步骤

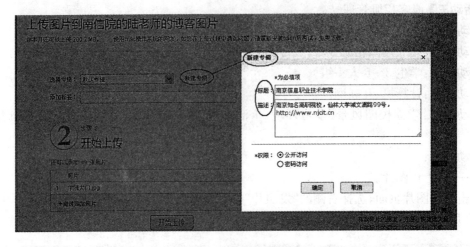

图 9-45 新建相册专辑

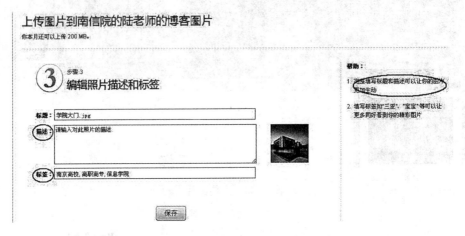

图 9-46 编辑照片描述和标签

图 9-47 建好的相册专辑和照片

活动提示:标签就是描述图片主要内容的一些"关键词"。例如,你上传了一张全家假日一起出游的图片,标签就可以设置为"假日""出游""全家""幸福"等。每张图片最多可添加15个标签,每个标签长度不能超过16个字符(8个汉字)。

第二步:在博文中插入图片,发表图文并茂的博文,如图9-48、图9-49所示。

图 9-48 博文中插入图片

图 9-49 发表后的图文并茂的博文

9.3.4 相关知识

1) 博客的文字风格

博主一开始就要考虑自己的特长和读者的喜好,确定好文字风格,坚持一段时间,文笔锻炼出来了,文字个性也体现出来了。

很多受人欢迎的军事博客和政治博客,内容非常严肃,采用大量数据和事实说话,以保持自己的专业性和权威性,这就是一种写作风格。

博客不是正式出版物,文字风格轻松一些好,太严肃不讨人喜欢。博客文字随性一些较好,最好要通俗易懂,引人入胜。

有的人是思考型的,适合用文字影响;有的人是视觉型的,适合用图片影响;文字+图片组合型的博客通杀型文风当然会吸引不少眼球,不过图片要合适,不能为图而凑图。

注:大家普遍不喜欢看长文字,如果文字短一点,主题精练一点,反而更受欢迎。不过,要注意,专业性的、思辨性的文章要说清楚问题,就不怕长,长才有气势!

2）文章内容排版需要注意细节

文章还存在文字排版的问题。字不需要太大,专业博客字太大给人感觉很浮躁,当然太小也不好,字太小看起来累。最好形成一个统一的风格,一般使用小四或 10.5 pt(磅)的字号。

另外,文字排版最好段落间距保持一致,文字格式保持一致,尽量减少错别字。不要太高估读者的容错能力,错字连篇的文章对于读者是一种折磨,这些都是很重要的细节。

如果转载别人的文章,在其中以不同颜色标注出好句子,既可以加强自己在阅读时的专心度、增进理解,同时,对于向读者强调这些句子、提醒他们的注意,也是很好的方式。纯粹黑白的文字,容易导致阅读疲劳,有一点变化,则引人注目,提升阅读兴趣。

注意使用图片。目前大部分博客作者都有一个不太好的习惯,就是把主要精力放在了文字的写作上,而且很少使用图片。调查表明,在博客上放一些图片能很好地吸引用户仔细看帖子,而不是匆匆忙忙地看一眼就离开。

注意标签(tags)使用。标签实质上就是关键词,系统将相关文章按标签聚合在一起。写博客帖子时选择标签的重要原则是,一定要精确挑选最相关的关键词,千万不要每个帖子都把广泛的关键词列出来。注意:标签尽量不要使用分类名称,换个角度说,可以把博客分类当作大分类,标签当作更细的小分类。

3）日志的分类

博客帖子通常按主题进行分类。博客作者在创建博客时就应该大体思考一下,自己的博客应该分为哪些类别,先行建好这些类别,写帖子时将帖子归在相应的类别下。

当日志越来越多时,明确的分类会给读者和自己很好的指引,应当依据博客定位和内容设定不同的分类,给出不同的分类名称。同时,可依据博客定位确定适当的分类文章比例,这个比例可以结合博客关键词进行设定,以使二者相辅相成。分类也有一定的艺术,巧妙地设定分类名称可以更好地吸引读者。

一般来说,博客平台都有分类统计功能(就是分类后面的日志数字),这样就可以知道自己的文章在各分类中的大概比率,如果立志于做专业博客,但是专业的日志没写几篇,分类中的休闲部分却写了很多,那表明离专业还有点距离。在这里,分类就起到了一杆秤的作用,时不时称一下,可以保证方向不偏离。下面是两种日志分类案例:

(1)"萧秋水"的博客日志分类

01 知识管理（525）

02 时事杂谈（178）

03 音乐（38）

04 读书（76）

05 旅游（25）

06 休闲（257）

分析:使用编号的好处是能够把最为重要的分类显示在前面,而且顺序可以随时调整,比如想把"时事杂谈"放到后面一点,改个编号就行了。因为萧秋水走的是知识管理专家的路线,所以知识管理类的日志一定要占有绝对比例,否则就会给别人留下不务正业的印象了。

(2) 秋叶的博客日志分类

01 秋叶大讲坛(10)

02 秋叶上班记(121)

03 秋叶看职场(94)

04 水煮信息化(82)

05 秋叶时评(107)

06 七零后感悟(32)

07 项目经理的九阴真经(54)

分析:秋叶博客的分类没什么特别的,但值得注意的是,分类暗含了很多"秋叶",提高了博客首页关键词"秋叶"的分布密度,有利于被搜索引擎收录。而"项目经理的九阴真经""上班记"和"水煮信息化"都是系列文章中的默认关键词,有利于将来关注这些名词的朋友搜索到秋叶的博客。

4) 博客写作技巧

(1) 专而不枯燥 博客营销文章要有一定的专业水平或者行内知识。大家不要一提专业水平就认为高不可攀,实际上,这是每一个销售人员都应该有的水平,很难想象一个不懂得自己产品的人、没有产品专业知识的人能做好销售工作。整体博客文章要专,也就是始终不渝地为自己的目的服务,正所谓用心专一。营销博客不能什么都写,要围绕自己的产品来布局自己的博客文章,要从不同的文章题材中体现你的专业知识,也就是博文的知识水平要专业,让行内人士一读就能认可。

很多朋友专业水平很高,文章中引经据典,一写就是洋洋洒洒几千字,可就是没人愿意读,原因何在?就是太枯燥了,有些朋友在博文中专业术语满天飞,认为这就是专业。其实用一般人看得懂的语言写出来的专业文章才是好的博客文章,才能达到营销的目的。这就是要增加专业的趣味,让人喜欢看是非常重要的。

(2) 巧妙的广而告之。

① 产品功能故事化 博客营销文章要学会写故事,更要学会把自己的产品功能写到故事中去。通过一些生动的故事情节,自然地让产品功能自己说话。比如有一篇博文《妈妈用去年的粽叶包粽子》就是一篇用故事来展现防潮柜功能的博文。文章发了之后,引来了很多的客户咨询产品。

② 产品形象情节化 当我们宣传自己的产品时,总会喊一些口号,这样做虽然也能达到一定的效果,但总不能使自己的产品深入人心,打动客户,感动客户。因此最好的方法,就是把你对产品的赞美情节化,让人们通过感人的情节来感知认知你的产品。这样客户记住了瞬间的情节,也就记住了你的产品。

③ 行业问题热点化 在我们的博客文章写作过程中,一定要抓行业的热点,不断地提出热点,才能引起客户的关注,也才能通过行业的比较显示出自己产品的优势。要做到这些也就要求博文的作者要和打仗一样,知己知彼,百战不殆。

④ 产品发展演义化 博客营销文章要赋予产品以生命,从不同的角度、不同的层次来展示产品。可以以拟人的形式进行诉说,也可以是童话,可以无厘头,可以幽默,等等。越有创意的写法,越能让读者耳目一新,也就记忆深刻。

⑤ 产品博文系列化　这一点非常重要，博客不是立竿见影的电子商务营销工具，需要长时间的坚持不懈。因此，在产品的博文写作中，一定要坚持系列化，就像电视连续剧一样，不断有故事的发展，还要有高潮，这样产品的博文影响力才大。

⑥ 博文字数精短化　博客不同于传统媒体的文章，既要论点明确论据充分，但又要短小耐读；既要情节丰富感人至深，又要不花太多的时间。所以，一篇博文最好不要超过1 000字，坚持短小精悍是博客营销的重要法则。

(3) 博客文章重在给予和分享　博客营销文章真正能起到营销作用的魂在于文章能给予读者、客户什么样的实惠。营销博客和其他博客的最大区别就在此，其他的博客可以风花雪月，可以抒发情感，可以随心所欲，但营销博客不可以，不仅要保证每篇博文带来应有的信息量，还要有知识含量，还要有趣味性，还要有经验的分享，让客户每次来你博客都有所收获。这是黏住客户最好的方法。

自2002年起步，博客在中国已有近15年的历史。作为Web 2.0时代的经典应用，博客让人们实现了双向沟通。网民不再仅仅是信息的接受者，也是信息的评选者和创造者。专业的博客网站和门户网站的博客服务为草根网民提供了一个展现自我的舞台，从而吸引了众多的用户使用。根据CNNIC的调查结果，博客用户规模和用户使用率在2010年底达到顶峰，网民中66.4%的用户使用博客应用，用户规模达3.1亿。

博客的本质是一个内容发布平台，它的兴起源自人们自我表达的需求。从社会传播的角度来看，它是一个社会化的草根媒体，让网民从信息的接受者变成信息的创造者和评选者。早期的博客，兼具自媒体属性和交互属性，是公众交流信息、展示自我的重要平台。随着社交媒体和社交网络的兴起，博客的交互属性逐渐被替代。如今博客的创作者主要是精英人群，创造的内容也趋于专业化，博客的阅读者则主要把博客当成获取信息的渠道来源。

真正的博客营销是靠原创的、专业化的内容吸引读者，培养一批忠实的读者，在读者群中建立信任度、权威度，形成个人品牌，进而影响读者的思维和购买决定。调查显示，博客能够影响读者的购买行为。50%的博客读者认为博客对购买信息有用。在技术相关的购买中有31%的读者说博客有用，此外，其他主要行业(表示博客有用的读者比例)包括媒体和娱乐(15%)、游戏/玩具和体育用品(14%)、旅行(12%)、汽车(11%)及健康(10%)。

博客的出现，对市场营销观念和营销方式带来了重大转变，写博客是每个企业、每个人自由发布信息的权利，如何有效地利用这一权利为企业营销战略服务，则取决于市场人员的知识背景和对博客营销的应用能力等因素。

9.3.5　思考与练习

(1) 以在校学生的身份建立博客相册，向准备报考本校的学生展示学生活动。

(2) 以招生老师的身份建立博客相册，向准备报考本校的学生展示校园风采。

项目 10 邮件营销

【项目简介】

本项目的工作任务是通过电子邮件来实现对特定产品或服务的营销。项目要求学生开通电子邮箱,设置邮箱账号,寻找潜在客户,发送邮件,实施邮件营销。通过项目实践,让学生掌握邮件营销的步骤、方法和技巧。

【项目案例】

牛仔品牌 Lee Jeans 的邮件营销

Lee 牛仔裤为世界三大牛仔裤品牌之一,其邮件营销的几大要点如下:

(1) 合乎情理的发送频率 Lee 的邮件发送频率稳定为 2~3 天一封。固定的、具有系统规范化的邮件发送频次可以使用户逐渐了解掌握品牌的发送规律和时间点,稳固提升用户对于品牌的热衷度和参与度。另外,适当地在邮件标题中尝试一些特殊字符也是提高打开率的方法之一。

(2) 十足的美式情怀风 邮件风格往往需要与品牌风格保持一致性。相似的邮件风格更能够促使用户在短时间内记住你的品牌,甚至是产品。如图 10-1 所示,Lee 这封 200 岁生日邮件,蓝色、红色、五角星、复古印花纹理的组合,体现出十足的美式情怀和独特风格。

图 10-1 Lee 的邮件示例

文案不是千篇一律的点击购买或领取,而更换为一句简单的带有语气的句子,大大增添了购买的趣味性。对于重要事件的通知或促销,通常会发送 2 封以上邮件以提醒用户查收阅读,避免邮件石沉大海。

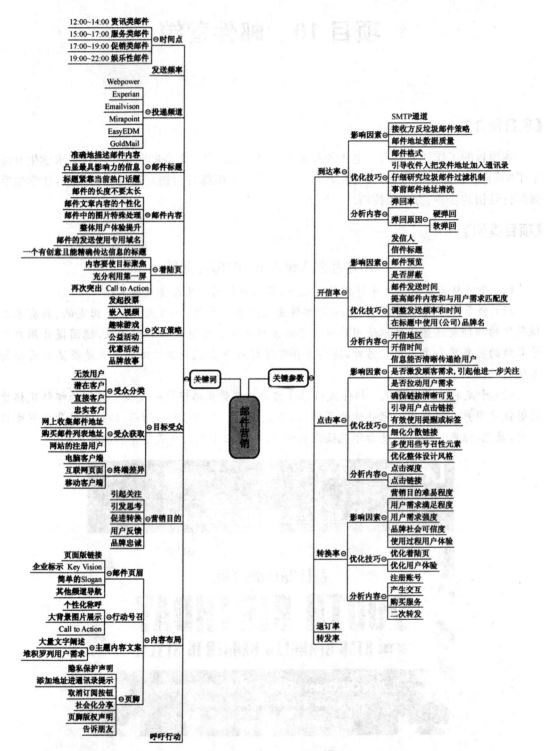

图 10-2　邮件营销思维导图

（3）提供产品资讯和帮助　Lee 品牌牛仔裤之所以能够畅销世界，原因之一是由于他们会根据不同用户人群设计并制作适合于不同腿型的用户。在 Lee 的邮件中，也同样体现了这一层面，从用户角度出发，为其提供产品资讯和帮助。不同类型的牛仔裤系列展示在模特身上，得以让用户在阅读邮件时清晰地了解该产品的特点和形状，帮助他们更加便捷、快速地选择心仪的产品。

（4）出众的炫酷设计　首先，Lee 所有的品牌邮件几乎都会使用黑色背景白色字体的导航栏，其 Logo 置于邮件的最顶端，一打开邮件就能醒目地看到商家；其次，大大的邮件正文 Banner 设计也十分酷炫，令人耳目一新，文案定位简单直白化：红＋白＋牛仔系列裤子，相信喜欢的用户会马上购买，而有所保留者也可能会出于优惠的价格原因选择收入囊中。

邮件营销的思维导图如图 10-2 所示。

模块 10.1　进行邮箱设置

10.1.1　教学目标

【终极目标】理解邮件营销的实质。
【促成目标】
（1）了解邮件的特点。
（2）了解邮件的营销价值。

10.1.2　工作任务

【总体任务】在邮件里建立个人形象。
【具体任务】
（1）设置邮箱账户昵称和个性签名。
（2）设计个性信纸。

10.1.3　能力训练

【活动一】设置邮箱账户昵称和个性签名。
活动目的：完善邮箱里的个人信息。
活动程序：
第一步：登录个人邮箱（以 QQ 邮箱为例）。
在浏览器的地址栏中输入 http://mail.qq.com，进入邮箱登录界面，填写账号和密码，进入邮箱，在页面上方找到"设置"按钮，如图 10-3 所示，点击进入。
第二步：设置邮箱账号昵称。
进入邮箱设置页面，点击页面上方的"账户"按钮，填写账户昵称，最好是用真实姓名，这样可以让收信人放心。设置完毕要进行保存，如图 10-4 所示。
第三步：添加个性签名。
进入邮箱设置页面，点击页面上方的"常规"按钮，在此页面上查找"个性签名"这个功能，点击"添加个性签名",进入个性签名的编辑页面,编辑完毕,点击"确定"按钮完成设置,如图 10-5～图 10-8 所示。

图 10-3　邮箱首页

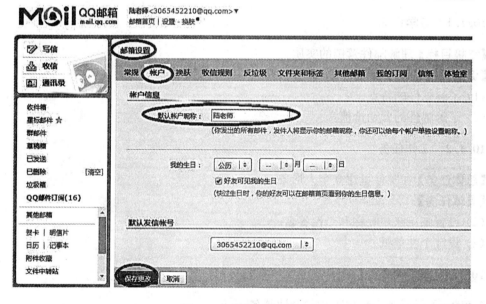

图 10-4　设置邮箱昵称

图 10-5　邮箱的常规设置

项目 10 邮件营销

图 10-6 添加个性签名

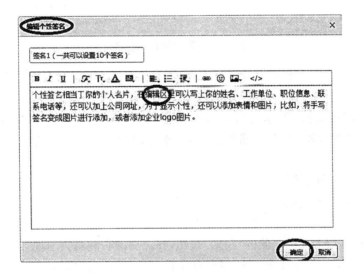

图 10-7 编辑个性签名

图 10-8 邮件签名示例

个性签名设置成功后,在写信的时候,就会自动出现在邮件正文里,如图 10-9 所示,就不会出现忘记署名的尴尬现象了(忘记署名的话就成了匿名信了)。

活动提示:个性签名相当于你的个人名片,在编辑区里可以写上你的姓名、工作单位、职位信息、联系电话等,还可以加上公司网址,为了显示个性,还可以添加表情和图片,比如,将手写签名变成图片进行添加,或者添加企业 Logo 图片。

图 10-9　写信时自带签名

QQ 邮箱允许添加 10 个签名,我们在不同场合、以不同的身份发信时,可以使用不同的签名,比如在校期间,可以用学生的身份给同学和老师写信;毕业之际,可以用求职者的身份给企业的人事经理写信;工作之后,以企业员工的身份给同事和客户写信。个性签名可以设计成不同的内容,学生要注明班级和学号,求职时要注明学校和专业,工作时要注明单位和职位。

【活动二】设计个性信纸。

活动目的:利用个性化的信纸来加深读者印象。

活动程序:

进入邮箱首页,点击页面左侧的"写信"按钮,在页面的右侧就会出现"信纸"。系统提供了 14 种信纸模板,可以直接选用,如果还想再有个性一些,可以自己设计信纸模板(或从网上下载),以图片形式上传即可,设计完成要进行保存,如图 10-10～图 10-12 所示。如果能在模板中可以添加企业 Logo、企业网站之类的还可以起到品牌展示的作用。

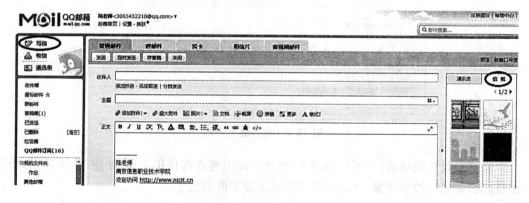

图 10-10　邮件信纸

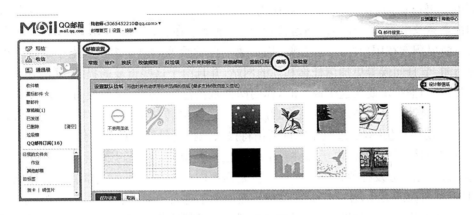

图 10-11 设计新信纸

图 10-12 设计个性化信纸

10.1.4 相关知识

1) 什么是电子邮件

电子邮件(E-mail,也被大家昵称为"伊妹儿")是互联网上应用最早的服务。

普通邮件通过邮局、邮差送到我们的手上,而电子邮件是以电子的格式(如 HTML、TXT 文件等)通过互联网为世界各地的用户提供了一种极为快速、简捷和经济的通讯和交换信息的方法。与常规信函相比,E-mail 非常迅速,使用非常方便,即写即发。这些电子邮件可以是文字、图像、声音等各种方式。与电话相比,E-mail 的使用是非常经济的,传输几乎是免费的。而且这种服务不仅仅是一对一的服务,还可以向一批人发信件。正是由于这些优点,互联网上数以亿计的网民都有自己的邮件地址,E-mail 也成为利用率最高的互联网应用。

2) 什么是邮件营销

电子邮件营销是互联网上出现最早的商业活动。

一个浏览者来到你的网站,他想买某种商品或有个问题要解决,你的网站刚好能满足他的要求。不过毕竟是第一次来,用户虽然感兴趣,但 99% 的可能是并不会马上购买。如果你的网站"刚好"提供一个电子杂志,并且注册电子杂志的用户可以得到 10 元优惠券,外加免费电子书,而电子书讨论的话题正是这个潜在用户想解决的问题,用户会欣然填上名字和邮件地址,得到优惠券及电子书。作为网站运营者的你,拿到潜在客户的电子邮件地址,也就拿到后续沟通、不断提醒潜在用户存在的权利。用户通过你发给他的电子书以及电子杂志中的小窍门、行业新闻、节日问候等更加信任你和你的网站,并且由于这些重复的提醒,让潜在客户记住了你的网站。当他决定要买这个商品时,你的网站就在他的备选网站的最前面。

如果网站设计及电子杂志策划得当,注册电子杂志的转化率达到 20% 左右也是常见的。相对于 1% 的销售转化率,通过电子邮件营销将极大地提高最终销售的转化率。

相比其他网络营销手法,电子邮件营销效果也十分快速。搜索引擎优化需要几个月甚至几年的努力,才能充分发挥效果。博客营销更是需要时间以及大量的文章。社会化网络营销需要花时间参与社区活动,建立广泛关系网。而电子邮件营销只要有邮件数据库在手,发送邮件后几小时之内就会看到效果,产生订单。许可式电子邮件营销的对象是最精准、最有可能转化为付费客户的一群人。其他网络营销手法获得的用户大多是以随意浏览的心态进入你的网站,并不是非常主动的。而许可式电子邮件则不同,凡进入邮件数据库的都是主动填写表格、主动要求你发送相关信息的人。在经过几封邮件的联系后,只要你发送的信息对用户有帮助,他们将变成一群忠诚的订阅者。还有什么比这样的一群潜在客户更可贵的呢?

电子邮件营销还使网站营销人员能长期与订户保持联系。订阅者连续几年看同一份电子杂志是很常见的。互联网上的信息令人眼花缭乱、数不胜数,能数年保持与同一个订户的固定联系,在当今的互联网上是十分难能可贵的财富。以这种方式建立的强烈信任和品牌价值是其他网络营销方式很难达到的。网站有任何新产品或有打折促销活动,都能及时传达给这批长期订户,销售转化率也比随机来到网站的用户高得多。

3)电子邮件营销的优势

电子邮件营销在国外非常流行,也是最有效的营销形式之一,它具有下面这些优势:

(1)成本低廉,只针对特定的潜在客户感兴趣的内容投放广告和产品信息,够精准。

(2)可跟踪投资回报率,转换率高,是仅次于搜索引擎营销的最有效的在线营销策略。

(3)与常规的销售邮件相比,节省了纸张、印刷、邮递等费用,实时性和实效性也比传统邮件更高。

(4)可控性比网站、博客等媒体更好,可以根据客户的购买周期来控制邮件发送的时间和频率。

(5)借助一系列的邮件营销管理系统,你可以精确地跟踪邮件开启率、点击率、转换率等信息。

(6)长期受益,使用电子邮件营销产生重复购买行为的机会比搜索引擎营销要高很多,并可实现自动化销售。

(7)受众面广,超过半数的互联网使用者每天都会收取或发送电子邮件。

(8)性价比最高。

(9)针对性强、反馈率高,直接使用电子邮件作为传播媒介,这让用户更容易反馈信息,从而让你更好地了解客户需求。

(10)有效的病毒式营销传播途径。

10.1.5 思考与练习

(1)请查阅自己的邮箱是否有垃圾邮件?垃圾邮件有哪些特点?你会如何对待这些垃圾

邮件?

(2) 请查阅自己的邮箱,看看有哪些邮件属于许可邮件？这些邮件是在什么情况下得到了你的许可的?

(3) 请你以学生的身份设置邮箱的个性签名,并给老师写一封信,谈谈你平时使用邮件的习惯。

模块 10.2　建立通讯录

10.2.1　教学目标

【终极目标】学会利用电子邮件来开发目标市场。

【促成目标】
(1) 主动寻找潜在客户。
(2) 让潜在客户主动来订阅邮件。

10.2.2　工作任务

【总体任务】收集和整理电子邮件通讯录。

【具体任务】
(1) 添加联系人。
(2) 添加联系人分组。
(3) 创建邮件列表。

10.2.3　能力训练

【活动一】添加联系人。

活动目的:将现有的客户添加到邮件联系人。

第一步:新建联系人。

进入邮箱首页,点击左侧菜单栏中的"通讯录",进入通讯录页面,点击"＋"进行添加联系人,如图 10-13 所示。

图 10-13　邮件通讯录

通讯录中联系人需要填写的信息很多,相当于是客户档案,如图 10-14 所示,包括:姓名、头像、邮箱(可以添加多个邮箱,如私人邮箱、工作邮箱)、电话号码(可以添加多个号码,包括手机号码、工作号码、家庭号码)、地址(包括工作地址和家庭地址)、生日(记住客户的生日,可以发送电子贺卡)、即时通讯账号(包括QQ、微信等)、工作信息(包括公司、部门、职位,如果客户的工作有变动,要及时进行修改)、分组(如果联系人较多,要进行分组管理,方便进行客户维护)。

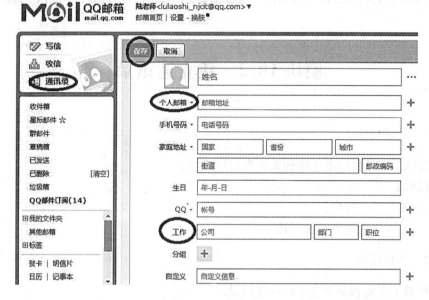

图 10-14　编辑联系人信息

第二步:导入联系人文件。

如果已经有整理好的联系人文件(至少要包含姓名和邮箱地址),如图 10-15 所示,可以不用一个一个的添加,而是采用导入文件的方式进行添加。导入的文件必须是 CSV(*.csv)或 vCard(*.vcf)格式的文件。我们平时使用的电子表格 Excel 文件可以直接转换成 CSV 文件。

图 10-15　客户通讯录的电子表格

活动提示:客户通讯录的电子表格的表头包括:姓名、电子邮件、电话,其中电子邮件要写成英文"email",否则转换后,系统会因为无法识别而导致信息不能正确导入邮件通讯录。电子表格按以上格式调整好后,选择"另存为→其他格式",如图 10-16 所示。

在文件的保存页面,在文件类型中点击下拉箭头,选择"CSV",点击"保存",如图 10-17 所示。

图 10-16　电子表格的转换

图 10-17　电子表格转换为 CSV 文件

进入邮箱首页的通讯录页面，点击"工具"的下拉按钮，选择"导入联系人文件"，将之前保存好的 CSV 格式的联系人文件进行上传，系统会自动将联系人导入到以文件名命名的组别里，如图 10-18～图 10-20 所示。

图 10-18　导入联系人

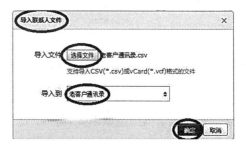

图 10-19　导入联系人文件

图 10-20　导入邮箱通讯录的联系人信息

【活动二】添加联系人分组。

活动目的:通过分组管理进行相应的客户维护。

活动程序:

如果邮箱里的联系人比较多,最好要进行分组管理,方便以后可以针对不同的客户发送不同内容的邮件,满足客户个性化的需求。首先在通讯录右侧的菜单里点击"新建组",填写分组名称,并进行保存,如图 10-21、图 10-22 所示。

图 10-21 新建组

图 10-22 填写分组名称

然后,在通讯录里选定联系人,将其添加到相应的组别里,如图 10-23、图 10-24 所示。

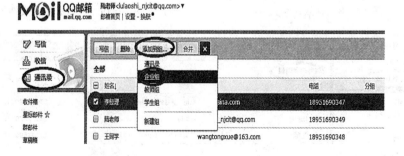

图 10-23 对联系人进行分组

项目10 邮件营销

图 10-24 完成分组后的通讯录

【活动三】创建邮件列表。
活动目的:让潜在客户主动订阅电子邮件信息。
活动程序:
第一步:在地址栏输入 http://list.qq.com,登录邮件列表,如图 10-25 所示。

图 10-25 登录 QQ 邮件列表

第二步:创建新栏目,填写栏目名称和栏目简介。

设置邮件栏目名称,即给邮件列表起个名字,例如:南信院陆老师的博客,这个名字将会包含在您发出的邮件里,如图10-26所示。

第三步:获取订阅用户。

常用的获取订阅用户的方法有:通过微博、QQ 群直接发送一个链接邀请他人来订阅;在网站或博客上嵌入一段代码,供用户订阅;在论坛发布一个帖子,邀请用户订阅。

进入栏目后,点击"获取订阅插件",选择需要放置订阅插件的博客或网站的类型。以新浪博客获取订户为例,如图 10-27、图 10-28 所示。

选择订阅入口的形式,可以使用 QQ

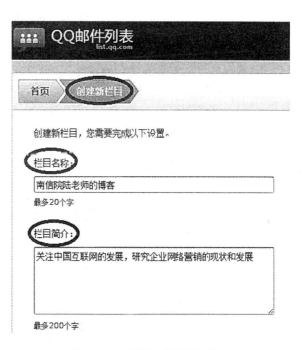

图 10-26 设置邮件栏目名称

· 237 ·

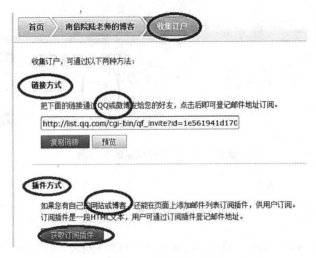

图 10-27 获取订阅插件

图 10-28 选择博客或网站的类型

邮件列表专用图片链接，尺寸、颜色、风格均可自定义，并自动生成页面代码（HTML 代码使用于个人站点或可自定义源代码的博客页面），如图 10-29、图 10-30 所示。

图 10-29 邮件列表的图片链接

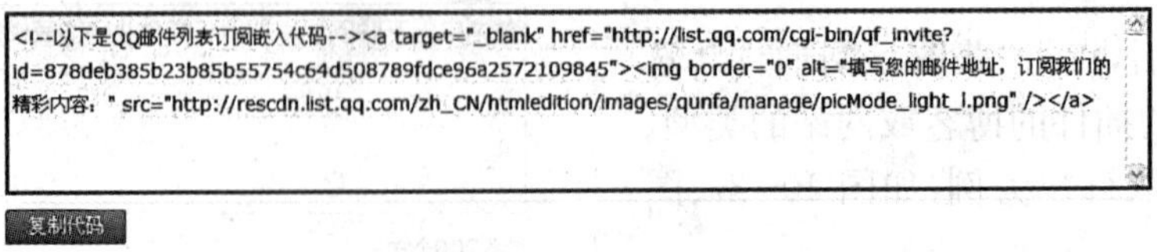

图 10-30 邮件列表的源代码

在新浪博客的页面设置里选择"自定义组件",点击"添加文本组件",在自定义文本模块中,勾选"显示源代码",并把代码粘贴到图示位置,然后进行保存,如图 10-31、图 10-32 所示。

图 10-31　添加自定义模块

图 10-32　在文本框里粘贴代码

在新浪博客页面生成了邮件订阅的图片链接,用户点击"订阅"按钮就可以填写自己接收订阅邮件的邮箱地址了,如图 10-33、图 10-34 所示。

图 10-33　博客首页的邮件订阅按钮

图10-34 用户填写接收订阅邮件的邮箱地址

第四步:给用户发送邮件。

如果已经有用户订阅你的栏目,比如你正在写博客,只需设置好博客地址,系统就会定时自动将博客的更新内容发送给订户,当然也可以直接写邮件发给他们,如图10-35所示。

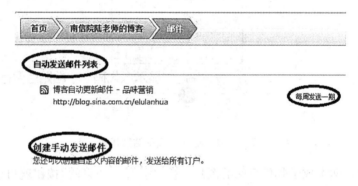

图10-35 发送邮件列表

活动提示:QQ邮件列表是一项免费的群发邮件服务。通过它,你可以在博客或网站(网店)的页面显眼位置内嵌订阅入口,来获取你的订户。用户订阅后,就能方便地给他们群发邮件了。如果你写博客,它能自动将最新的博客文章发给读者;如果你开网店,可以用它批量通知客户店铺的最新优惠。

10.2.4 相关知识

要正确进行电子邮件营销,必须先了解什么是许可邮件,什么是垃圾邮件。

1) 许可邮件的特点

(1) 邮件发送方在发送电子邮件之前必须经过接收方的同意。

(2) 营销邮件列表中的E-mail联系人即邮件接收方可以随时自由加入和自由退出邮件列表。

(3) 保障邮件列表中的E-mail联系人的信息私有化,不能以任何方式共享或出售私人信息给第三方。

（4）发送方应尊重接收方的意愿，周期性地传递有价值的信息和资源，不发送与主题无关的信息、内容、广告。

2）垃圾邮件的特点

垃圾邮件会顽固地、持续地以一种流氓式的、让人厌恶的方式发送到你的电子邮箱，这些垃圾信息对你而言没有任何用处，而你却无法拒绝它们。

3）许可式电子邮件营销

许可式电子邮件营销指的是用户主动要求你发邮件及相关信息给他。凡是用户没有主动要求接收邮件的都不是许可式电子邮件营销，也不建议读者使用。

最常见的用户要求接收邮件的方式是在网站上填写注册表格，订阅电子杂志。网站必须非常清楚地标明，用户填写这个表格就意味着要求网站发邮件给他们，并且同意网站的使用条款和隐私权政策。简单填写注册表格还有一定的风险，我们可以把它称为单次选择进入方式（single opt-in）。

现在越来越多的电子邮件营销使用者倾向于使用双重选择性进入方式（double opt-in），也就是说用户填写注册表格后会收到一封自动确认邮件，用户的电子邮件地址还没有正式进入数据库。确认邮件中会有一个确认链接，只有在用户单击了确认链接后，他的邮件地址才正式进入数据库，完成订阅过程。由于确认邮件只有邮件地址所有人本人才能看到和点击确认链接，这就避免了其他人恶作剧、拼写错误，或竞争对手陷害等情况下在注册表格中填写了错误的电子邮件地址。双重进入选择才是现在最保险的许可式电子邮件营销方式。虽然双重进入选择会在一定程度上降低订阅率，但是也可以相应地降低退订率，提高邮件数据库质量。

10.2.5 思考与练习

（1）请将你的 QQ 好友导入邮箱通讯录中，并进行分组。

（2）在你的 QQ 空间、新浪博客或者淘宝网店上，尝试添加邮件订阅按钮。

模块 10.3 写信与发信

10.3.1 教学目标

【终极目标】能通过邮件内容来影响客户。

【促成目标】

（1）能根据客户需求来编辑邮件内容。

（2）能遵守电子邮件礼仪。

10.3.2 工作任务

【总体任务】撰写邮件并发送邮件。

【具体任务】

（1）撰写邮件。

（2）发送邮件。

10.3.3 能力训练

【活动一】撰写邮件。

活动目的：掌握电子邮件的格式。

活动程序：

第一步：进入"写信"页面。

点击邮箱首页左侧的"写信"按钮，如图10-36所示，需要填写的内容包括：收件人地址、邮件主题、邮件正文。

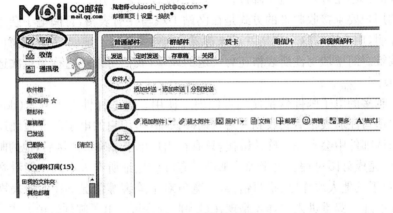

图10-36 写信的页面

第二步：填写收件人地址。

在"收件人"一栏中填入收件人的邮件地址，例如：abc@qq.com，如果需要填入多个地址，在地址之间用";"隔开，或直接点击写信页面右边的"通讯录列表"中一位或多位联系人，选中的联系人地址将会自动填写在"收件人"一栏中。

若你想抄送信件，请点击"添加抄送"。抄送就是将信同时也发给收件人以外的人，收件人是能看到抄送情况的。在必要和确定的情况下，抄送给相应需要知道进展情况的人员，比如邮件比较重要，责任比较重大，一旦出了问题承担不了责任的时候，发信的同时就可以抄送给直接上司或者领导。

若你想密送信件，请点击"添加密送"。密送就是将信秘密发送给收件人和抄送人以外的一方，收件人和抄送人是不知情的，如图10-37所示。

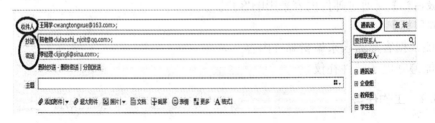

图10-37 填写密送收件人地址

第三步：填写邮件主题。

主题是接收者了解邮件的第一信息，邮件主题应体现邮件主旨，要引人注目、意思明确，这样可以让收件人迅速了解邮件内容并判断其重要性,从而决定是否打开邮件。

(1) 一定不要空白标题,这是最失礼的。

(2) 标题要简短,不宜冗长。

(3) 标题要能反映文章的内容和重要性,切忌使用含义不清的标题,如“王先生收”。

(4) 一封信尽可能只针对一个主题,不在一封信内谈及多件事情,以便于日后整理。

(5) 可适当使用大写字母或特殊字符(如“ * !”等)来突出标题,引起收件人注意,但应适度,特别是不要随便就用“紧急”之类的字眼。

第四步:撰写邮件正文,如图 10-38 所示。

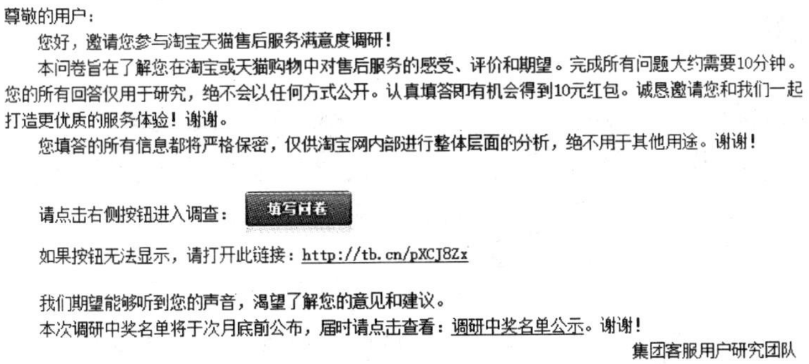

尊敬的用户:

您好，邀请您参与淘宝天猫售后服务满意度调研!

本问卷旨在了解您在淘宝或天猫购物中对售后服务的感受、评价和期望。完成所有问题大约需要10分钟。您的所有回答仅用于研究，绝不会以任何方式公开。认真填答即有机会得到10元红包。诚恳邀请您和我们一起打造更优质的服务体验！谢谢。

您填答的所有信息都将严格保密，仅供淘宝网内部进行整体层面的分析，绝不用于其他用途。谢谢!

请点击右侧按钮进入调查：填写问卷

如果按钮无法显示，请打开此链接：http://tb.cn/pXCJ8Zx

我们期望能够听到您的声音，渴望了解您的意见和建议。

本次调研中奖名单将于次月底前公布，届时请点击查看：调研中奖名单公示。谢谢!

集团客服用户研究团队

图 10-38　邮件正文示例

电子邮件的格式如下:

(1) 称呼

① 如果有收件人的姓名的话,可以让对方感觉更加友好。

② 若知道对方的性别,可以用××先生、××小姐、××女士。

③ 如果知道对方的身份,可以用××总经理、××经理、××董事长、×总、×董、×经理。

(2) 问候语　如果是领导或者长辈就说“您好”,如果是一般的同事就说“你好”,礼貌很重要。

(3) 正文　正文应结构清楚,便于阅读,如正文内容较长,可使用小标题、小段落,或利用星号、下划线及段落间空行等方式使邮件眉目清楚、一目了然。先总体表达要传递的意思,再用“第一、第二、第三、……”的格式详细描述,别人也会觉得你思路清晰,主次分明。

(4) 祝福语　可以写祝您工作愉快,工作顺利,或者顺祝商祺等,表示真诚。

(5) 落款　可以直接使用设置好的邮箱个性签名,写信人的全名、写信人职务及所属部门、地址、电话号码、传真等。

(6) 附件　如果想要表达的信息或者材料内容较多,内存较大,也可以作为附件添加进去。

① 如果邮件带有附件,应在正文里面提示收件人查看附件。

② 附件文件应按有意义的名字命名,不可用看不懂的文件名。

③ 正文中应对附件内容做简要说明,特别是带有多个附件时。

④ 附件数目不宜超过 4 个,数目较多时应打包压缩成一个文件。

在写电子邮件时,要采用日常办公运用的商业信函格式,使用正规的文字,不用或避免使用网络语言,诸如 3Q、IFU 等。尽可能避免拼写错误和错别字,注意使用拼写检查工具。选择便于阅读的字号和字体,中文用宋体或新宋体,英文就用 Verdana 或 Arial 字型,字号用 5 号或 10 磅字即可。不要动不动就用大写字母、粗体斜体、颜色字体、加大字号等手段对一些信息进行提示,最好不用背景信纸,特别是公务邮件。根据收件人与自己的熟络程度、等级关系,选择恰当的语气进行论述,以免引起对方不适。

【活动二】发送邮件。

活动目的:掌握发送邮件的技巧。

活动程序:

如果收信人比较多,建议使用"分别发送",如图 10-39 所示,选择了分别发送功能,原来"一对多"的群发邮件变成"一对一"单独发送,每个收件人将收到单独发送给他的邮件,收件人的心理体验会更好。

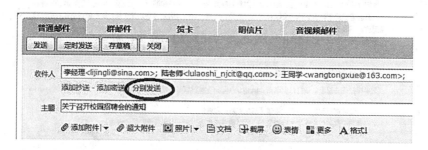

图 10-39　使用分别发送

设置"其他选项",如在商务往来中,常常需要将已发送的邮件进行保存,便于以后查看。勾选"需要回执",对方读信的时候,你就可以收到通知,便于统计邮件的打开率。如果邮件内容很重要,为了防止外泄,还可以对邮件进行加密,对方需要获得密码才能打开,如图 10-40 所示。

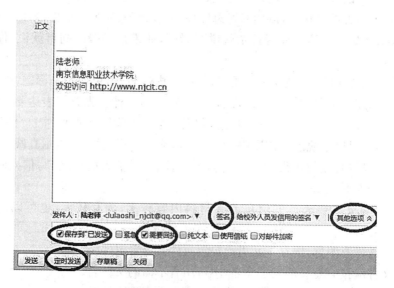

图 10-40　发信的其他选项

为了不影响收信人休息,提高邮件的阅读率,还可以设置"定时发送",如图 10-41 所示。据统计,早晨上班之后和傍晚下班之前,电子邮件的打开率最高,在发送邮件时可以根据对方的作息时间来定时,特别是在国际贸易活动中,要考虑时差问题。

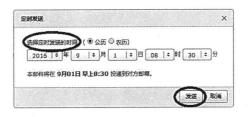

图 10-41　定时发送

QQ 邮箱还有一个独特的功能,就是撰写和发送群邮件,如图 10-42 所示。群邮件的功能是由群管理员来开通和关闭的,只有开通了群邮件功能,群里的成员才能发送群邮件。

图 10-42　群邮件的使用

因为群邮件对群内的所有成员可见,所以不能滥发,否则可能会对群成员造成骚扰。群成员没有权限来关闭群邮件,但是可以对群邮件进行管理,比如可以选择"拒收"群邮件,如图 10-43、图 10-44 所示。

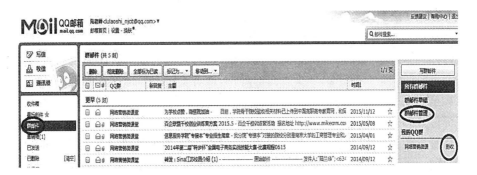

图 10-43　查看群邮件

10.3.4　相关知识

阅读率的高低直接关系到 E-mail 营销的最终效果,因此,了解用户阅读习惯,提高 E-mail 的阅读率,对于 E-mail 营销具有重要意义。一般来说,邮件主题、发件人、收件人以及邮件内容本身对于用户的阅读都有重要影响,尤其是邮件主题和发件人。

1) 邮件主题:提供收件人感兴趣的信息

与一般电子邮件一样,E-mail 营销邮件的标题也非常重要,一个醒目并且具有价值的标题不仅能让用户将电子邮件与垃圾邮件区别开来,而且有助于用户决定打开并阅读邮件内容。不同类型的邮件主题对于用户的阅读决策有不同的影响,而且用户的性别差异也比较明显。

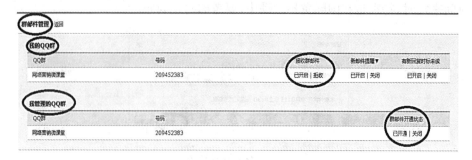

图 10-44 群邮件的管理

知名网络广告公司 Double Click 的研究表明,对于男性用户来说,对用户打开邮件最有帮助的是有吸引力的信息、新闻标题(占被调查者的 69%),其次是提供折扣信息(50%)、新产品发布(37%);而对于女性用户来说,最能吸引她们打开邮件的是折扣信息(64%),然后是有吸引力的新闻(46%)、免费送货(43%)等,如表 10-1 所示。

表 10-1 男女用户对不同主题邮件打开率的对比

邮件主题	男性用户的打开率	女性用户的打开率
有吸引力的信息、新闻	69%	46%
提供折扣	50%	64%
新产品发布	37%	39%
提供免费送货	28%	43%

2) 发件人:让读者产生信任

邮件主题和发件人两项因素对用户的阅读决策都很重要,如果是用户经常接收的电子邮件,如自己订阅的邮件列表、购物网站的会员通讯等,发件人已经获得用户的认可,邮件主题的作用就成为主要的因素。对于第一次发送的邮件,或者发件人信息并不固定的情形,发件人信息的影响甚至会超过邮件主题。Double Click 的研究表明,60%的被调查者认为,邮件的发件人对于是否打开邮件起决定作用,认为邮件主题发挥决定作用者占 35%。

用户有时可能会接收到并非自己订阅的邮件列表内容,邮件可能来自于你的电子邮箱服务商,或者某些会员服务网站。这时用户是否阅读邮件,除了邮件主题等因素之外,在很大程度上可能还受发件人的影响。可以设想一个知名网站发来的信息(如淘宝、苏宁等),因为你了解这个公司,对这些公司存在信任感,因此不会将这种邮件视为垃圾邮件。有调查表明,有 6%的用户以自己是否知道发送电子邮件的公司为标准来判断是不是垃圾邮件,只有对不了解的公司发来的邮件才认为是垃圾邮件。

一般来说,应该如实地设置显示的发件人地址,以给用户提供真实的信息,这样,一方面,即使用户不打开邮件也可以在一定程度上起到宣传的效果;另一方面,用户也可以根据发信人是否和自己有关来判断要不要阅读邮件内容。但也有一些 E-mail 营销邮件为了获得较高的开信率,将发件人和主题都设置得标新立异,这样的邮件表面上看来可能会多获得一些点击,但却会让人对邮件广告企业的诚信产生怀疑,甚至产生厌烦心理。这种情形经常发生在垃圾邮件中,正规企业合法的 E-mail 营销活动通常没有必要采取这种方式。但实际上仍然会有一些企业在这些细节问题上没有引起重视,其中一些包括知名企业。

3) 内容预览:留住读者的最后机会

如果收件人看了邮件主题和发件人之后决定不打开邮件,无论多么有价值的邮件也与垃圾邮件无异,这封邮件很快将会从用户的电脑上消失,但是,还有最后一点希望可能使他回心转意,这就是邮件预览区中的内容。对于使用 MS Outlook Express 之类邮件程序接收 E-mail 的用户,在程序默认情况下,有一个邮件内容的预览区。虽然这个区域不大,但充分利用这一点营销资源,向用户推广你的信息、品牌、产品或服务。

预览区中的内容之所以重要,还有另一层意义,因为已经决定打开邮件的用户,也不一定都会认真看完邮件的全部内容,尤其邮件内容比较复杂时。这时候,预览区中的内容就显得更为重要,因为用户很可能已经从中获得了对他有价值的信息。因此,在邮件预览区中设计最重要的信息、最有可能引起用户关注的内容是非常必要的,如企业 Logo、新产品信息、优惠措施、内容提要、收件人姓名等。

4) 收件人:让读者感觉邮件与自己有关

这往往是容易被忽视的内容,但正确显示收件人的信息,看起来像是一对一的个性化电子邮件,效果显然要比没有收件人名称的邮件效果要好得多。如果在邮件预览区之内看到自己的名字,对读者进一步关注邮件内容必然有重要影响。有些资料认为,以用户姓名为抬头的邮件点击率可以高达 40%~50%,这虽然是未经证实的数据,但至少可以相信,有收件人称谓的电子邮件比没有称谓的受关注的程度要高得多。

5) 邮件营销的成功经验总结

国内的电子邮件营销应用主要集中在教育(培训)、传统企业、国内 B2C 电子商务、团购、旅游(酒店服务)、会展等行业。

(1) 教育(培训)行业 TOP 3 企业邮件营销效果领先其行业基准,主要得益于:

① 用户数据精准,邮件发送列表来源集中于订阅用户,对外来数据进行实时质量监控绩效统计。

② 邮件内容以知识分享、学习方法激励为主。

③ 实行 GPS 定制,按城市分别进行邮件营销数据跟踪。

④ 定期推送活动类邮件,进行教学中心、最新活动、学员体验等信息分享。

⑤ 邮件设计以文字加链接的组合,提供 HTML 格式的邮件,保证邮件正常显示。

(2) 传统企业的邮件营销状态显示,其 TOP 3 企业的 EDM 特点集中在:

① 重视数据库健康度,定期维护、更新、清洗数据库,完善每条记录信息。

② 邮件营销流程设立专属负责人,从设计、Coding、Campaign、Report 等方面进行严格 QC 控制。

③ 对于邮件的数据监测行为延伸至网页,设立邮件回传机制,抓取用户信息及时更新数据库。

④ 客户端设计多款邮件模板,根据用户订阅的种类进行分类定期发送。

⑤ 用邀请、预约等方式,与线下活动形成有机互动。

(3) 国内 B2C 电子商务行业在邮件营销的杰出表现,主要归功于:

① 国内 B2C 电子商务行业的 TOP 3 企业都是较早使用邮件营销手段的企业,在经历痛苦的摸索期后,从数据的获取,到用户购物行为的优化,已经积累了成熟的运作机制。

② 其邮件营销的目的定位在品牌忠诚度,实现精准营销。

③ 注重用户行为的细分,推送不同的邮件产品的内容。

④ 通过邮件对流失人群进行挽回，保持数据列表活跃度。例如，运用提醒邮件唤醒购物车计划。

⑤ 重视线上线下互动整合，采用电子优惠券形式，将线上流量引入门店。

⑥ 注重用户体验，重视用户的投诉，不抱怨。

10.3.5 思考与练习

（1）在招生季的时候，给你认识的高中老师发送招生宣传的电子邮件，介绍校园的相关情况，并请老师推荐所在班级的学生报考。

（2）在毕业季的时候，给你认识的企业人员发送校园招聘的邀请函，请他们来学校进行企业宣讲并招募实习生。

（3）给所在班级发送 QQ 群邮件，通知同学们按时参加校园招聘会。

参考文献

[1] 刘东明. 网络整合营销兵器谱. 沈阳:辽宁科学技术出版社,2009.
[2] 江礼坤. 网络营销推广实战宝典. 北京:电子工业出版社,2012.
[3] 编委会. 中国网络营销年鉴:案例卷(2011—2012). 沈阳:辽宁科学技术出版社,2013.
[4] 昝辉. 网络营销实战密码:策略、技巧、案例(修订版). 北京:电子工业出版社,2013.
[5] 徐茂权. 网络营销决胜武器——软文营销实战方法、案例、问题. 北京:电子工业出版社,2013.
[6] 百度营销研究院. 百度推广——搜索营销新视角. 北京:电子工业出版社,2013.
[7] 百度营销研究院. 点金时刻——搜索营销实战思维解读. 北京:电子工业出版社,2013.
[8] 龚铂洋. 左手微博右手微信:企业微营销实战攻略. 北京:电子工业出版社,2014.
[9] 杜子建. 微力无边(2014升级版). 北京:中国人民大学出版社,2014.
[10] 龚文祥. 传统企业如何做电商及微电商. 北京:电子工业出版社,2015.
[11] 商玮,段建. 网络营销. 2版. 北京:清华大学出版社,2015.
[12] 吴清烈. 网络营销与广告. 北京:外语教学与研究出版社,2012.